Die laufende Kontrolle der Tochtergesellschaften durch die Verwaltung der Muttergesellschaft

Schriften zum Handels- und Wirtschaftsrecht

Herausgegeben von Herbert Leßmann

Band 12

PETER LANG
Frankfurt am Main · Berlin · Bern · Bruxelles · New York · Oxford · Wien

Timo Elsner

Die laufende Kontrolle der Tochtergesellschaften durch die Verwaltung der Muttergesellschaft

Eine Konkretisierung der aktiengesetzlichen Grundlagen

PETER LANG
Europäischer Verlag der Wissenschaften

Bibliografische Information Der Deutschen Bibliothek
Die Deutsche Bibliothek verzeichnet diese Publikation in der Deutschen Nationalbibliografie; detaillierte bibliografische Daten sind im Internet über <http://dnb.ddb.de> abrufbar.

Zugl.: Marburg, Univ., Diss., 2003

D4
ISSN 1439-4189
ISBN 3-631-51157-4

www.peterlang.de

Vorwort

Diese Arbeit lag dem Fachbereich Rechtswissenschaften der Philipps-Universität zu Marburg im Wintersemester 2002/2003 als Dissertation vor. Sie wurde angeregt und betreut von meinem Doktorvater, Prof. Dr. Herbert Leßmann. Ihm gilt mein besonderer und aufrichtiger Dank. Herrn Prof. Dr. Johannes Wertenbruch danke ich für die zügige Erstellung des Zweitgutachtens.

Meiner Familie danke ich für die stete Unterstützung während des Studiums und des Abfassens der Dissertation. Meiner Mutter hätte ich die Arbeit gerne gezeigt. Ihrem Andenken ist sie gewidmet.

Frankfurt am Main, im Mai 2003 Timo Elsner

Inhaltsübersicht

Inhaltsverzeichnis IX

Einleitung 1

1. Teil. Grundlagen 7

2. Teil. Die Umsetzung des Tochterkontrollbedürfnisses als normatives Prinzip 45
1. Abschnitt. Vertragskonzern und Eingliederungskonzern 46
2. Abschnitt. Faktische Unternehmensgruppe 64

3. Teil. Die Modifizierung der Zuständigkeiten von Vorstand und Aufsichtsrat der Muttergesellschaft anhand des normativen Tochterkontrollbedürfnisses 123
1. Abschnitt. Vorstand 123
2. Abschnitt. Aufsichtsrat 150

4. Teil. Zusammenfassung 185

Literaturverzeichnis 189

Inhaltsverzeichnis

Einleitung 1

1. Teil. Grundlagen 7

I. Der Tatbestand der gefahrenerkennenden Tochterkontrolle 7
1. Die Grundbegriffe der gefahrenerkennenden Tochterkontrolle und des qualifizierten Tochterkontrollbedürfnisses 7
2. Einzelne Anknüpfungspunkte für ein Tochterkontrollbedürfnis gegenüber faktisch abhängigen Gesellschaften 8
a) Beteiligung als bedeutender Vermögensgegenstand 9
b) Bindung eigenen Vermögens in den Tochtergesellschaften 11
c) Haftungsgefahren bei wirtschaftlicher Einbindung einer abhängigen Gesellschaft 12
aa) Die rechtsgeschäftliche Haftung der Muttergesellschaft, insb. harte Patronatserklärungen 12
bb) Rechtsscheinhaftung 14
d) Maßgeblichkeit des Konzernabschlusses im Wirtschaftsverkehr, vor allem für Anlageentscheidungen 15
e) Allgemeine wirtschaftliche Verflechtungen 16
f) Ausklammerung von qualifiziertem faktischen Konzern und sonstiger Durchgriffshaftung 16
3. Der Informations- und Kontrollbedarf 17
a) Rechnerische Abbildung der wirtschaftlichen Lage der Tochtergesellschaft 17
b) Die personellen Ressourcen der abhängigen Gesellschaft 18
c) Die Geschäftspolitik der abhängigen Gesellschaft 19

II. Gefahrenerkennende Tochterkontrolle und Konzernverfassungsrecht 19
1. Überblick über die konzernverfassungsrechtlichen Einheitskonzepte 20
2. Das Verhältnis des eigenen Lösungsansatzes zum Konzernverfassungsrecht 23
3. Ableitung einzelner Vorgaben für die weitere Untersuchung aus der kritischen Diskussion um die konzernverfassungsrechtlichen Einheitskonzepte 25
4. Einzelne konzernverfassungsrechtliche Argumente und Argumentationsmuster als Bausteine für die weitere Untersuchung 27

a) Rechtliche Folgerungen aus der unternehmerischen Nutzungsmöglichkeit der Beteiligung 28
aa) Die unzureichende Berücksichtigung der unternehmerischen Nutzungsmöglichkeit einer Beteiligung durch §§ 76 ff. 28
bb) Die Pflicht von Vorstand und Aufsichtsrat zur Berücksichtigung der unternehmerischen Möglichkeiten einer Beteiligung 30
b) Die Berührung der materiellen Zuständigkeitsordnung durch Tochtergesellschaften 31
aa) Grundlagen 32
aaa) Der materielle Gehalt der zuständigkeitszuweisenden Normen der §§ 76 ff. 33
bbb) Tochtergesellschaften und eigene (leitende) Geschäftsbereiche 34
ccc) Der argumentative Wert einer materiellen Zuständigkeitsberührung 36
bb) Die Argumentation mit einer materiellen Zuständigkeitsberührung in der konzernrechtlichen Literatur 36
aaa) Hauptversammlung 37
bbb) Vorstand 39
ccc) Aufsichtsrat 41

III. Überblick über einzelne Rechtsprobleme der Tochterkontrolle 42
1. Die Tochterkontrolle durch den Vorstand 42
2. Die Überwachungsfunktion des Aufsichtsrats in der Unternehmensgruppe 43

2. Teil. Die Umsetzung des Tochterkontrollbedürfnisses als normatives Prinzip 45

1. Abschnitt. Vertragskonzern und Eingliederungskonzern 46

I. §§ 291 ff., 319 ff. als normative Grundlage des Tochterkontrollbedürfnisses 47
1. Die rechtliche Anerkennung des Tochterkontrollbedürfnisses in §§ 291 ff., 319 ff. 47
2. Der Einwand der schutzrechtlichen Prägung des Begriffs des herrschenden Unternehmens in §§ 291 ff. 49
a) Die methodische Zulässigkeit einer organisatorischen Anknüpfung an den schutzrechtlich geprägten Unternehmensbegriff 51
b) Die rechtspolitische Sachgemäßheit einer organisatorischen Anknüpfung an den schutzrechtlich geprägten Unternehmensbegriff ... 52

c) Problematische Einzelfälle 54

II. Die normative Wirkung des Tochterkontrollbedürfnisses in der Binnenordnung der herrschenden Aktiengesellschaft 55
1. Überblick 56
2. Die theoretische Grundlage der zu entwickelnden normativen Wirkung des Tochterkontrollbedürfnisses in der Binnenordnung 57
3. Die Vergleichbarkeit von Tochtergesellschaften und eigenen Geschäftsbereichen im Sachbereich der gefahrenerkennenden Kontrolle 59
a) Die Möglichkeit zur Kontrolle der Tochtergesellschaften 59
b) Das vergleichbare Gefährdungspotential von Tochtergesellschaften und eigenen Geschäftsbereichen 60
aa) Eingliederungskonzern (§ 322 I) 61
bb) Vertragskonzern (§ 302 I) 61
c) Das Prinzip zur binnenorganisatorischen Gleichbehandlung von Tochtergesellschaften und eigenen Geschäftsbereichen in Kontrollfragen 63

2. Abschnitt. Faktische Unternehmensgruppe 64

I. Rechtliche Anerkennung besonderer Einflußnahmemöglichkeiten des herrschenden Unternehmens durch §§ 311 ff. 64
1. Unmaßgeblichkeit des Konzerns für die Auslegung der §§ 311 ff. . 65
2. Auslegung der §§ 311 ff. anhand ihres Schutzzwecks als Grundlage für die weitere Untersuchung 69
a) Grundsätzliche Bestimmung des Schutzzwecks der §§ 311 ff. und daraus folgende Definition des Nachteilsbegriffs 71
aa) Der konkrete Schutzzweck der §§ 311 ff. 71
bb) Die Bestimmung des Nachteilsbegriffs in § 311 73
b) Schutz des Kernbereichs des Integritätsinteresses durch §§ 311 ff. 74
c) Die Ausgleichsmodalitäten 76
d) Weitere Zulässigkeitsvoraussetzungen der Veranlassung 77
3. Systematische Herleitung der Privilegierungsfunktion des § 311 ... 78
a) Grammatikalische und historische Auslegung des § 311 I HS. 2, II 79
b) Das systematische Verhältnis des § 311 zu den allgemeinen Vorschriften 80
aa) § 117 81
bb) §§ 93, 116 84

cc) Die zwingende Zuständigkeitsordnung der abhängigen Gesellschaft (§ 76 I) ... 85
dd) §§ 57, 58, 60, 62 ... 87
ee) Die allgemeine Treuepflicht der Aktionäre ... 88
4. Zusammenfassende Bewertung ... 88

II. Rechtliche Anerkennung des Tochterkontrollbedürfnisses in §§ 311 ff. ... 91
1. Erste Fixierung der rechtlichen Anerkennung des Tochterkontrollbedürfnisses ... 92
a) Methodische Vorüberlegungen ... 93
b) Die grundsätzliche Bedeutung des Tochterkontrollbedürfnisses im Bereich faktischer Abhängigkeit ... 95
c) Die Berücksichtigung des Tochterkontrollbedürfnisses in anderen Vorschriften ... 97
2. Die Tochterkontrolle im Rahmen der §§ 311 ff. ... 97
a) Die Informationsbeschaffung ... 98
aa) Informationsweitergabe als Nachteil iSd § 311 ... 99
aaa) Die grundsätzliche vermögensmäßige Neutralität unverwertbarer Informationen ... 99
bbb) Die Nachteiligkeit der Weiterleitung verwertbarer Informationen zu Kontrollzwecken ... 100
ccc) Die Beseitigung der Verwertbarkeit von Informationen ... 102
bb) Ausgleich des Nachteils bei Weiterleitung verwertbarer Informationen ... 102
b) Die Reaktion auf eine erfolgte Gefahrenerkennung ... 107
3. Die Verdrängung der Geheimhaltungsinteressen der abhängigen Gesellschaft (§ 93 I S. 2) durch §§ 311 ff. ... 108
4. Ergebnis: Normative Wirkung des Tochterkontrollbedürfnisses auch im Bereich faktischer Abhängigkeit ... 111
a) Die rechtliche Anerkennung des Tochterkontrollbedürfnisses ... 111
b) Die normative Wirkung des Tochterkontrollbedürfnisses ... 111
c) Unabhängigkeit der normativen Wirkung des Tochterkontrollbedürfnisses von des Existenz eines einheitlich geleiteten Konzerns ... 113

III. Binnenorganisation ... 114
1. Die Möglichkeit zur Kontrolle abhängiger Gesellschaften ... 114
2. Das vergleichbare Kontrollbedürfnis bezüglich der Tätigkeit von abhängigen Gesellschaften und eigenen Geschäftsbereichen ... 117
a) Patronatserklärungen ... 118

b) Beteiligungswert als erheblicher Teil des Vermögens der Muttergesellschaft 119
c) Untrennbare wirtschaftliche Verflechtung 120
3. Gebot zur gleichen Überwachung von faktisch abhängigen Gesellschaften und eigenen Geschäftsbereichen in einzelnen Unternehmensgruppen 121
4. Mehrstufig abhängige Aktiengesellschaften 122

3. Teil. Die Modifizierung der Zuständigkeiten von Vorstand und Aufsichtsrat der Muttergesellschaft anhand des normativen Tochterkontrollbedürfnisses 123

1. Abschnitt. Vorstand 123

I. Der verbundsinterne Informationsfluß 124
1. Überwachungsspezifische Gegenkräfte aus dem Recht der abhängigen Aktiengesellschaft 124
a) Die Verdrängung des § 131 IV S. 1 in der Unternehmensgruppe 124
aa) Die Argumentation der herrschenden Literatur mit der Zulässigkeit des faktischen Konzerns in der Kritik 126
bb) Verdrängung des § 131 IV S. 1 durch die normative Wirkung des Tochterkontrollbedürfnisses und damit im gesamten Bereich faktischer Abhängigkeit 127
b) Die Einschränkung der Verschwiegenheitspflicht der Aufsichtsratsmitglieder von faktisch abhängigen Gesellschaften nach §§ 93 I S. 2, 116 128
c) Überwachungsspezifische Gegenkräfte außerhalb des Gesellschaftsrechts 131
aa) § 14 I Nr. 2 WpHG 131
bb) Die Berichterstattung über Arbeitnehmer der abhängigen Gesellschaft 132
2. Keine allgemeine gesetzliche Berichtspflicht der faktisch abhängigen Gesellschaft gegenüber dem herrschenden Unternehmen 134
3. Besondere Gestaltungsmöglichkeiten der Berichterstattung von faktisch abhängigen Gesellschaften 135
a) Möglichkeiten zur vertraglichen Fixierung eines Berichtssystems 135
aa) Vertragliche Pflicht zur regelmäßigen Weiterleitung der Wirtschaftsdaten 136
bb) Vertragliche Pflicht zur Erteilung einer Vorabinformation vor wichtigen Geschäften 137

cc) Die informationelle Kooperation bei einer wirtschaftlichen Schieflage der Tochtergesellschaft 138
b) Die Entsendung von eigenen Vorstandsmitgliedern und Angestellten in den Vorstand oder Aufsichtsrat der Tochterunternehmen 139

II. Gegenständlicher Umfang der verbundsdimensionalen Überwachungspflicht des Vorstands 141
1. Einige Eckpunkte zu den Maßstäben und zum Verfahren der Tochterkontrolle 142
a) Pflicht zur Aufstellung eines „Risikostrukturplans" der Unternehmensgruppe 142
b) Die Pflicht zur Überwachung der allgemeinen wirtschaftlichen Situation der Tochtergesellschaft unter Aufstellung von Kennzahlen 143
c) Überwachung der speziellen Risiken für das Mutterunternehmen 144
d) Inhaltliche Befassung mit der Geschäftstätigkeit der abhängigen Gesellschaft 145
e) Gewährleistung des Informationsflusses 146
f) Das Verhältnis der Kontrollpflicht des Muttervorstands zur Überwachungsaufgabe des Aufsichtsrats der Tochtergesellschaft ... 147
2. Intensität der Kontrollpflicht und Möglichkeiten der Delegation 148
a) Intensität der Kontrollpflicht, insbesondere bei Bestehen eines besonderen Tochterkontrollbedürfnisses 148
b) Möglichkeit zur Delegation der Tochterkontrolle auf einzelne Vorstandsmitglieder 149

2. Abschnitt. Aufsichtsrat 150

I. Gegenstand und Umfang der verbundsweiten Überwachungspflicht des Aufsichtsrats 151
1. Pflicht zur Überwachung der verbundsdimensionalen Tätigkeit des Vorstands 152
2. Die unmittelbare Überwachung der Tochtergesellschaften 153
a) Grobe Definition eines Überwachungskonzepts als Ausgangspunkt für die weitere Untersuchung 154
b) Die Vereinbarkeit einer Tochterüberwachung durch den Aufsichtsrat mit der binnenorganisatorischen Zuständigkeitsverteilung in der Obergesellschaft 157
aa) Die Überwachung leitender Angestellter durch den Aufsichtsrat 157

bb) Die unmittelbare Tochterkontrolle in dem durch § 111 I bestimmten Funktionsbereich des Aufsichtsrats 160
c) Die Unbeachtlichkeit der rechtlichen Selbständigkeit einer Tochtergesellschaft bei Bestehen eines besonderen Tochterkontrollbedürfnisses 161
d) Bedeutung der Funktionsbedingungen des Aufsichtsrats sowie der Existenz von Tochteraufsichtsräten für die Überwachungspflicht des Mutteraufsichtsrats 163
aa) Die Funktionsfähigkeit des Aufsichtsrats als allgemeine Grenze seiner Überwachungspflicht, aber nicht als Ausschluß speziell der Tochterkontrollpflicht 164
bb) Keine vollständige Entlastung des Aufsichtsrats durch Aufsichtsräte von Tochtergesellschaften 165
e) Abschließende Konkretisierung der Pflicht des Aufsichtsrats zur unmittelbaren Überwachung besonders kontrollbedürftiger Tochtergesellschaften 166
3. Zusammenfassender Überblick über die verbundsweite Kontrollpflicht des Aufsichtsrats 168

II. Die Kontrollmittel des Aufsichtsrats gegenüber Tochtergesellschaften 169
1. Die verbundsweite Berichterstattungspflicht des Vorstands an den Aufsichtsrat 170
a) Die Berichterstattung nach § 90 I S. 2 HS. 2 170
b) Inhalt der verbundsdimensionalen Berichterstattungspflicht des Vorstands 171
c) Gestaltung der Regelberichte des Vorstands 171
2. Die Einsicht in Unterlagen der Tochtergesellschaft unter Mitwirkung des eigenen Vorstands 172
a) Rechtliche Grundlage für die Einsicht in Unterlagen über Tochtergesellschaften 172
b) Der Prüfungsbericht der Tochtergesellschaft als Informationsquelle des Mutter-Aufsichtsrats 173
3. Vom Muttervorstand unabhängige Berichterstattung von Tochtergesellschaften an den Aufsichtsrat des herrschenden Unternehmens .. 174
a) Kein „dingliches“ Durchgriffsrecht auf Unterlagen, die sich bei Tochtergesellschaften befinden 176
b) Die Befugnis des Aufsichtsrats zur eigenständigen Ladung von Vorstandsmitgliedern und Angestellten der abhängigen Gesellschaft (§§ 109 I S. 2, 111 II analog) 177
c) Die Möglichkeiten des Aufsichtsrats zur Durchsetzung seines Informationsverlangens gegenüber den Tochtergesellschaften 178

aa) Vertrags- und Eingliederungskonzern 178
bb) Faktische Abhängigkeit 181
4. Verbundsdimensionale Zustimmungsvorbehalte gemäß § 111 IV S. 2 182

4. Teil. Zusammenfassung 185

Abkürzungen

Zu den juristischen Abkürzungen der Abhandlung vgl. das Abkürzungsverzeichnis bei Hüffer, AktG.

Einleitung

1. Problemstellung

Die in §§ 291 ff. AktG[1] kodifizierte Regelung dient jedenfalls dem Schutz der außenstehenden Aktionäre und Gläubiger der abhängigen Gesellschaft vor den Gefahren, die ihnen aus der Abhängigkeit drohen. Es ist jedoch anerkannt, daß sich das Konzernrecht auch darüber hinausgehenden Fragen stellen und die Obergesellschaft in den Blick nehmen muß[2]. Wichtige, unterschiedlich aufeinander bezogene Stichworte sind hier: Konzernbildungs- und Konzernleitungskontrolle, Konzernleitungspflicht sowie Konzernverfassungs- bzw. Konzernorganisationsrecht. Dem Anliegen, die Obergesellschaft in der Unternehmensgruppe[3] zu untersuchen, soll auch hier für eine besondere Fragestellung nachgegangen werden, nämlich für die Kontrolle von abhängigen Aktiengesellschaften (= Tochtergesellschaften[4]) durch den Vorstand und den Aufsichtsrat der herrschenden Aktiengesellschaft (sog. *Tochterkontrolle* oder *Tochterüberwachung*). Den auf die abhängigen Gesellschaften bezogenen Leitungs- und Kontrollfunktionen dieser Organe widmet die konzernrechtliche Literatur vermehrt ihre Aufmerksamkeit[5]. Man sieht hier ausdrücklich den Bedarf nach rechtsdogmatischer Tätigkeit[6]. Diese Problematik ist – trotz weitgehender Parallelen im einzelnen - nicht mit anderen Kontroll-Thematiken im Unternehmensverbund zu verwechseln, wie etwa der sog. Konzernleitungskontrolle durch die Hauptversammlung der Obergesellschaft oder dem Recht der Aktionäre auf Versorgung mit Informationen über verbundene Unternehmen[7]. Vorliegend geht es um die laufende Kontrolle der Tochtergesellschaften, die, eben weil sie ständig erfolgt, von der Verwaltung durchgeführt werden muß. Dagegen kommt der Hauptversammlung insoweit keine Bedeutung zu.

---

[1] Nicht anders gekennzeichnete §§ sind im folgenden immer solche des Aktiengesetzes.

[2] Vgl. den ausführlichen Überblick bei Mülbert, Aktiengesellschaft, S. 19 ff. sowie knapper zur Entwicklung Mecke, Konzernstruktur, S. 45 ff.

[3] Der Begriff der Unternehmensgruppe erfaßt anders als der des Konzerns auch schlichte Abhängigkeitsverhältnisse (vgl. Wiedemann, Unternehmensgruppe, S. 6 f., 14 ff.; Mülbert, Aktiengesellschaft, S. 1, Fn. 4).

[4] Unter den Begriff der Tochtergesellschaft sollen hier alle abhängigen Gesellschaften fallen und nicht nur solche, deren Anteile zu (fast) 100 % dem Mutterunternehmen gehören (so aber Lutter, Information, S. 44).

[5] Vgl. etwa Götz, ZGR 1998, S. 524 ff.; Hommelhoff, ZGR 1996, S. 144 ff.; Schneider, FS Kropff, S. 273 ff.; Hoffmann-Becking, ZHR 159 (1995), S. 325 ff.; Martens, ZHR 159 (1995), S. 567 ff.; Scheffler, DB 1994, S. 793 ff.

[6] Hommelhoff, ZGR 1996, S. 145.

[7] Dazu vgl. Vossel, Auskunftsrechte; Schneider, FS Lutter, S. 1193 ff.; Kort, ZGR 1987, S. 46 ff.

Daß auch aus praktischer Sicht ein Interesse an der Lösung dieser Fragen besteht, ergibt sich aus den engen wirtschaftlichen und rechtlichen Verknüpfungen des herrschenden Unternehmens mit seinen Tochtergesellschaften. Diese haben zur Folge, daß das Geschehen in den untergeordneten Gesellschaften die wirtschaftliche Situation des Mutterunternehmens erheblich gefährden kann und deshalb von seinen Organen gründlich überwacht werden muß. Im Vertrags- und Eingliederungskonzern ist mit besonderen Rückwirkungen schon wegen §§ 302, 322 zu rechnen, aber auch im Bereich faktischer Abhängigkeit lassen sich ähnliche Gefahrensituationen ausmachen[8]. Praktisch sei dies an zwei Beispielen belegt, die schon wegen ihres Auslandsbezugs bloß faktische Verbindungen sind. Als sinnbildlich im Zusammenhang der hier diskutierten Tochterkontrollproblematik läßt sich der Fall der Frankfurter *Metallgesellschaft* bezeichnen, die durch riskante Öltermingeschäfte einer amerikanischen Tochtergesellschaft erheblich ins Wanken geraten ist[9]. Aber auch das amerikanische Telekommunikationsunternehmen *World Access* hat seine eigene Schieflage u.a. mit den Problemen einer deutschen Tochtergesellschaft, nämlich der Marburger *Teldafax AG* erklärt[10]. Eben um eine Realisation solcher Durchschlagsgefahren zu verhindern, bedarf es einer entsprechenden Kontrolle durch den Vorstand und den Aufsichtsrat des herrschenden Unternehmens.
Rechtswissenschaftlicher Beitrag im Zusammenhang mit der Tochterkontrolle kann die Ausgestaltung einer Rechtslage sein, die die verwaltenden Organe der herrschenden Aktiengesellschaft zur ausreichenden Vornahme der Tochterüberwachung verpflichtet, und sie ihnen in entsprechendem Umfang ermöglicht. Es ist zu erarbeiten, in welchem Umfang Vorstand und Aufsichtsrat eine Tochterüberwachung vornehmen müssen, und daß diesen Organen die Instrumente zur Verfügung stehen, die für eine solche Kontrolle notwendig sind. Letzteres verlangt vor allem nach einem ausreichenden Informationsfluß von der abhängigen Gesellschaft an das herrschende Unternehmen.
Problematisch sind auf Tochtergesellschaften bezogene Überwachungszuständigkeiten von Vorstand und Aufsichtsrat bereits deshalb, weil im Aktiengesetz verbundsdimensionale Zuständigkeiten grundsätzlich nicht zum Ausdruck kommen. §§ 76 ff. selbst betreffen nur die eigene „Gesellschaft" (vgl. § 76 I); dagegen klammern sie konzernrechtliche Fragen aus, sind also konzernrechtlich neutral[11]. Desweiteren muß jede Zuständigkeitserweiterung im Einklang mit der rechtlichen Selbständigkeit der Tochtergesellschaften stehen. Die diesbezüglichen Anforderungen ergeben sich aus den konzernrechtlichen Vorschriften der §§ 291 ff., 311 ff.

---

[8] Ausführlich dazu vgl. unten 1. Teil, I. 2., S. 8 ff.
[9] Vgl. F.A.Z., vom 6.12.1993, Nr. 283, S. 15; F.A.Z., vom 17.12.1993, Nr. 293, S. 15.
[10] Vgl. F.A.Z., vom 26.04.2001, Nr. 97, S. 23.
[11] Hüffer, AktG, § 76, Rn. 16, § 111, Rn. 10; K. Schmidt, FS Lutter, S. 1175 f.; Hommelhoff, ZGR 1996, S. 145 zu § 111 I; ausführlich dazu vgl. unten 1. Teil, II. 4. a) aa), S. 30 f.

2. Lösungsansatz

Disziplinär läßt sich das Problem der Tochterkontrolle aus verschiedenen Richtungen angehen, nämlich überwiegend wirtschaftswissenschaftlich, größtenteils rechtswissenschaftlich oder durch eine gleichgewichtete Verbindung dieser wissenschaftlichen Ansätze. Die vorliegende Abhandlung ist juristisch. Sie will die gesetzlichen Grundlagen der Tochterkontrolle detailliert durchleuchten und auf diesem Wege ein rechtliches Gerüst für verbundsweite Überwachungszuständigkeiten von Vorstand und Aufsichtsrat entwickeln. Dagegen wird sie darauf verzichten, dieses Gerüst ausführlich mit betriebswirtschaftlichem Leben zu füllen.

Bei der Begründung der verbundsweiten Überwachungszuständigkeiten soll ein eigener Lösungsweg beschritten werden, der in der Herleitung eines entsprechenden „normativen Prinzips“[12] zur Tochterkontrolle besteht. Dieses Prinzip bzw. genauer: einzelne vergleichbare prinzipielle Aussagen zur Tochterüberwachung werden aus §§ 291 ff., 311 ff., 319 ff. abgeleitet. Es wird nachgewiesen, daß diese Vorschriften auch das Interesse des herrschenden Unternehmens an einer Überwachung der Tochtergesellschaften (sog. Tochterkontrollbedürfnis) zur Geltung bringen wollen. Es ist damit ein rechtlich anerkanntes Interesse, das – anders als ein bloß rechtpolitisches Interesse – eine richterliche Rechtsfortbildung der Organzuständigkeiten in der Obergesellschaft legitimieren kann[13].

Die konkrete Herleitung des normativen Prinzips zur Tochterkontrolle setzt bei der Erkenntnis an, daß §§ 291 ff. nicht nur dem Schutz der abhängigen Gesellschaft dienen, sondern auch dem herrschenden Unternehmen Instrumente für seine wirtschaftliche Tätigkeit an die Hand geben wollen. Diese Instrumente sind die unterschiedlichen, jeweils von §§ 291 ff., 311 ff., 319 ff. umrissenen Formen der Unternehmensgruppe[14]. Anhand ihrer speziellen Ausgestaltung soll nachgewiesen werden, daß die konzernrechtlichen Vorschriften der §§ 291 ff. auch das Tochterkontrollbedürfnis des Mutterunternehmens rechtlich anerkennen. Die Überwachung der abhängigen Unternehmen ist wesentlicher Teil der wirtschaftlichen Instrumente, die der herrschenden Gesellschaft zur Verfügung gestellt werden. Die rechtliche Anerkennung des Tochterkontrollbedürfnisses durch §§ 291 ff. hat dann ihrerseits normative Wirkung bezüglich einer Modifizierung der allgemeinen aktienrechtlichen Regelung. Sie ist argumentative Grundlage für die Ausgestaltung verbundsdimensionaler Kontrollzuständigkeiten in der Obergesellschaft. Ein wesentlicher Aspekt dieser Ausgestaltung wird

---

[12] Diesen Begriff gebraucht etwa Koppensteiner, in KölnKomm-AktG, Vorb.§ 311, Rn. 7.

[13] Zum rechtlichen Interesse als Voraussetzung einer richterlichen Rechtsfortbildung vgl. Larenz/Canaris, Methodenlehre, S. 232 f., 247; Engisch, Einführung, S. 142.

[14] So bereits Mülbert, ZHR 163 (1999), S. 27 f., 30 f., wonach die primäre Regelungswirkung der §§ 291 ff., 311 ff. in der „Verfügbarmachung von Organisationsformen für eine marktferne Koordination von Wirtschaftssubjekten“ besteht.

der Versuch sein, die tochterbezogenen Überwachungspflichten von Vorstand und Aufsichtsrat an ihren Kontrollzuständigkeiten im eigenen Unternehmen zu orientieren.
Die eben entwickelte normative Ableitung von rechtlichen Interessen des herrschenden Unternehmens aus §§ 291 ff., 311 ff. ist zwar grundsätzlich nicht auf die Problematik der Tochterkontrolle beschränkt. Da sie jedoch vor allem im Rahmen der §§ 311 ff. erhebliche Schwierigkeiten bereitet, ist es notwendig, sich auf diesen wichtigen Bereich zu konzentrieren. Seine besondere Bedeutung ergibt sich eben daraus, daß wegen der bereits angesprochenen Durchschlagsrisiken, die von Tochtergesellschaften ausgehen, ein erhebliches *(gefahrenerkennendes) Tochterkontrollbedürfnis* besteht, das sich wegen seiner grundlegenden Bedeutung in besonderem Maße in die Teleologie der §§ 291 ff. einbinden läßt. Diese Verankerung eines eigens fixierten Tochterkontrollbedürfnisses in der Regelung der §§ 291 ff. weicht von der gängigen Argumentation zur verbundsdimensionalen Erweiterung der Überwachungszuständigkeiten von Vorstand und Aufsichtsrat ab. Häufig spielt nämlich bei Ausführungen zur Überwachung von Tochtergesellschaften der Gedanke eine bedeutende Rolle, daß diese erforderlich ist, um dem herrschenden Unternehmen die einheitliche Leitung der Tochtergesellschaften zu ermöglichen[15] (hier: „leitungsmotivierte Kontrolle"). Die Kontrolle der Tochtergesellschaften wird also mit dem rechtlichen Schicksal der einheitlichen Leitung verbunden, um auf diese Weise eine Lösung der sich bezüglich der Tochterüberwachung stellenden Rechtsfragen zu erreichen[16]. Zwingend an die einheitliche Leitung gebunden ist die rechtliche Behandlung der Tochterkontrolle aber nicht. Die Überwachung der abhängigen Gesellschaften steht nämlich in keinem untrennbaren Zusammenhang mit den leitungskonstitutiven Umständen[17], da sie sich durch Beobachtungsvorgänge bewerkstelligen läßt, die den sonstigen Geschäftsbetrieb der einzelnen Gesellschaften inhaltlich nicht beeinflussen. Eine Überwachung der Tochtergesellschaften führt da-

---

[15] Witte, Prüfungsbericht, S. 4 f., 108 ff.; Strohn, Verfassung, S. 131 ff.; Hommelhoff, Konzernleitungspflicht, S. 184 f.; Semler, Leitung und Überwachung, Rn. 290; Decher, ZHR 158 (1994), S. 475 f.

[16] So besonders deutlich erst kürzlich wieder Hommelhoff/Mattheus, BfuP 2000, S. 224 f., 227; vgl. außerdem die Argumentation der herrschenden Literatur zur Verdrängung der §§ 93 I S. 2, 131 IV S. 1 im faktischen Konzern (dargestellt unten 3. Teil, 1. Abschnitt, I. 1. a. aa., S. 126 f.).

[17] Maßgeblich für das Vorliegen einheitlicher Leitung ist die Entwicklung und Durchsetzung einer gemeinsamen Planung (Zielkonzeption) für die verbundenen Unternehmen (enger Konzernbegriff) bzw. wesentliche Bereiche des aus diesen gebildeten Gesamtunternehmens (weiter Konzernbegriff); vgl. Hüffer, AktG, § 18, Rn. 9 ff.; Emmerich, in Emmerich/Habersack, AktienkonzernR, § 18, Rn. 10 ff.; Bayer, in MüKo-AktG, § 18, Rn. 28 ff.; Krieger, in MünchHdB-AG, § 68, Rn. 68; Geßler, FS Kunze, S. 163.

her nicht zu ihrer einheitlichen Leitung[18]. Damit besteht die hier eingeschlagene Möglichkeit, die Behandlung der Tochterkontrolle vom rechtlichen Schicksal der einheitlichen Leitung zu lösen. Dies hat etwa den Vorteil, daß in der faktischen Unternehmensgruppe nicht die Schwierigkeiten berücksichtigt werden müssen, die sich um die Zulässigkeit des faktischen Konzerns ranken[19].

3. Der Gang der Abhandlung

Im ersten Teil der Abhandlung sind einige Grundlagenuntersuchungen durchzuführen. Diese sollen zunächst die tatsächlichen Umstände der Tochterkontrolle und des gefahrenerkennenden Tochterkontrollbedürfnisses näher darlegen. Ein weiterer wesentlicher Punkt ist die Auseinandersetzung mit dem gegenwärtigen Stand der konzernverfassungsrechtlichen Literatur. Mit dem Konzernverfassungsrecht hat die vorliegende Abhandlung nämlich gemeinsam, daß die Zuständigkeitsordnung der Obergesellschaft verbundsdimensional modifiziert werden soll. Daher ist zu ermitteln, in welchem Verhältnis die hiesigen Überlegungen zu den existenten konzernorganisatorischen Ansätzen stehen und in welchem Umfang diese berücksichtigt werden können. Schon darin, daß diese Untersuchungen in den Bereich der Grundlagendarstellung vorverlagert werden, kommt zum Ausdruck, daß eine typisch konzernverfassungsrechtliche Lösung hier nicht entwickelt werden soll.
Im zweiten Teil wird der eben bereits skizzierte eigene Lösungsweg beschritten. Es sollen aus §§ 291 ff. prinzipielle Aussagen zur Überwachung der Tochtergesellschaften durch das herrschende Unternehmen und dessen Organe abgeleitet werden. Die diesbezüglichen Untersuchungen fassen die konzernrechtlichen Umstände der Tochterüberwachung zusammen und verdichten sie zu normativen Prinzipien, die bei der abschließenden Bestimmung der Überwachungszuständigkeiten zu berücksichtigen sind.
Im dritten Teil der Abhandlung werden die aus §§ 291 ff. abgeleiteten prinzipiellen Aussagen auf die übrigen Vorschriften angewendet, die für die Tochterkontrolle maßgeblich sind. Auf der Seite der abhängigen Gesellschaft sind dies etwa §§ 93 I S. 2, 116, 131 IV S. 1 AktG, § 14 I Nr. 2 WpHG, beim herrschenden Unternehmen vor allem § 76 I, 90, 111 AktG. Diese Vorschriften werden anhand der prinzipiellen Aussagen zur Tochterkontrolle modifiziert. Auf diese Weise entstehen dann abschließende Ergebnisse zu der hier gestellten Ausgangsfrage, in welchem Umfang Vorstand und Aufsichtsrat der Obergesellschaft die Tochtergesellschaften überwachen können und überwachen müssen.

---

[18] Götz, ZGR 1998, S. 528; Semler, Leitung und Überwachung, Rn. 274, 314; Krieger, in MünchHdB-AG, § 68, Rn. 68.
[19] Ausführlich zu diesen Problemen vgl. unten 2. Teil, 2. Abschnitt, I. 1., S. 65 ff.

Im vierten Teil werden die wesentlichen Ergebnisse der Abhandlung in einem zusammenfassenden Überblick wiederholt.

4. Eingrenzung der behandelten Gruppenformen

Die Untersuchung ist auf Unternehmensgruppen mit herrschender Aktiengesellschaft und zumindest einer abhängigen Aktiengesellschaft als Tochterunternehmen beschränkt. Die Beschränkung auf untergeordnete Aktiengesellschaften ergibt sich zwingend daraus, daß das kodifizierte Konzernrecht der §§ 291 ff. Gegenstand der Untersuchung ist. Dies regelt aber eben nur abhängige Aktiengesellschaften bzw. abhängige Kommanditgesellschaften auf Aktien. Letztere bleiben dabei außer Betracht, weil ihre Behandlung den Rahmen dieser dogmatisch ausgerichteten Abhandlung sprengen würde. Die Beschränkung auf eine Aktiengesellschaft als Spitze der Unternehmensgruppe hat ihren Grund darin, daß nur bei dieser ein besonderer binnenorganisatorischer Regelungsbedarf besteht. Allein ihre Verfassung ist nämlich zwingend festgelegt und durch zwei verwaltende Organe gekennzeichnet. Soweit im weiteren Verlauf der Abhandlung jedoch Lösungen für das Verhältnis von Mutter- und Tochtergesellschaft entwickelt werden, gelten diese für andere herrschende Unternehmen entsprechend.

1. Teil. Grundlagen

Um den Gegenstand dieser Abhandlung zu verdeutlichen, wird zunächst der Tatbestand der gefahrenerkennenden Tochterkontrolle näher bestimmt (vgl. I.). Als Abhandlung, die sich mit der Stellung der Obergesellschaft in einer Unternehmensgruppe beschäftigt, muß sie außerdem bereits eingangs ins Verhältnis zu den gängigen konzernverfassungsrechtlichen Überlegungen gesetzt werden (vgl. II.). Dabei können auch schon erste Bausteine für die spätere eigene Argumentation herausgearbeitet werden. Abschließend soll bereits ein knapper Überblick über die wesentlichen Einzelprobleme gegeben werden, die im Zusammenhang mit der Tochterkontrolle bestehen und abschließend zu lösen sind (vgl. III.).

I. Der Tatbestand der gefahrenerkennenden Tochterkontrolle

Nachdem im folgenden zunächst die wesentlichen Grundbegriffe der Abhandlung definiert wurden (vgl. 1), soll als Projektionsfläche für die weiteren rechtlichen Überlegungen der rechtspraktische Tatbestand der gefahrenerkennenden Tochterkontrolle näher bestimmt werden. Er besteht zum einen aus den Umständen, die überhaupt das Bedürfnis nach einer Überwachung von Tochtergesellschaften begründen. Diese sind daher zu konkretisieren (vgl. 2.). Zum anderen wird er durch die Informationen gekennzeichnet, die zur Beurteilung der wirtschaftlichen Entwicklung der abhängigen Gesellschaft erforderlich sind (vgl. 3.).

1. Die Grundbegriffe der gefahrenerkennenden Tochterkontrolle und des qualifizierten Tochterkontrollbedürfnisses

Es gibt zwei Begriffe, die für diese Abhandlung von herausragender Bedeutung sind, aber als solche nicht in der konzernrechtlichen Literatur auftauchen. Deshalb sollen sie hier kurz definiert werden, auch wenn sie inhaltlich keine Schwierigkeiten aufweisen.

Gegenstand der Abhandlung ist die *(gefahrenerkennende) Tochterkontrolle*. Es handelt sich dabei um eine spezielle Funktion des verbundsdimensionalen Aufgabenbereichs von Vorstand und Aufsichtsrat. Die Tochterüberwachung erfolgt durch eine Beobachtung der wirtschaftlichen Situation und der geschäftlichen Tätigkeit der Tochtergesellschaft. Ihr Zweck sind das Aufdecken von dortigen Fehlentwicklungen und die Vorbereitung einer korrigierenden Reaktion. Eine

solche Korrektur steht immer in engem sachlichen Zusammenhang bereits mit der Kontrolle selbst[1].
Aus später noch genauer zu spezifizierenden Gründen sind Konstellationen denkbar, in denen die Aktivitäten einer Tochtergesellschaft solche Bedeutung haben können, daß sie genauso zu überwachen sind wie eigene Geschäftsbereiche. Das dann bestehende Interesse des Mutterunternehmens an einer Überwachung der Tochtergesellschaften soll als *besonderes (qualifiziertes) Tochterkontrollbedürfnis* bezeichnet werden.

2. Einzelne Anknüpfungspunkte für ein Tochterkontrollbedürfnis gegenüber faktisch abhängigen Gesellschaften

Im Vertrags- und Eingliederungskonzern ist wegen der aus §§ 302 I, 322 I drohenden Haftungsgefahren selbstverständlich, daß dort erhebliche Rückwirkungen auf das Mutterunternehmen möglich sind. Anders ist die Situation in der faktischen Unternehmensgruppe, wo solche Haftungsvorschriften nicht existieren[2]. Hier bedarf es schon grundsätzlich einer genaueren Durchleuchtung der möglichen Rückwirkungen von einer Tochtergesellschaft auf die Wirtschaftslage des Mutterunternehmens. Deshalb sollen im folgenden einige besondere Anknüpfungspunkte für entsprechende Durchschlagsrisiken aufgezeigt werden[3]. Dabei wird spezielles Gewicht auch auf die Frage gelegt, inwiefern im Bereich faktischer Abhängigkeit eine wirtschaftliche Fehlentwicklung der Tochtergesellschaft sogar die Existenz des herrschenden Unternehmens gefährden kann. Solche Konstellationen werden nämlich Ausgangspunkt für die spätere Bestimmung eines besonderen Tochterkontrollbedürfnisses auch gegenüber faktisch abhängigen Unternehmen sein.
Wie einleitend bereits erwähnt wurde, soll das gefahrenerkennende Tochterkontrollbedürfnis später in §§ 311 ff. eingebunden werden. Dabei wird es von Vorteil sein, daß die Tochterkontrolle in dieser Abhandlung nicht mit dem rechtlichen Schicksal der einheitlichen Leitung verbunden wird[4]. Diese aus dogmatischen Gründen gezogene Trennung würde aber wieder verwischen, wenn man die rechtspraktische Existenz des Tochterkontrollbedürfnisses mit Umständen begründen würde, die ihre Ursache gerade erst in der einheitlichen Leitung haben. Deshalb soll bei den folgenden Untersuchungen auch die Unabhängigkeit der einzelnen Durchschlagsrisiken von der einheitlichen Leitung nachgewiesen werden, wo dies nicht ohnehin offensichtlich ist. Um Mißverständnissen vorzu-

[1] Vgl. Schlömer, Überwachungssystem, S. 4 f., 23, 25, 65, 173.
[2] Auch sollen die Haftungsgefahren im qualifizierten faktischen Konzern und bei der sonstigen Durchgriffshaftung hier ausgeklammert bleiben (vgl. dazu unter f.).
[3] Siehe auch Hommelhoff, Konzernleitungspflicht, S. 370 ff.
[4] Zu diesem Aspekt vgl. bereits in der Einleitung, S. 4 f.

beugen, sei betont, daß darin keine Stellungnahme zu der Frage liegt, ob in der konkret besprochenen Konstellation eine einheitliche Leitung der gefährlichen Tochtergesellschaft erforderlich ist oder nicht. Beide Fragen sind streng zu trennen. Daß nämlich aufgrund einer besonderen Bedeutung der Tochtergesellschaft möglicherweise deren einheitliche Leitung erforderlich ist, bedeutet gerade nicht, daß diese besondere Bedeutung aus der einheitlichen Leitung resultiert. Genauso wie das Tochterkontrollbedürfnis ist die einheitliche Leitung in diesen Fällen Folge der besonderen Bedeutung der Tochtergesellschaft, hingegen nicht deren Voraussetzung.

a) Beteiligung als bedeutender Vermögensgegenstand

Eine bedeutende Rückwirkung kann sich daraus ergeben, daß die Beteiligung an einer abhängigen Gesellschaft ein Vermögensgegenstand des herrschenden Unternehmens ist. Reduziert sich nämlich der Wert der Beteiligung, beeinträchtigt dies unmittelbar die Vermögenslage der Muttergesellschaft[5]. Im schlimmsten Fall kann der Wert der Beteiligung auf Null sinken, etwa bei einer Insolvenz der Tochtergesellschaft. Das wirtschaftliche Schicksal beginnt in solchen Fällen damit, daß der Vorstand der abhängigen Gesellschaft gemäß § 92 II S. 1 i.V.m. § 17 InsO bei Zahlungsunfähigkeit oder nach § 92 II S. 2 i.V.m. § 19 InsO wegen Überschuldung der Gesellschaft die Eröffnung des Insolvenzverfahrens beantragen muß. Dies führt gemäß § 262 I Nr. 3 zur Auflösung der Gesellschaft. An die Stelle des aktienrechtlichen Abwicklungsverfahrens (§§ 265 ff.) tritt nach § 264 I das in der Insolvenzordnung geregelte Insolvenzverfahren. Nach dessen Durchführung ist die Aktiengesellschaft gemäß § 141a I S. 2 FGG von Amts wegen zu löschen, wenn keine Anhaltspunkte dafür vorliegen, daß die Gesellschaft noch Vermögen besitzt. Mit der Löschung tritt die Vollbeendigung der Aktiengesellschaft ein[6]. Spätestens damit ist auch die ehemalige Beteiligung des herrschenden Unternehmens an der Aktiengesellschaft wertlos. In der Höhe des ursprünglichen Beteiligungswertes ist daher das Vermögen der Muttergesellschaft vermindert.

Existentielle Gefahren für das Mutterunternehmen zeitigt der Verlust der Beteiligung an der abhängigen Gesellschaft vor allem dann, wenn diese einen erheblichen Teil seines Vermögens ausmacht. Dabei setzt eine solche Erheblichkeit des Beteiligungswertes keineswegs voraus, daß dieser auch nur annähernd die Mehrheit des Vermögens des Mutterunternehmens darstellt. Deckt das positive Vermögen lediglich die Verbindlichkeiten des Unternehmens, ohne sie jedoch

---

[5] Hommelhoff, Konzernleitungspflicht, S. 371 ff.

[6] Zur konstitutiven Bedeutung der Löschung vgl. Hüffer, in MüKo-AktG, § 262, Rn. 85 mit weiteren Nachweisen auch zur Gegenansicht, wonach die Vollbeendigung bereits mit der Vermögenslosigkeit eintritt und die Löschung daher nur noch deklaratorische Bedeutung hat.

zu übersteigen, wird der Verlust eines zehnten oder möglicherweise noch geringeren Teils des Gesamtvermögens genügen, um die finanzielle Grundlage des Unternehmens zu erschüttern. Es ist dann nämlich in dieser Höhe verschuldet.
Um die weite Verbreitung von Unternehmensgruppen mit der eben skizzierten Risikostruktur zu symbolisieren, soll ihr Vorliegen nicht mittels eines einzelnen Praxisbeispiels, sondern anhand eines rechtstatsächlichen Typus' nachgewiesen werden. Es handelt sich dabei um das sog. Holdingkonzept, das sich definitionsgemäß dadurch auszeichnet, daß sich die Obergesellschaft als Hauptzweck auf die Verwaltung ihrer Beteiligungen an mindestens einem anderen, rechtlich selbständigen Unternehmen beschränkt[7]. Dementsprechend stellen die Beteiligungen an anderen Unternehmen typischerweise das überwiegende Vermögen der Holdingspitze dar[8]. Daß deshalb Finanzmittel, die den Wert der Beteiligungen erheblich übersteigen, bei einer Holding in der Regel nicht vorhanden sind, erklärt sich auch daraus, daß die planmäßige Zuweisung der Finanzmittel an die Tochtergesellschaften ein zentraler Aspekt der Holding-Tätigkeit ist[9]. Die Holdingspitze sammelt die finanziellen Mittel nicht bei sich an, sondern investiert sie in die einzelnen operativen Gesellschaften. Daß die eben skizzierten Holdingkonzepte nicht etwa auf Vertragskonzerne beschränkt sind, wird schon darin deutlich, daß man ihnen eine maßgebliche Bedeutung bei der Integration ausländischer Tochtergesellschaften beimißt und sie häufig gerade der Haftungsabschirmung dienen; der Beherrschungsvertrag ist nur eine Möglichkeit, die einzelnen Gesellschaften der Holding unterzuordnen[10]. Schließlich kommt es für den Risikodurchschlag auch nicht darauf an, daß die Tochtergesellschaften einheitlich geleitet werden. Denn allein entscheidend ist eben, welchen Teil des Vermögens der herrschenden Gesellschaft die Beteiligung an der abhängigen Gesellschaft ausmacht. Daß die Holdinggruppe und dort vor allem die „gefährlichen" Tochtergesellschaften häufig einheitlich geleitet werden[11], stellt dies nicht in Frage. Entsprechend der obigen Überlegungen ist nämlich streng zwischen den Voraussetzungen und den Folgen des Tochterkontrollbedürfnisses zu trennen. Auch wenn einheitliche Leitung und Durchschlagsrisiko in der Holding häufig zusammenfallen, ist die einheitliche Leitung nicht der Grund dieses Risi-

---

[7] Lutter, in Holding-Handbuch, Rn. A 1, A 11.

[8] Die Beteiligungen der Holding, auch und vor allem an Tochtergesellschaften, werden in der spezifischen Literatur als die prägenden Elemente ihres Jahresabschlusses beschrieben und behandelt (vgl. Scheffler, in Holding-Handbuch, Rn. J 2, J 10 ff., J 23, J 46 ff.).

[9] Vgl. Theisen, in Holding-Handbuch, Rn. H 3, H 5, H 21 f.; Keller, in Holding-Handbuch, Rn. C 47 ff.

[10] Lutter, in Holding-Handbuch, Rn. A 3 aE, A 5, A 7 aE, A 16, A 40 ff.

[11] Zur einheitlichen Leitung als Merkmal des Holdingbegriffs vgl. Lutter, in Holding-Handbuch, Rn. A 52, A 57, der jedoch durchaus auch davon abweichende Gestaltungen ausmacht (aaO, Rn. A 21, A 44).

kos[12]. Die Holding ist also idealtypisches Beispiel für das Bestehen eines besonderen beteiligungsvermittelten Durchschlagsrisikos. Das bedeutet selbstverständlich nicht, daß dieses Risiko nur in einer Holdinggruppe besteht. Auch bei einer Muttergesellschaft mit eigener operativer Tätigkeit kann die Beteiligung an einer Tochtergesellschaft einen solch großen Teil des Vermögens ausmachen, daß dessen Verlust sie in erhebliche Schwierigkeiten bringen würde.
Abschließend sei noch auf den potentiellen Einwand eingegangen, daß das eben skizzierte Durchschlagsrisiko letztlich jeder Aktionär trage, dessen Vermögen zum Großteil aus einer Unternehmensbeteiligung besteht, und daß es sich daher nicht um ein spezifisches Risiko der Unternehmensgruppe handele. Das trifft zwar zu, ist aber erst bei der Frage entscheidend, welche rechtlichen Folgerungen aus dem skizzierten Risiko gezogen werden können. Und da jedenfalls können §§ 291 ff., 311 ff. als normativer Ausgangspunkt nur einem herrschenden Unternehmen zugute kommen, nicht aber bloßen Aktionären. Ob das sachlich gerechtfertigt ist, wird an anderer Stelle im Zusammenhang mit diesen Vorschriften untersucht[13].

b) Bindung eigenen Vermögens in den Tochtergesellschaften

In all den Fällen, in denen die Muttergesellschaft finanzielle Zuweisungen an die Tochtergesellschaften vornimmt, entscheidet deren wirtschaftliche Entwicklung über die zugewiesenen finanziellen Mittel. Auch dies verknüpft das Mutterunternehmen mit dem wirtschaftlichen Schicksal solcher Tochtergesellschaften[14]. Daß die herrschende Gesellschaft finanzielle Zuweisungen an die Tochterunternehmen tätigt, entspricht einer gängigen Praxis in der Unternehmensgruppe[15]. Mitunter wird das Mutterunternehmen zu einer solchen Vermögensausstattung aus wirtschaftlichen Gründen sogar gezwungen sein. Hier ist insbesondere an die eben beschriebene Konstellation zu denken, daß die Muttergesellschaft einen Zusammenbruch der Tochterunternehmen auf jeden Fall vermeiden muß. Auch wenn sich das beteiligungsvermittelte Durchschlagsrisiko mit der Insolvenz der Tochtergesellschaft erst vollständig realisieren sollte, bedarf es nämlich schon weit vorher eines sorgsamen Umgangs mit der Tochtergesellschaft, wenn man die Realisierung verhindern will. Dies wiederum bedingt in der Regel die Not-

---

[12] Selbst Hommelhoff, Konzernleitungspflicht, S. 373 beschreibt die Unabhängigkeit des skizzierten Durchschlagsrisikos von der einheitlichen Leitung, obwohl er selbst eine straffe Konzernleitungspflicht annimmt.
[13] Vgl. unten 2. Teil, 1. Abschnitt, I. 2., S. 52 ff.
[14] Vgl. auch Hommelhoff, Konzernleitungspflicht, S. 370 f.; Hoffmann-Becking, ZHR 159 (1995), S. 340.
[15] Siehe so eben unter a), S. 10, Fn. 9.

wendigkeit, die Tochtergesellschaft schon am Anfang einer Krise mit finanziellen Mitteln zu sanieren.

c) Haftungsgefahren bei wirtschaftlicher Einbindung einer abhängigen Gesellschaft

Die Unternehmensgruppe zeichnet sich in haftungsrechtlicher Hinsicht durch die rechtliche Selbständigkeit der einzelnen beteiligten Gesellschaften aus (Trennungsprinzip). Selbst im Vertragskonzern haftet das Mutterunternehmen daher nicht unmittelbar für die Verbindlichkeiten der Tochtergesellschaften. Nutzt das herrschende Unternehmen eine Tochtergesellschaft aber zur eigenen wirtschaftlichen Betätigung, kann dies Maßnahmen erforderlich machen und Situationen schaffen, die auch im Bereich faktischer Abhängigkeit Haftungsgefahren für das herrschende Unternehmen begründen[16]. Es handelt sich dabei um eine Haftung aus Rechtsgeschäft oder Rechtsschein.

aa) Die rechtsgeschäftliche Haftung der Muttergesellschaft, insb. harte Patronatserklärungen

Auch wenn Mutter- und Tochtergesellschaft als rechtlich selbständige Personen im Rechtsverkehr auftreten, besteht natürlich die allgemeine Möglichkeit, rechtsgeschäftlich eine Einstandspflicht der Mutter für die Tochter zu begründen. Dies kann zunächst durch Bürgschaft, Garantie oder Schuldbeitritt geschehen. Im konzernspezifischen Zusammenhang ist insoweit aber auch und vor allem an die sog. (harten) Patronatserklärungen zu denken. Diesen ist gemeinsam, daß sie eine Pflicht des herrschenden Unternehmens begründen, die Tochtergesellschaft mit ausreichender Liquidität zu versorgen, um die Forderung eines Gläubigers dieser Gesellschaft zu sichern[17]. Anders als bei Bürgschaft, Garantie und Schuldbeitritt besteht aufgrund einer Patronatserklärung (zunächst) kein Anspruch des Sicherungsnehmers gegen die Muttergesellschaft auf Zahlung[18].

---

[16] An späterer Stelle wird möglicherweise zu problematisieren sein, ob aus solchen Haftungsgefahren, die das herrschende Unternehmen selbst begründet hat, rechtliche Schlußfolgerungen gezogen werden können (vgl. unten 2. Teil, 2. Abschnitt, II. 1. b), S. 95, Fn. 211, sowie III. 2 a., S. 118, Fn. 273).

[17] Vgl. LG München I, WM 1998, 1285 ; Habersack, ZIP 1996, S. 257 f.; zu den weichen Patronatserklärungen vgl. Emmerich/Sonnenschein/Habersack, KonzernR, S. 289 („unverbindliche Absichtserklärung"); zur Abgrenzung zwischen harten und weichen Patronatserklärungen siehe Fleischer, ZHR 163 (1999), S. 468 ff.; zur Beurteilung einzelner Formulierungen vgl. Obermüller, ZGR 1975, S. 1 ff.; Rümker, WM 1974, S. 990 ff.

[18] Vgl. Obermüller, ZGR 1975, S. 25 ff.; Habersack, ZIP 1996, S. 257; Horn, in Staudinger-BGB, Vor. §§ 765-778, Rn. 118.

Wird die Tochtergesellschaft allerdings insolvent, impliziert dies einen Verstoß der Muttergesellschaft gegen ihre Ausstattungspflicht. Diese haftet dem Sicherungsnehmer dann unmittelbar auf Schadensersatz[19]. Die Zulässigkeit und der Verpflichtungsgehalt harter Patronatserklärungen sind heute anerkannt[20]. Auch solche Erklärungen, die - etwa im Geschäftsbericht der Muttergesellschaft - ad incertas personas abgegeben werden, können zu einer rechtsgeschäftlichen Haftung der Muttergesellschaft führen[21]. In der Regel begründet eine Patronatserklärung keinen echten Vertrag zugunsten Dritter und damit auch keinen Anspruch der Tochtergesellschaft gegen die Mutter[22]. Schließt die Muttergesellschaft einen Vertrag mit der Tochtergesellschaft, in dem sie sich dieser gegenüber verpflichtet, sie mit finanziellen Mitteln zu versorgen, spricht man nicht von einer „Patronatserklärung", sondern von einer „Liquiditätszusage"[23].
Patronatserklärungen haben für die Konzernhaftung häufig eine große Bedeutung; mitunter scheinen selbst große Konzerne ihre internen Haftungsverhältnisse im wesentlichen nicht mit Beherrschungs- und Gewinnabführungsverträgen, sondern mit im Geschäftsbericht publizierten Patronatserklärungen zu regeln[24]. Dementsprechend haben auch im Zusammenhang mit der Existenzgefährdung der Muttergesellschaft durch faktische Tochterunternehmen solche Haftungserklärungen eine hervorgehobene Stellung, lagen sie doch dem bekannten wirtschaftlichen Einbruch der Frankfurter *Metallgesellschaft* im Jahre 1993 zugrunde. Ein amerikanisches Tochterunternehmen der *Metallgesellschaft* war durch riskante Öltermingeschäfte an der New Yorker Terminbörse *Nymex* in erhebliche finanzielle Schwierigkeiten geraten[25]. Die daraus resultierenden Verbindlichkeiten mußte die *Metallgesellschaft* begleichen, weil sie in einer entsprechenden Haftungserklärung eine Einstandspflicht für die amerikanische Tochter übernommen hatte[26].

---

[19] BGHZ 117, 127, 133; Obermüller, ZGR 1975, S. 28 f.; Horn, in Staudinger-BGB, Vor. §§ 765-778, Rn. 118; Rümker, WM 1974, S. 991.
[20] Vgl. LG Berlin, WM 2000, 1060; OLG München, WM 1999, 686 unter Zurückweisung der grundsätzlichen Bedenken des LG München I, WM 1998, 1285; Fleischer, ZHR 163 (1999), S. 468; Horn, in Staudinger-BGB, Vor. §§ 765-778, Rn. 118; Rümker, WM 1974, S. 991 f.; Obermüller, ZGR 1975, S. 27.
[21] So zumindest Habersack, ZIP 1996, S. 257 ff.
[22] Habersack, ZIP 1996, S. 258.
[23] Emmerich/Sonnenschein/Habersack, KonzernR, S. 289.
[24] Vgl. Endres, ZHR 163 (1999), S. 444 zur Deutschen Bank AG.
[25] Vgl. F.A.Z., vom. 6.12.1993, Nr. 283, S. 15; F.A.Z., vom 17.12.1993, Nr. 293, S. 15.
[26] Vgl. F.A.Z., vom 25.02 1994, Nr. 47, S. 16.

bb) Rechtsscheinhaftung

Abgesehen von den herkömmlichen Fällen einer Durchgriffshaftung werden mittlerweile weitere nicht vertragliche Einstandspflichten der herrschenden Gesellschaft diskutiert. Es handelt sich dabei mitunter um eine der Sachwalterhaftung vergleichbare Verantwortlichkeit aus § 311 III BGB (ehemals aus c.i.c.)[27], teilweise aber auch um eine allgemeine Rechtsscheinhaftung, die ihre Grundlage in einem sog. „Konzernvertrauen" hat. Tatbestandliche Grundstruktur dieser Fälle ist die Erwartung des Rechtsverkehrs darauf, daß das herrschende Unternehmen aufgrund des „einheitlichen Erscheinungsbildes der Unternehmensgruppe"[28] eine finanzielle Einstandspflicht für die Tochterunternehmen trifft. Das einheitliche Bild der Unternehmensgruppe entsteht insbesondere durch die konforme Verwendung von Marken- und sonstigen Erkennungszeichen[29], Formulierungen und Firmenbildungen, die die Tochtergesellschaft als Bestandteil des Konzerns kennzeichnen[30], aber auch durch weiche, also nicht rechtsgeschäftliche Patronatserklärungen[31]. Schon im grundsätzlichen ist allerdings streitig, ob und inwiefern das einheitliche Erscheinungsbild der Unternehmensgruppe einen haftungsrechtlich ausreichenden Vertrauenstatbestand schaffen oder dessen Annahme zumindest fördern kann[32]. Von einer typologischen Einheit ist man daher noch weit entfernt. Problematisch ist, daß einerseits zwar Vertrauen geschaffen wird, andererseits aber eine Haftung das Trennungsprinzip in der Unternehmensgruppe auszuhöhlen droht. Letztlich wird es daher immer auf eine Gesamtschau im Einzelfall ankommen, bei der etwa ausschlaggebend sein kann, inwiefern sich die Muttergesellschaft in Vertragsverhandlungen der abhängigen Gesellschaft eingeschaltet und diese gefördert hat[33]. Für die Zwecke der vorliegenden Untersuchung genügt die Erkenntnis, daß bei einer entsprechenden wirtschaftlichen Tätigkeit des herrschenden Unternehmens ausnahmsweise auch eine Rechtsscheinhaftung in Betracht kommen kann, auch wenn man hier strenge Anforderungen stellt. Wann das im einzelnen der Fall ist, kann und muß hier nicht erörtert werden.

---

[27] Lutter, GS Knobbe-Keuk, S. 235 f., 242; Wiedemann, Unternehmensgruppe, S. 90; Fleischer, ZHR 163 (1999), S. 474 f.
[28] Fleischer, ZHR 163 (1999), S. 466.
[29] Vgl. die Beispiele bei Fleischer, ZHR 163 (1999), S. 464 ff.
[30] Vgl. Lutter, GS Knobbe-Keuk, S. 236.
[31] Wiedemann, Unternehmengrppe, S. 89.
[32] Tendenziell bejahend: Fleischer, ZHR 163 (1999), S. 471 ff., 475 ff., 485; Wiedemann, Unternehmensgruppe, S. 89 f.; Druey, FS Lutter, S. 1078; wohl auch Kropff, in MüKo-AktG, § 317, Rn. 114; *ablehnend*: Lutter, GS Knobbe-Keuk, S. 237 ff.
[33] Vgl. Kropff, in MüKo-AktG, § 317, Rn. 114.

d) Maßgeblichkeit des Konzernabschlusses im Wirtschaftsverkehr, vor allem für Anlageentscheidungen

Nach § 290 HGB besteht für Muttergesellschaften grundsätzlich die Pflicht, einen Konzernabschluß und einen Konzernlagebericht (§ 315 HGB) aufzustellen; größenabhängige Ausnahmen von dieser Pflicht macht § 293 HGB. Der Inhalt des Konzernabschlusses ist in § 297 HGB bestimmt. Nach §§ 300 ff. HGB ist die Vermögens- und Finanzlage des gesamten Konzerns konsolidiert darzustellen (vgl. auch § 297 II S. 2, III S. 1 HGB). Wie sich an einem Beispiel aus dem wirtschaftlichen Tagesgeschehen aufzeigen läßt, ist auch der Wirtschaftsverkehr erheblich an diesem Konzernabschluß interessiert, soweit es um die Beurteilung der ökonomischen Verhältnisse der herrschenden Aktiengesellschaft geht. Auch dies kann zur Folge haben, daß finanzielle Probleme der Tochtergesellschaft auf die wirtschaftliche Lage der Muttergesellschaft (und nicht nur auf die Konzernbilanz selbst) durchschlagen. Damit sah sich jedenfalls die Deutsche Telekom AG konfrontiert, als bekannt wurde, daß der Wert des sich bei ihrer Tochtergesellschaft DeTe Immobilien befindlichen Immobilienvermögens nach Einführung neuer Bewertungsverfahren erheblich nach unten korrigiert werden mußte. Dies war Mitursache für einen Kurseinbruch der Telekom-Aktie[34]. Daß solche Kursverluste des Mutterunternehmens diesem schaden, liegt auf der Hand. Neben einem erheblichen Imageverlust ist dabei vor allem an den Fall zu denken, daß die eigenen Aktien als „Währung" bei der Übernahme anderer Gesellschaften eingesetzt werden sollten.
Trotz des Begriffs „Konzernrechnungslegung" kommt es hier nicht auf das Vorliegen eines Konzernverhältnisses iSd § 18 an. Grundsätzlich sind gemäß § 294 I HGB nämlich alle Tochtergesellschaften, also auch solche iSd § 290 II Nr. 1 HGB, in den Vollkonsolidierungskreis mit einzubeziehen. Da das Bestehen eines Mutter-Tochterverhältnisses nach § 290 II HGB nicht voraussetzt, daß eine einheitliche Leitung ausgeübt wird[35], kann man sagen, daß die Pflicht zur Konzernrechnungslegung auf einem „der Abhängigkeit nach § 17 angenäherten Tatbestand" beruht[36]. Nicht erfaßt von § 290 II Nr. 1 HGB sind etwa die Fälle, in denen sich die Abhängigkeit aus einer bloßen Hauptversammlungsmehrheit ergibt[37], da dann gerade keine Stimmrechtsmehrheit iSd § 290 II Nr. 1 HGB besteht.

---

[34] Vgl. F.A.Z., vom 22.02.2001, Nr. 45, S. 1 und S. 45.
[35] Vgl. Busse von Colbe, in MüKo-HGB, § 290, Rn. 27; Baumbach/Hopt-HGB, § 290, Rn. 7.
[36] Emmerich/Sonnenschein, KonzernR, 6. Aufl., S. 474.
[37] Dazu vgl. Emmerich/Sonnenschein/Habersack, KonzernR, S. 49 f.

e) *Allgemeine wirtschaftliche Verflechtungen*

Rückwirkungen auf die Vermögenslage des herrschenden Unternehmens können sich ganz allgemein auch aus einer besonderen Bedeutung der Tochtergesellschaft für den eigenen Unternehmensbetrieb ergeben. In solchen Fällen kann das Ausscheiden des Tochterunternehmens aus der Unternehmensgruppe gravierende Folgen für die Mutter auch dann haben, wenn die Beteiligung an dem abhängigen Unternehmen ihre Vermögenslage selbst nicht entscheidend prägt. Hier ist etwa an Unternehmensgruppen zu denken, in denen eine Tochtergesellschaft zumindest mit Teilen ihrer Produktionspalette als Zuliefererbetrieb für das herrschende Unternehmen fungiert. Fehler bei der Entwicklung dieser speziellen Produkte beeinträchtigen unmittelbar den Wirtschaftsbetrieb des herrschenden Unternehmens, da er für die Aufrechterhaltung seiner eigenen Tätigkeit auf diese Fabrikate angewiesen ist.

Blendet man die konkrete rechtliche Ausgestaltung dieser Unternehmensverbindung einmal aus, liefert das Unternehmen der Deutschen Bahn AG ein schönes Beispiel für solche wirtschaftlichen Abhängigkeiten in der Unternehmensgruppe[38]. Die einzelnen Geschäftsfelder der Deutschen Bahn sind nämlich auf unterschiedliche Tochtergesellschaften verteilt. Besonders interessant ist dabei die rechtliche Trennung des Schiennetzes, das der Netz AG gehört, vom Bahnverkehr, der von der Cargo AG (Güterverkehr), der Reise & Touristik AG (Personenfernverkehr) und der Regio AG (Personennahverkehr) betrieben wird. Hier ist selbstverständlich, daß unabhängig von finanziellen Rückwirkungen die Netz AG schon aus unternehmerischen Gründen eine erhebliche Bedeutung für die Muttergesellschaft hat. Ein besonderes Durchschlagsrisiko resultiert also schon daraus, daß die Bahn AG für den Betrieb ihres Unternehmens zwingend auf die Netz AG angewiesen ist.

f) *Ausklammerung von qualifiziertem faktischen Konzern und sonstiger Durchgriffshaftung*

Zwar wendet die heute herrschende Meinung im sog. qualifizierten faktischen Konzern die Vorschrift des § 302 I analog an[39] oder konstruiert auf anderem Wege eine ähnliche Lösung[40]. Diese Haftung ist jedoch für die vorliegenden Zwecke ohne Bedeutung, da der qualifizierte faktische Konzern ein unzulässiger (rechtswidriger) Zustand ist[41] bzw. zumindest durch unzulässige Maßnahmen

---

[38] Dazu und zum folgenden vgl. Böhmer/Delhaes, Wirtschaftswoche Nr. 46/2000, S. 88 ff.

[39] Vgl. Emmerich/Sonnenschein/Habersack, KonzernR, S. 473 f.

[40] Kropff, in MüKo-AktG, Anh. zu § 317, Rn. 54.

[41] Vgl. Habersack, in Emmerich/Habersack, AktienkonzernR, Anh. II zu § 318, Rn. 2, 35; Kropff, in MüKo-AktG, Anh. zu § 317, Rn. 23, 102 ff.

begründet wurde[42]. Eine Rechtsfortbildung zur organisatorischen Ausgestaltung eines solchen Zustandes erscheint daher nicht angemessen. Auch die sog. Durchgriffshaftung bei Unterkapitalisierung sowie Vermögens- und Sphärenvermischung soll hier außer Betracht bleiben, weil diese Fälle keine wirtschaftlichen Vorteile bringen und daher wohl schon deshalb vom Vorstand der herrschenden Aktiengesellschaft rückgängig zu machen sind. Dies ist aber kein sachgemäßer Hintergrund für die Ausgestaltung der Unternehmensgruppe, der das zu entwickelnde Tochterkontrollbedürfnis letztlich dient. Außerdem kommt hier ein ähnlicher Gedanke wie bei der Ausklammerung des qualifizierten faktischen Konzerns zum Tragen: Unabhängig davon, ob man dogmatisch der Mißbrauchstheorie folgt, ist eigentlicher Grund der Haftung wegen Unterkapitalisierung ein Verstoß gegen die Kapitalerhaltungsvorschriften des Aktiengesetzes[43]. Entsprechendes gilt auch für die Fälle der Vermögens- und Sphärenvermischung, die nur dann zu einem Durchgriff führen sollen, wenn die gesetzlich geforderte Kapitalerhaltung, deretwegen die Haftungstrennung überhaupt gerechtfertigt ist, durch Verschleierungsmaßnahmen unkontrollierbar wird[44].

3. Der Informations- und Kontrollbedarf

Von den tatsächlichen und rechtlichen Umständen, die ein Tochterkontrollbedürfnis begründen, sind die Informationen zu unterscheiden, die für eine sachgemäße Überwachung der abhängigen Unternehmen erforderlich sind. Diese sollen im folgenden grob bestimmt werden. Der konkrete Informationsbedarf von Vorstand und Aufsichtsrat kann abschließend erst unter Berücksichtigung der unterschiedlichen Funktionen dieser Organe in der Unternehmensgruppe ermittelt werden. Hier geht es eben zunächst nur um die Entwicklung einer rechtstatsächlichen Projektionsfläche.

a) Rechnerische Abbildung der wirtschaftlichen Lage der Tochtergesellschaft

Will man negative Rückwirkungen von einer Tochtergesellschaft auf das herrschende Unternehmen durch eine frühzeitige Erkennung von dortigen Gefahren ausschließen, muß man die wirtschaftliche Situation der Tochtergesellschaft laufend im Auge behalten. Diese abzubilden ist, mit unterschiedlichen Zwecken im einzelnen, Aufgabe des betrieblichen Rechnungswesens. Sowohl das interne als auch das externe Rechnungswesen dienen – wie der Begriff schon andeutet – der

[42] So Koppensteiner, in KölnKomm-AktG, § 311, Rn. 104.
[43] Vgl. Heider, in MüKo-AktG, § 1, Rn. 64.
[44] BGHZ 95, 330, 334; Hüffer, AktG, § 1, Rn. 20; Heider, in MüKo-AktG, § 1, Rn. 64.

„rechnerischen Erfassung des Unternehmensprozesses“[45]. Die betrieblichen Geld- und Leistungsströme sollen mengen- und wertmäßig dargestellt und damit auch einer Überwachung zugänglich gemacht werden; speziell das externe Rechnungswesen soll auf diese Weise eine Unterrichtung interessierter Außenstehender über die Vermögens-, Finanz- und Ertragslage des Betriebes ermöglichen (vgl. § 264 II S. 1 HGB)[46].
Zwar dienen das Rechnungswesen und die Tochterkontrolle unterschiedlichen Zwecken, insbesondere hat die Tochterkontrolle laufend zu erfolgen, während vor allem das externe Rechnungswesen eine jährliche und schriftliche Dokumentation intendiert. Dennoch haben Rechnungswesen und Tochterkontrolle die Gemeinsamkeit, die wirtschaftliche Lage der Tochtergesellschaft erfassen zu wollen. Es ist deshalb nicht verwunderlich, daß Instrumente des Rechnungswesens (insbesondere Jahresabschluß und Prüfungsbericht der Tochtergesellschaft) auch für die Tochterkontrolle eine Rolle spielen werden[47]. Darauf kommt es hier aber noch nicht an. Wichtig ist allein, daß der grundsätzliche Ansatz des Rechnungswesens, die wirtschaftliche Situation eines Unternehmens zahlenmäßig abzubilden, auch für die Tochterkontrolle von erheblicher Bedeutung ist. Die im Rechnungswesen zum Ausdruck kommenden Wirtschaftsdaten stellen einen wichtigen Bereich dar, aus dem sich bei einer Kontrolle der Tochtergesellschaften bedient werden kann. Auch eine auf die Erkennung von Krisensituationen spezialisierte Untersuchung hat herausgearbeitet, daß sich existenzgefährdende Entwicklungen als erstes in einer wertmäßigen Abweichung von den Planvorgaben des Unternehmens zeigen; quantifizierbare Krisenindikatoren werden dort als zentrales Überwachungsmittel behandelt[48]. Welche Daten konkret zur Überwachung geeignet sind und wie man sie aufbereitet, ist im Einzelfall zu entscheiden. Interessant erscheinen dabei auch die Kennzahlen des Controllings, das sich aus dem betrieblichen Rechnungswesen entwickelt hat[49].

b) Die personellen Ressourcen der abhängigen Gesellschaft

Die wirtschaftlichen Ergebnisse eines Unternehmens hängen von zahlreichen Momenten ab. Ein einfaches Erfolgsrezept gibt es nicht. Deshalb ist das persönliche Geschick der Mitarbeiter des abhängigen Unternehmens von ausschlaggebender Relevanz für dessen wirtschaftliche Entwicklung[50]. Darauf muß deshalb auch die herrschende Gesellschaft ihr Augenmerk richten. Selbstverständlich ist

[45] Eisele, Betriebliches Rechnungswesen, S. 7.
[46] Wöhe, Betriebswirtschaftslehre, S. 853.
[47] Dazu vgl. unten 3. Teil, 2. Abschnitt, II. 2. b), S. 173 f.
[48] Schlömer, Überwachungssystem, S. 170 ff.
[49] Scheffler, AG 1991, S. 257; Theisen, AG 1991, S. 264.
[50] Vgl. Schlömer, Überwachungssystem, S. 202.

insoweit die Beobachtung der Vorstandsmitglieder und sonstigen leitenden Angestellten der Tochtergesellschaft. Diese treffen schließlich die für das Unternehmen grundlegenden Entscheidungen. Aber auch andere Arbeitnehmer können innerhalb der Tochtergesellschaft von großer Bedeutung sein. Hier ist etwa an die Wertpapierhändler einer ausgegliederten Investmentgesellschaft in einem Bankkonzern zu denken. Auch dürfte der Erfolg eines Software-Unternehmens entscheidend von der Innovativität seiner Computerspezialisten bestimmt werden. Von den persönlichen Eigenschaften und beruflichen Fähigkeiten der genannten Mitarbeiter muß sich daher auch das herrschende Unternehmen ein Bild machen.

c) Die Geschäftspolitik der abhängigen Gesellschaft

Vor allem wenn sich eine negative Entwicklung der Tochtergesellschaft abzeichnet, wird das herrschende Unternehmen seine Kontrolle der Tochtergesellschaft verschärfen und sich auch *inhaltlich* mit deren täglicher Geschäftspolitik beschäftigen müssen. In den Vordergrund tritt dabei eine in die Zukunft gerichtete Beurteilung. So sind etwa die Erfolgsaussichten teurer Investitionen zu prüfen, die sich in einer Verschlechterung der finanziellen Situation der Tochtergesellschaft andeuten. Auch das wirtschaftliche Umfeld der Tochtergesellschaft kann zu durchleuchten sein, etwa um bedeutende Preisänderungen auf den Beschaffungs- und Absatzmärkten aufzudecken[51].

II. Gefahrenerkennende Tochterkontrolle und Konzernverfassungsrecht

Es wurde bereits skizziert, daß die rechtlichen Probleme der Tochterkontrolle durch die Herleitung eines normativen Prinzips gelöst werden sollen, das seine Grundlage in einer speziellen Untersuchung der §§ 291 ff., 311 ff., 319 ff. hat[52]. Ein entscheidender Aspekt dieser Argumentation wird die Frage sein, ob die genannten Vorschriften das Tochterkontrollbedürfnis des herrschenden Unternehmens bewußt berücksichtigen wollen. Ohne weiteres wird aber auch die daraus folgende normative Wirkung des Tochterkontrollbedürfnisses eine Entwicklung konkreter verbundsdimensionaler Kontrollzuständigkeiten des Mutter-Vorstands und des Mutter-Aufsichtsrats nicht begründen können. Von der rechtlichen Anerkennung eines bestimmten Interesses zur konkreten Ausgestaltung von Organzuständigkeiten in der Obergesellschaft ist es nämlich ein weiter Weg. Schon die

---

[51] Vgl. Witte, Prüfungsbericht, S. 125 zu einer Redepflicht des Abschlußprüfers der Tochtergesellschaft in diesen Fällen; zu weiteren Beispielen siehe Schlömer, Überwachungssystem, S. 176.

[52] Vgl. Einleitung, S. 3 ff.

konzernrechtliche Neutralität der §§ 76 ff. bereitet erhebliche Schwierigkeiten. Außerdem muß jede verbundsdimensionale Zuständigkeitserweiterung mit der rechtlichen Selbständigkeit der einzelnen Gesellschaften in Einklang gebracht werden. Es ist also auch nach der grundsätzlichen Herleitung eines normativen Tochterkontrollbedürfnisses noch eine sehr komplexe Argumentation erforderlich.
Diese Argumentation gelangt insbesondere bei der Entwicklung von konkreten Vorgaben für die Ausgestaltung der verbundsweiten Überwachungszuständigkeiten von Vorstand und Aufsichtsrat zumindest gedanklich in den Bereich des Konzernverfassungsrechts. Diese konzernrechtliche Disziplin hat sich nämlich ausführlich mit den strukturellen Problemen konzernweiter Zuständigkeiten beschäftigt. Deshalb ist es erforderlich, sich über das Verhältnis der hier angestrebten Behandlung der Tochterkontrolle zum gängigen Konzernorganisationsrecht Klarheit zu verschaffen. Dies soll bereits im Rahmen der Grundlagenuntersuchung geschehen, weil – wie unter 2. noch genauer ausgeführt wird – der vorliegende Lösungsansatz kein eigentlich konzernverfassungsrechtlicher ist. Daher sind auch die konzernverfassungsrechtlichen Überlegungen für die Argumentation dieser Abhandlung nur teilweise brauchbar. Um eine übersichtliche eigene Lösung zu ermöglichen, wird deshalb die Behandlung des Konzernverfassungsrechts vorgezogen. Es werden bereits hier die Schwierigkeiten gelöst, die daraus entstehen, daß ein eigener Lösungsansatz entwickelt wird, der sich zwar nicht vollständig, aber doch in Teilen mit konzernorganisatorischen Überlegungen deckt. Im folgenden sollen der konzernverfassungsrechtlichen Diskussion argumentative Bausteine entnommen werden, die in die spätere Argumentation zur organisatorischen Umsetzung des Tochterkontrollbedürfnisses integriert werden können.

1. Überblick über die konzernverfassungsrechtlichen Einheitskonzepte

Um den Gegenstand der folgenden Grundlagenuntersuchung genauer vor Augen zu führen, soll zunächst ein knapper Überblick über die Problematik und den gegenwärtigen Stand des Konzernverfassungsrechts gegeben werden[53]. Der zentrale Begriff dieser Rechtsdisziplin ist, wie ihr Name schon zeigt, der des Konzerns. Der Konzern wird durch die einheitliche Leitung der einzelnen Gesellschaften bestimmt (§ 18 I S. 1; § 15 I HS. 1 AktG 1937[54]). Die dieser imma-

[53] Einen umfangreichen und kritischen Überblick gibt Mülbert, Aktiengesellschaft, S. 20 ff.; zu neueren und alternativen Versuchen eines Konzernverständnisses vgl. Ehricke, ZGR 1996, S. 307 ff., 310 ff. mwN.
[54] § 15 I AktG 1937 lautete: „Sind rechtlich selbständige Unternehmen zu wirtschaftlichen Zwecken unter einheitlicher Leitung zusammengefaßt, so bilden sie einen Konzern; die einzelnen Unternehmen sind Konzernunternehmen“ (RGBl. 1937, Teil I, S. 108).

nente Einbeziehung der einzelnen Gesellschaften in die gemeinsame und vom herrschenden Unternehmen vorgegebene Zielkonzeption konfligiert mit der – den Konzern ebenfalls auszeichnenden – (rechtlichen) Selbständigkeit der Tochtergesellschaften. Dies ist das schon von *Ludwig Raiser* beschriebene Problem der „Polarität von Einheit und Vielheit“[55]. Mißt man nun dem einheitlich geleiteten Konzern eine besondere Bedeutung zu, etwa weil er die Rechtswirklichkeit widerspiegele oder weil er ein wirtschaftlich außerordentlich leistungsfähiges Instrument sei[56], ist es konsequent, den Versuch zu unternehmen, die Polarität betont „von oben“ aufzulösen und die Konzerneinheit in den Vordergrund zu rücken[57].

Im Zuge dieser Entwicklung wurden zahlreiche Einheitskonzepte geschaffen, die mehr oder weniger von einer Verselbständigung („Hypostasierung“[58]) des einheitlich geleiteten Konzerns ausgehen, diesen als eine „Organisationsform höherer Ordnung“[59] verstehen und entsprechend ausgestalten. Mit erheblichen Unterschieden im einzelnen ist ganz grundsätzlich davon die Rede, daß der Konzern als ein – von der herrschenden Gesellschaft getragenes - Unternehmen aufgefaßt werden könne[60], oder, daß das Konzernrecht nicht nur den Schutz der abhängigen Gesellschaft zu bewältigen habe, sondern auch Organisationsrecht für den gesamten Konzern sei[61]. Mitunter wird in der Aufnahme der einheitlichen Leitung sogar im faktischen Konzern die Begründung eines „organisationsrechtlichen Rechtsverhältnisses“ gesehen[62]. Andere betonen die organisatorische Vergleichbarkeit des Konzerns mit einer einzelnen Gesellschaft (Korporation)[63]

---

[55] L. Raiser, in Raiser/Sauermann/Schneider, S. 51 ff., 54; zu den Problemen vgl. Ehricke, ZGR 1996, S. 320 ff.

[56] Zur Bedeutung des Konzerns vgl. etwa: L. Raiser, in Raiser/Sauermann/Schneider, S. 51 ff.; Lutter, St. Galler Konzernrechtsgespräch, S. 227 f.; ders., FS Stimpel, S. 826 f.; ders., ZGR 1987, S. 332; Schneider, in Mestmäcker/Behrens, S. 568; ders., BB 1986, S. 1993; Hommelhoff, in Mestmäcker/Behrens, S. 92; dagegen, daß der „straff geführte“ Konzern der „sozialen Wirklichkeit“ entspricht: Wiedemann, Unternehmensgruppe, S. 6, 12.

[57] Hommelhoff, Konzernleitungspflicht, S. 223; Timm, Konzernspitze, S. 3.

[58] Mülbert, Aktiengesellschaft, S. 34.

[59] Bälz, 40 Jahre BRD, S. 226 (zum Vertragskonzern mit dem Beherrschungsvertrag als „Satzung“); Timm, ZHR 153 (1989), S. 60.

[60] Bälz, FS Raiser, S. 319 ff., 321 ff. (Vertrags- und Eingliederungskonzern als „polykorporatives Unternehmen“); ders., 40 Jahre BRD, S. 225 ff.; Schneider, ZHR 143 (1979), S. 487, 490 f.; ders., in Mestmäcker/Behrens, S. 568 ff.; Lutter, FS Stimpel, S. 827 ff.; Timm, Konzernspitze, S. 1 f.; vgl. auch Ballerstedt, Unternehmenskonzentration, S. 629 ff. sowie Rehbinder, Konzernaußenrecht, S. 74 ff., 80.

[61] Schneider, ZHR 143 (1979), S. 491; ders., in Mestmäcker/Behrens, S. 568 ff.; Lutter, St. Galler Konzernrechtsgespräch, S. 228 ff.; Rehbinder, ZHR 147 (1983), S. 464; Mülbert, ZHR 163 (1999), S. 20 ff.

[62] Schneider, BB 1981, S. 255.

[63] Lutter, St. Galler Konzernrechtsgespräch, S. 226 ff., 232; ders., ZGR 1987, S. 329, 334 ff.; Timm, Konzernspitze, S. 10; ders., ZHR 153 (1989), S. 60; Mecke, Konzernstruktur, S. 50.

und machen die Entwicklung einer entsprechenden Konzernverfassung zur Aufgabe der Rechtswissenschaft[64].
Was die konkrete Ausgestaltung der Konzerneinheit betrifft, so sind Versuche vereinzelt geblieben, das Verhältnis von Mutter- und Tochtergesellschaften als BGB-Gesellschaft zu deuten, deren gemeinsamer Zweck die einheitliche Leitung des Konzerns sein soll[65]. Weiter verbreitet sind dagegen Ansätze, die die Einheit dadurch ausgestalten, daß den Organen der Obergesellschaft in unterschiedlicher Intensität die Funktion von „Konzernorganen" zugewiesen wird[66]. Die Zuständigkeiten der Organe der Obergesellschaft werden konzerndimensional erweitert, also je nach ihrer Funktion auf die Angelegenheiten der Tochtergesellschaft erstreckt. Dabei bringt der Begriff des „Konzernorgans" die angenommene Verselbständigung des Konzerns zum Ausdruck. Denn auch wenn es sich bei den Konzernorganen gegenständlich immer um die Organe der Obergesellschaft handelt, so wird ihnen doch eine weitere Funktion zugewiesen. Ihre verbundsweite Tätigkeit wird nicht allein als Handeln für die Obergesellschaft verstanden – was auch möglich wäre -, sondern eben als Tätigkeit für den Konzern. Da mitunter der Konzern schon als mit der einzelnen Gesellschaft vergleichbar angesehen wird, ist es konsequent, wenn man sich bei der Ausgestaltung der konzernweiten Kompetenzen an der Zuständigkeitsordnung orientieren will, die für die unverbundene Gesellschaft geschaffen wurde[67]. Als Beispiel für eine konzerndimensionale Zuständigkeitserweiterung mag zunächst die Annahme einer umfassenden Konzernleitungspflicht dienen, die vom Vorstand verlangt, seine Herrschaftsmacht über die Tochtergesellschaften zu einer einheitlichen Leitung zu verdichten und es nicht bei bloßer Abhängigkeit zu belassen; der Vorstand der Obergesellschaft wird insoweit ausweislich zum Konzernvorstand gemacht[68]. In eine ähnliche Richtung geht eine Konzernleitungskontrolle, die die Hauptversammlung zum Grundorgan des gesamten Konzerns macht[69]. Schließlich wird auch der Aufsichtsrat der Obergesellschaft explizit als „Konzern-Überwachungsorgan" eingeordnet[70].

---

[64] Lutter, ZGR 1987, S. 342 ff., 368 f.

[65] Wilhelm, Rechtsform, S. 224; Harms, Wettbewerbsbeschränkungen, S. 148; ablehnend etwa Rehbinder, Konzernaußenrecht, S. 76 ff.; Westermann, Typengesetzlichkeit, S. 182 ff.; Mülbert, Aktiengesellschaft, S. 22 f.

[66] Zusammenfassend Lutter, FS Stimpel, S. 829 ff.

[67] Vgl. Timm, Konzernspitze, S. 2 f., 165; ders., ZHR 153 (1989), S. 60; Lutter, FS Westermann, S. 349.

[68] Hommelhoff, Konzernleitungspflicht, passim, insb. S. 76 ff., 104 f.; ablehnend Semler, Leitung und Überwachung, Rn. 272.

[69] So vor allem Lutter, FS Stimpel, S. 832 ff., 841; im Rahmen rechtspolitischer Überlegungen: Hommelhoff, St. Galler Konzernrechtsgespräch, S. 120 f.

[70] Schneider, FS Kropff, S. 281; kritisch: Semler, Leitung und Überwachung, Rn. 384.

2. Das Verhältnis des eigenen Lösungsansatzes zum Konzernverfassungsrecht

Bevor einzelne Aspekte der konzernverfassungsrechtlichen Diskussion auf ihren Wert für die vorliegende Abhandlung untersucht werden, sollen die konzernorganisatorischen Konzepte grundsätzlich in Verhältnis zur hier eingeschlagenen Argumentation gesetzt werden. Dabei ist zunächst zu bemerken, daß bereits der Überblick über das Konzernverfassungsrecht vielversprechende Anknüpfungspunkte auch für die vorliegende Lösung zu Tage gefördert hat. Zu denken ist insoweit etwa an die Betonung der Einheit, die von der herrschenden Gesellschaft ausgeht, oder die Einstufung des Konzernrechts auch als Organisationsrecht. Denn auch die Entwicklung von verbundsweiten Überwachungszuständigkeiten in der Obergesellschaft führt letztlich zu einer organisatorischen Vereinheitlichung, deren Ergebnis man als „kontrolltechnische Einheit" bezeichnen kann.
Andererseits ist schon der normative Ausgangspunkt der angerissenen Konzepte ein ganz anderer als der der vorliegenden Abhandlung. Jene basieren auf der angenommenen Notwendigkeit, gerade den einheitlich geleiteten Konzern iSd § 18 organisatorisch auszugestalten. Der vorliegenden Untersuchung geht es dagegen darum, ein Tochterkontrollbedürfnis zu berücksichtigen, das bereits begrifflich und tatsächlich von der einheitlichen Leitung gelöst wurde[71]. Es steht hier nicht im Vordergrund, eine bestimmte Wirtschaftsform (ein Unternehmen) organisatorisch umfassend auszugestalten. Eine organisatorische Einheit soll nur insoweit entwickelt werden, als sie zur Ermöglichung einer sachgerechten Tochterkontrolle unabdingbar ist.
Ein weiterer grundlegender Unterschied besteht hinsichtlich des Anbindungsgrades an die gesetzlichen Vorschriften der §§ 291 ff., 311 ff. Es ist ausdrückliches Anliegen dieser Abhandlung, die rechtliche Bedeutung des Tochterkontrollbedürfnisses und damit die normative Grundlage der Argumentation unmittelbar und streng aus §§ 291 ff., 311 ff. zu entwickeln. Dagegen will das Konzernverfassungsrecht weniger die von §§ 291 ff., 311 ff. konkret getroffenen Wertungen umsetzen[72], als eben dem angenommenen Konzernorganisationsbedürfnis Rechnung tragen. Diese Einschätzung wird durch die Kritik bestätigt, der das Konzernverfassungsrecht ausgesetzt ist. Diese macht nämlich gerade geltend, daß die Verengung auf den einheitlich geleiteten Konzern nicht mit den Vorschriften der §§ 311 ff. im Einklang stehe, die ausdrücklich auch die schlichte Abhängigkeit zulassen[73]. Dem zuzuordnen ist auch der Einwand, daß eine am

[71] Vgl. oben I. 2., S. 8 ff. sowie bereits Einleitung, S. 4 f.

[72] So auch das Urteil von K. Schmidt, FS Lutter, S. 1167 ff., 1169, zumindest zu dem von Marcus Lutter geprägten Konzernverfassungsrecht.

[73] Koppensteiner, in KölnKomm-AktG, Vorb. § 291, Rn. 30; Mülbert, Aktiengesellschaft, 13, 29 f., 35; vgl. bereits Mestmäcker, FS Kronstein, S. 130; dazu, daß die Konzernorganisation

herrschenden Unternehmen ausgerichtete organisatorische Ausgestaltung ganz grundsätzlich den Schutzanliegen der §§ 311 ff. widerspreche, indem sie eine „Dauergefährdung" für die Selbständigkeit und die Interessen der abhängigen Gesellschaft schaffe[74]. Auf eine allgemeinere Ebene wird die Betrachtung gehoben, indem gerade die Flexibilität und die vielfältigen Gestaltungsmöglichkeiten in der Unternehmensgruppe als ihre positiven Merkmale gerühmt werden, und deshalb eine Verengung auf den straff geleiteten Konzern beanstandet wird[75]. Konkret kommt die skizzierte Kritik etwa in der Ablehnung der vor allem von *Hommelhoff* und *Timm* postulierten Intensität der Konzernleitungspflicht (immer Verdichtung zu einheitlicher Leitung[76]) zum Ausdruck[77].

Eine rechtspraktische Folge der hier angestrebten unmittelbaren Ausrichtung an §§ 311 ff. ist, daß die entwickelten Lösungen im faktischen Bereich gleichermaßen für die schlichte Abhängigkeit und den Konzern gelten. Dies ist zwar nicht eigentliches Motiv der hiesigen Separation vom Konzern. Auch soll die besondere wirtschaftliche Bedeutung von Konzernen keineswegs bestritten werden. Es sei aber trotzdem hervorgehoben, daß die Anwendbarkeit der zur Tochterkontrolle erzielten Regeln auf die schlichte Abhängigkeit auch eine erhebliche praktische Bedeutung hat. Zunächst sind im faktischen Bereich auch auf Dauer bestehende Unternehmensgruppen zulässig[78] und existent[79], in denen keine einheitliche Leitung ausgeübt wird. Daneben können gerade erst erworbene Tochtergesellschaften, deren einheitliche Leitung angestrebt wird, eine Zeit lang lediglich schlicht abhängig sein, wenn die Mutter nicht sofort mit der einheitlichen Leitung beginnt. Schließlich werden Abgrenzungsschwierigkeiten und damit Unsicherheiten über die Anwendung der entwickelten Kontrollregeln vermieden, die bestehen, wenn Lösungen nur für den Konzern gelten. Zwar wird dessen Vorliegen nach § 18 I S. 3 auch bei faktischer Abhängigkeit vermutet, diese Vermutung ist aber widerleglich[80].

---

zumindest nicht eigentliches Konzept der §§ 311 ff. ist, vgl. K. Schmidt, FS Lutter, S. 1167 ff., 1179; ders., JZ 1992, S. 857; Emmerich/Sonnenschein/Habersack, KonzernR, S. 9.

[74] Rehbinder, ZHR 147 (1983), S. 466 f.

[75] Wiedemann, Unternehmensgruppe, S. 13 f.; Rittner, ZGR 1990, S. 214 f., 217; Kropff, ZGR 1984, S. 132 f.; Ebenroth, Konzernbildungskontrolle, S. 27.

[76] Hommelhoff, Konzernleitungspflicht, S. 76 ff.; Timm, Konzernspitze, S. 98.

[77] Hüffer, AktG, § 76, Rn. 17; Koppensteiner, in KölnKomm-AktG, Vorb. § 291, Rn. 30; Götz, ZGR 1998, S. 526 ff.; Krieger, in MünchHdB-AG, § 69, Rn. 21; Martens, FS Heinsius, S. 531; Rittner, AcP 183 (1983), S. 302; Wiedemann, Unternehmensgruppe, S. 76; wohl auch Kropff, in MüKo-AktG, § 311, Rn. 273.

[78] Vgl. unten 4. a) bb), S. 31 f.

[79] Lutter, in Holding-Handbuch, Rn. A 44; Götz, ZGR 1998, S. 529 f.; nach Rittner, AcP 183 (1983), S. 310 ist „die Wirklichkeit der Unternehmensverbindungen (...) so außerordentlich vielgestaltig, daß sie sich jeder Realdefinition entzieht".

[80] Zu den diesbezüglichen Anforderungen vgl. Lutter, in Holding-Handbuch, Rn. A 44 ff.

3. Ableitung einzelner Vorgaben für die weitere Untersuchung aus der kritischen Diskussion um die konzernverfassungsrechtlichen Einheitskonzepte

Zunächst sollen der Diskussion um das Konzernorganisationsrecht negative Vorgaben für die Ausgestaltung der „kontrolltechnischen Einheit“ entnommen werden. Zwar sind große Teile der Kritik am Konzernverfassungsrecht – wie eben dargestellt wurde – nicht auf den hier zu entwickelnden Ansatz übertragbar, da sie speziell auf die Ausgestaltung des Konzerns bezogen sind. Mehr oder weniger deutlich und bisweilen allein im rechtspolitischen Zusammenhang kann man bei der Diskussion der konzernverfassungsrechtlichen Konzepte aber auch allgemeiner klingende Bedenken gegen ein Ordnungsdenken ausmachen[81]. Angesprochen wird damit das Verhältnis von Ordnung und Recht[82]. Da auch die kontrolltechnische Einheit letztlich eine Ordnung ist, muß der materielle Gehalt dieser Kritik an einem Ordnungsdenken genauer untersucht werden. Es stellt sich vor allem die Frage, ob die umfassende Ausgestaltung einer Ordnung dann unproblematisch ist, wenn nur die Grenzen der §§ 291 ff., 311 ff. beachtet werden, oder ob aus der Kritik an einem Ordnungsdenken weitere Anforderungen folgen.
Das angesprochene Problem läßt sich am besten anhand der Diskussion um die rechtlichen Grundlagen einer Konzernbildungs- und Konzernleitungskontrolle (bzw. Gruppenbildungs- und Gruppenleitungskontrolle) auf der Ebene der Obergesellschaft behandeln. Von Einzelheiten abgesehen geht es dabei darum, die gesellschaftsinterne Entscheidungszuständigkeit der Hauptversammlung der herrschenden Aktiengesellschaft zu begründen, wenn durch Ausgliederung oder Beteiligungserwerb eine Unternehmensgruppe gebildet wird, oder wenn in einer existenten Tochtergesellschaft bestimmte Entscheidungen zu treffen sind[83]. Dies wird teilweise eben darauf gestützt, daß der Konzern als „Korporation sui generis“ den übrigen Korporationen gemäß ausgestaltet werden müsse, also auch eines Grundorgans bedürfe[84]. Gerade dieser ordnungspolitische Ansatz, wie er in der „Rechtsfindung aus dem System der rechtlichen Organisation von Korporationen“[85] zum Ausdruck kommt, wird nun mitunter explizit abgelehnt[86]. Daß

---

[81] Wiedemann, Unternehmensgruppe, S. 15; ausführlich Mülbert, Aktiengesellschaft, S. 32 f., 34 ff., 384 ff., 398 ff.; Rittner, AcP 183 (1983), S. 306 ff.; Sonnenschein, in Mestmäcker/Behrens, S. 50 verweist unter Bezugnahme auf entsprechende Tendenzen bezüglich des Konzerns darauf, daß Konzernrecht „nicht primär Organisationsrecht“ sei.
[82] Besonders aufschlußreich ist insoweit die – allerdings im rechtspolitischen Zusammenhang gemachte - Formulierung, daß Einheitskonzepte zum Konzern in gewissen Bereichen nicht „mehr Recht“, sondern lediglich „mehr Ordnung“ schafften (Wiedemann, Unternehmensgruppe, S. 15).
[83] Vgl. den Überblick bei Emmerich/Sonnenschein/Habersack, KonzernR, S. 100 ff.
[84] Lutter, FS Stimpel, S. 832 ff., 841.
[85] Lutter, FS Stimpel, S. 833; vgl. auch Mecke, Konzernstruktur, S. 51.

möglicherweise §§ 291 ff. nicht ausreichend berücksichtigt würden, ist dagegen nicht Kern dieser Beanstandung. Das zeigt sich schon darin, daß sich trotz der Kritik am Ordnungsdenken die Begründung einzelner verbundsdimensionaler Hauptversammlungszuständigkeiten auf anderem Wege weitgehend durchgesetzt hat[87]. Sie werden nur auf eine andere Grundlage gestellt, nämlich zum Schutz der Mitwirkungs- und Vermögensrechte der Aktionäre in der Obergesellschaft entwickelt[88].

Löst man den Blick von den Einzelheiten des angesprochenen Streits, kann man den grundlegenden dogmatischen Kritikpunkt benennen. Er läßt sich in dem Verlangen nach einer konkreten rechtlichen und sachlichen Begründung[89], kurz: einer ausreichenden „normativen Grundlage“[90] für die Zuständigkeitserweiterung sehen. Diese normative Grundlage besteht bei der nicht ordnungspolitischen Begründung einer Gruppenbildungs- und leitungskontrolle aus einer Kombination des Aktionärsrechts mit einer gesetzlichen Vorschrift[91], wobei der Schutz des Aktionärsrechts eine weitaus größere argumentative Bedeutung haben dürfte. Allein die eventuelle Notwendigkeit zur Ausgestaltung einer Konzernorganisation kann dagegen nicht genügen, organisatorische Anliegen dürfen kein Selbstzweck sein[92]. Das leuchtet schon deshalb ein, weil sich die Unter-

---

[86] Emmerich/Sonnenschein/Habersack, KonzernR, S. 124 f.; Habersack, in Emmerich/Habersack, AktienkonzernR, Vor§ 311, Rn. 13 ff.; Mülbert, Aktiengesellschaft, S. 384 ff., 398 ff.; Westermann, FS Pleyer, S. 426 ff., 431 ff.

[87] Vgl. Habersack, in Emmerich/Habersack, AktienkonzernR, Vor§ 311, Rn. 13 mwN in Fn. 58.

[88] In der Literatur kommt dies deutlich zum Ausdruck bei: Götz, AG 1984, S. 86 ff.; Emmerich/Sonnenschein/Habersack, KonzernR, S. 124 f. mwN; Mülbert, Aktiengesellschaft, S. 51 ff.

Der Schutz der Aktionäre und nicht die Ausgestaltung einer Konzernbinnenordnung steht auch in BGHZ 83, 122, 131 eindeutig im Vordergrund (Mülbert, Aktiengesellschaft, S. 19 f., 363, 386 f.; Henze, BB 2001, S. 61; anders noch Martens, ZHR 147 (1983), S. 404 f.). Wie jüngst ein Mitglied des Gesellschaftsrechts-Senats des BGH kund getan hat, ist mit der Entwicklung einer Konzernbinnenordnung durch den BGH auch in naher Zukunft nicht zu rechnen (Henze, BB 2001, S. 61).

[89] Martens, ZHR 147 (1983), S. 411; Rittner, AcP 183 (1983), S. 306; Koppensteiner, in KölnKomm-AktG, Vorb. § 291, Rn. 38 aE; auch Lutter, FS Stimpel, S. 844 f. konstatiert, daß weiterer Argumentationsbedarf entstehe, wenn man das Ordnungsanliegen für eine Zuständigkeitserweiterung nicht ausreichen läßt (vgl. dazu auch Mülbert, Aktiengesellschaft, S. 389).

[90] Martens, ZHR 147 (1983), S. 409.

[91] Bei der weiteren gesetzlichen Vorschrift handelt es sich entweder um § 119 II (Ermessensreduzierung), nach anderer Ansicht um die analoge Anwendung einer einzelnen zuständigkeitsbegründenden Norm (vgl. die kritische Analyse beider Ansätze bei Mülbert, Aktiengesellschaft, S. 394 ff.).

[92] Ob dies von den konzernverfassungsrechtlichen Einheitskonzepten wirklich nicht ausreichend berücksichtigt wird, braucht hier nicht entschieden zu werden. Zu beachten ist inso-

nehmensgruppe neben der Einheit eben auch durch die Selbständigkeit der einzelnen Unternehmen auszeichnet[93]. Auch ist immer zu bedenken, daß der Aufbau einer Organisation nicht zwingend durch das Gesetz (bzw. eine richterliche Rechtsfortbildung), sondern auch privatautonom erfolgen kann[94]. Ordnende Modifizierungen sind also grundsätzlich nur dann als zulässig anzusehen, wenn sie aufgrund konkreter rechtlicher Erwägungen erfolgen. Dies korrespondiert mit dem Umstand, daß eine richterliche Rechtsfortbildung nicht lediglich auf ein rechtspolitisches Interesse gestützt werden kann, sondern immer ein rechtliches bzw. noch besser: ein gesetzesimmanentes Interesse verwirklichen muß[95]. Selbstverständlich ist eine klare Grenzziehung bei der Unterscheidung von Ordnung und Recht nicht möglich. Denn daß eine Ordnung sehr häufig eng mit der Umsetzung rechtlicher Interessen verknüpft ist, zeigt schon die Verfassung der unverbundenen Aktiengesellschaft selbst[96]. Als Vorgabe für die weitere Untersuchung bleibt damit die Maßgabe, verbundsdimensionale Zuständigkeitserweiterungen so konkret wie möglich zu begründen, und zwar mit rechtlichen Erwägungen. Jede Modifizierung der Zuständigkeitsordnung muß nicht nur im Einklang mit §§ 291 ff. stehen, sondern bedarf auch einer positiven normativen Grundlage. Auch diese Grundlage wird die vorliegende Abhandlung in §§ 291 ff., 311 ff. selbst suchen, indem eine Ordnung entwickelt wird, die allein der Umsetzung der von diesen Vorschriften rechtlich anerkannten Interessen dient[97].

4. Einzelne konzernverfassungsrechtliche Argumente und Argumentationsmuster als Bausteine für die weitere Untersuchung

Speziell aus der Kritik am Konzernverfassungsrecht konnte bereits eine grundlegende Vorgabe für die spätere Behandlung der Tochterkontrolle erarbeitet werden. Nun soll die konzernverfassungsrechtliche Diskussion auf weitere Argumente durchmustert werden, die auch für die Thematik der vorliegenden Abhandlung brauchbar sind. Zurückgreifen läßt sich dabei vor allem auf die Unter-

---

weit, daß z.B. *M. Lutter* ausdrücklich den Rechtscharakter seines Organisationsprinzips betont (FS Stimpel, S. 833).

[93] Speziell zu diesem Aspekt der Kritik an der Argumentation mit einer Konzernorganisation vgl. Westermann, FS Pleyer, S. 427.

[94] Rittner, AcP 183 (1983), S. 306; vgl. auch Ehricke, ZGR 1996, S. 314 ff. zur Privatautonomie als Ordnungsprinzip auch bezüglich einer Konzernorganisation. Nach K. Schmidt, GesellschaftsR, S. 497 entwickelt sich das Konzernorganisationsrecht durch die Ausübung der Herrschaftsmacht „von selbst". Zur verfassungsrechtlichen Einordnung der Organisationsfreiheit vgl. Wiedemann, Unternehmensgruppe, S. 10 f.

[95] Dazu siehe Larenz/Canaris, Methodenlehre, S. 187 ff., 232 f. sowie oben Einleitung, S. 3.

[96] Vgl. Lutter, FS Westermann, S. 348; Mülbert, Aktiengesellschaft, S. 35.

[97] Zur diesbezüglichen theoretischen Grundlage der Abhandlung vgl. unten 2. Teil, 1. Abschnitt, II. 2., S. 57 ff.

suchungen zu den Auswirkungen von Tochtergesellschaften auf die Kompetenzen in der Obergesellschaft, die den konzerndimensionalen Zuständigkeiten zugrunde liegen. Auf der Grundlage dieser Überlegungen lassen sich bereits einzelne Lösungen und Argumentationsbausteine auch für die vorliegende Abhandlung entwickeln. Dies geschieht im Rahmen der Grundlagenuntersuchung bereits insoweit, als die entsprechenden Überlegungen überwiegend in den Kontext der konzernverfassungsrechtlichen Diskussion gehören. Dabei besteht eine entscheidende Funktion der anstehenden Analyse darin, die brauchbaren konzernverfassungsrechtlichen Aspekte von ihrem Bezug zum Aufbau speziell einer Konzernorganisation zu lösen. Zunächst sind daher solche konzernverfassungsrechtlichen Erkenntnisse darzustellen, die schon grundsätzlich nicht aus einem konzernbezogenen Organisationsbedürfnis resultieren (vgl. a.). Danach sind aus der konzernverfassungsrechtlichen Diskussion Argumentationsbausteine zu entwickeln, die bei der späteren Behandlung der Tochterkontrolle noch ausführlich normativ verankert werden müssen (vgl. b).

a) Rechtliche Folgerungen aus der unternehmerischen Nutzungsmöglichkeit der Beteiligung

§§ 76 ff. enthalten keine ausdrückliche Normierung der tochterbezogenen Zuständigkeiten von Vorstand und Aufsichtsrat. Dies bedeutet ein Defizit in der expliziten gesetzlichen Regelung, das aber durch eine entsprechende Bestimmung der Sorgfaltspflichten von Vorstand und Aufsichtsrat korrigiert werden kann. Im Mittelpunkt dieses Zusammenhangs steht die Möglichkeit des herrschenden Unternehmens, die Tochtergesellschaften mit dem eigenen Unternehmensbetrieb zu verknüpfen.

aa) Die unzureichende Berücksichtigung der unternehmerischen Nutzungsmöglichkeit einer Beteiligung durch §§ 76 ff.

Die ausdrückliche tochterbezogene Zuständigkeitsverteilung in einer herrschenden Aktiengesellschaft ergibt sich allein als Resultat daraus, daß dem Vorstand nach § 78 I die Beteiligungsverwaltung bzw. die Wahrnehmung des Weisungsrechts aus § 308 I zugewiesen ist. Es zeigt sich hier die bereits angerissene konzernrechtliche Neutralität der §§ 76 ff[98]. Die Gesetzesverfasser wollten mit §§ 76 ff. eben nur die innere Ordnung der Aktiengesellschaft regeln und die Beziehungen zu verbundenen Unternehmen allenfalls peripher behandeln; konzern-

[98] Vgl. oben Einleitung, S. 2, Fn. 11.

rechtliche Vorschriften wurden den §§ 291 ff. vorbehalten[99]. Selbst die „grobe" Berücksichtigung der Tochtergesellschaften in § 90 I S. 2 HS. 2, III S. 1 stellt keine konzernrechtliche Regelung dar[100], sondern ist auf den unmittelbaren gesellschaftsinternen Zusammenhang des § 90 bezogen[101]. Als Erklärung für diese Zurückhaltung des Gesetzgebers läßt sich unterstellen, daß er bei der Abgrenzung der Kompetenzen von einer anderen wirtschaftlichen Realität ausgegangen ist, als sie sich heute stellt. Anders als von ihm angenommen, ist nämlich nicht (mehr) das Einheitsunternehmen die bestimmende Organisationsform, sondern die Unternehmensgruppe[102].

Weil der Gesetzgeber aber die Bedeutung der wirtschaftlichen Nutzungsmöglichkeit von Tochtergesellschaften für die Tätigkeit der Obergesellschaft nicht ausreichend berücksichtigt hat, hat er im Rahmen der §§ 76 ff. auch solche Beteiligungen nicht genauer behandelt, die beherrschenden Einfluß ermöglichen. Vor allem die konzernverfassungsrechtliche Literatur hat jedoch herausgearbeitet, daß ein qualitativer Unterschied besteht, je nachdem, ob das herrschende Unternehmen von seinen Beteiligungsrechten lediglich als Teil einer Finanzanlage Gebrauch macht, oder ob es diese zum Zwecke der Unternehmensführung nutzt[103]. Im ersten Fall wird man sich weitgehend auf die Entgegennahme der in der Beteiligungsgesellschaft ausgeschütteten Gewinne beschränken. Im zweiten Fall wird der Wirtschaftsbetrieb der Tochtergesellschaft eingesetzt, um den Unternehmensgegenstand der herrschenden Gesellschaft zu verwirklichen. Es liegt auf der Hand, daß diese unterschiedliche Nutzungsmöglichkeit der Beteiligungsgesellschaften auch eine unterschiedliche Bedeutung für die Organtätigkeit in der Obergesellschaft zur Folge hat. Vorschriften, die diese Organtätigkeit regeln, hätten dies eigentlich berücksichtigen müssen. Es besteht daher weitgehend Einigkeit darüber, daß das Aktiengesetz die Auswirkungen der Unternehmensgruppe auf das Kompetenzgefüge der Obergesellschaft nicht ausreichend beachtet hat[104].

---

[99] Vgl. BegrRegE, in Kropff, AktG, S. 373.

[100] Vgl. auch Lutter, Information, S. 40 f.

[101] Auch die BegrRegE, in Kropff, AktG, S. 117, behandelt das Geschehen bei verbundenen Unternehmen als einen „wichtigen Anlaß" neben anderen, wie z.B. einer erheblichen Betriebsstörung.

[102] Henze, BB 2001, S. 60; vgl. auch Endres, ZHR 163 (1999), S. 442 f., 448.

[103] Lutter, FS Westermann, S. 350, 358; Schneider, ZHR 143 (1979), S. 490, 497; ders., BB 1981, S. 250; Timm, Konzernspitze, S. 95 ff.; Semler, Überwachungsaufgabe, S. 108; ders., Leitung und Überwachung, Rn. 276; Hommelhoff, Konzernleitungspflicht, S. 43 ff.; Rittner, AcP 183 (1983), S. 301 f.

[104] Lutter, FS Westermann, S. 349 ff.; Hommelhoff, Konzernleitungspflicht, S. 1 f., 34 f.; Wiedemann, Unternehmensgruppe, S. 16 f., 39 f., 45; Mülbert, Aktiengesellschaft, S. 19; Mecke, Konzernstruktur, S. 25, 45 f.; Rehbinder, FS Coing II, S. 425 f.; K. Schmidt, FS Lutter, S. 1175 f.; grundsätzlich bereits Mestmäcker, Verwaltung, S. 271 f.

Auch die Überwachungsfunktionen von Vorstand und Aufsichtsrat in der Unternehmensgruppe sind durch §§ 90, 111 nicht abschließend geregelt[105]. Der Vorstand ist deshalb von einem Regelungsdefizit betroffen, weil ihm zwar nach § 78 I die Beteiligungsverwaltung zugewiesen ist, er jedoch nirgends, vor allem nicht in § 76 I, zu deren unternehmerischen Nutzung verpflichtet wird[106]. Mangels einer bewußten Ausgestaltung durch den Gesetzgeber lassen die §§ 76 ff. also Raum für ihre verbundsdimensionale Modifizierung. Damit läßt sich bereits hier festhalten, daß einer späteren Ausgestaltung von tochterbezogenen Überwachungszuständigkeiten jedenfalls nicht entgegensteht, daß das Gesetz insoweit eine Regelung bewußt unterlassen hätte. Im Gegenteil besteht hier eine ausfüllungsbedürftige Gesetzeslücke.

bb) Die Pflicht von Vorstand und Aufsichtsrat zur Berücksichtigung der unternehmerischen Möglichkeiten einer Beteiligung

Daß den Vorstand nach § 93 I Sorgfaltspflichten auch im Umgang mit einer Beteiligung treffen, gilt zunächst sowohl für bloße Finanzanlagen als auch für unternehmerische Beteiligungen. Auch Finanzanlagen muß der Vorstand sorgfältig auswählen und immer wieder auf ihre Renditechancen überprüfen. Etwas qualitativ anderes ist aber eben die Möglichkeit, beherrschenden Einfluß auf eine Tochtergesellschaft auszuüben. Sie erlaubt es dem Vorstand, seine ihm nach § 76 I zugewiesene Aufgabe, den Gesellschaftszweck und damit den Unternehmensgegenstand der herrschenden Aktiengesellschaft zu verwirklichen, auch mit Hilfe der abhängigen Unternehmen zu erfüllen. Wenn aber diese Möglichkeit besteht, dann darf er sie als sorgfältiger Funktionsträger des herrschenden Unternehmens nicht außer Acht lassen[107]. Der Vorstand muß also die Rechte aus der beherrschenden Beteiligung und die damit verbundenen Möglichkeiten im Rahmen der gesetzlichen Regelung (§§ 291 ff., 311 ff.) grundsätzlich unternehmerisch nutzen[108], was auch immer das im einzelnen bedeutet[109]. Das kann auch dadurch geschehen, daß der Vorstand die Tochtergesellschaften weitgehend selbständig arbeiten läßt[110], möglicherweise auch durch eine punktuelle Einfluß-

[105] Lutter/Krieger, Aufsichtsrat, § 3, Rn. 78; K. Schmidt, FS Lutter, S. 1176; Hüffer, AktG, § 111, Rn. 10; Rehbinder, FS Coing II, S. 426; Witte, Prüfungsbericht, S. 7 f., 131.
[106] Vgl. Hommelhoff, Konzernleitungspflicht, S. 43 f.
[107] Hommelhoff, Konzernleitungspflicht, S. 69 f., 71 ff., 104, 417.
[108] Koppensteiner, in KölnKomm-AktG, Vorb. § 291, Rn. 30 mit zahlreichen Nachweisen; Kropff, in MüKo-AktG, § 311, Rn. 273; Götz, ZGR 1998, S. 526 ff.; Martens, ZHR 159 (1995), S. 569 f., ders., FS Heinsius, S. 531; Semler, Leitung und Überwachung, Rn. 275 ff.; Rittner, AcP 183 (1983), S. 301 f.; zurückhaltender Hüffer, AktG, § 76, Rn. 17.
[109] Zu diesbezüglichen Konkretisierungsversuchen vgl. unter b).
[110] Hopt, in Großkomm-AktG, § 93, Rn. 114; Hüffer, AktG, § 76 Rn. 17 aE; Mertens, in KölnKomm-AktG, § 76, Rn. 54.

nahme, die noch unterhalb des dezentralen Konzerns liegt[111]. Jedenfalls treffen den Vorstand hier nicht lediglich allgemeine Sorgfaltspflichten, sondern inhaltlich auf den Betrieb des Unternehmens ausgerichtete Anforderungen. Mindestmaß dieser verbundsweiten Pflichten des Vorstands ist eine sachgemäße Kontrolle der Tochtergesellschaften[112].
Ordnet man – wie eben geschehen - die unternehmerische Beteiligungsverwaltung der Geschäftsführungsaufgabe des Vorstands zu, so ergibt sich zwangsläufig, daß sich auch die Überwachungsfunktion des Aufsichtsrats nach § 111 I auf diese Führung der Tochtergesellschaften erstreckt. Insoweit erweitern sich also auch die Überwachungszuständigkeiten des Aufsichtsrats auf die verbundsdimensionale Tätigkeit des Vorstands[113]. Normative Grundlage ist hier die Vorschrift des § 111 I.

b) Die Berührung der materiellen Zuständigkeitsordnung durch Tochtergesellschaften

Ein wichtiger Gedanke der konzernverfassungsrechtlichen Literatur ist die binnenorganisatorische Vergleichbarkeit des Konzerns mit einzelnen Gesellschaften (Korporationen). In diesem Zusammenhang steht die Forderung, die Organisation des Konzerns gemäß den Vorgaben für die unverbundene Gesellschaft auszugestalten, bei einer herrschenden Aktiengesellschaft also anhand der §§ 76 ff[114]. Nun ist zwar der Ausgangspunkt dieses Ansatzes, nämlich die Vergleichbarkeit von Konzern und Einzelgesellschaft, Ausdruck des spezifischen Konzernorganisationsrechts und damit für die Zwecke der vorliegenden Abhandlung nicht weiterführend. Durchaus interessant erscheint aber die Ausgestaltung der verbundsweiten Zuständigkeitsordnung unter Orientierung an den Zuständigkeiten in der unverbundenen Aktiengesellschaft. So läßt sich erwägen, ob nicht auch die Kontrolle der Tochtergesellschaften durch Vorstand und Aufsichtsrat der Obergesellschaft in einer Weise ausgestaltet werden kann, die der Überwachung von leitenden Angestellten der Muttergesellschaft entspricht. Es würde dann nicht lediglich bei der Zuständigkeitsverteilung ganz allgemein die unternehmerische Ausrichtung der Beteiligung berücksichtigt (dazu vgl. a. bb.), son-

---

[111] Rehbinder, ZHR 147 (1983), S. 468; Götz, ZGR 1998, S. 529; enger dagegen Hommelhoff und Timm (vgl. oben 2., S. 24, Fn. 76).
[112] Vgl. Götz, ZGR 1998, S. 527; Rehbinder, ZHR 147 (1983), S. 468; Koppensteiner, in KölnKomm-AktG, Vorb. § 291, Rn. 30.
[113] Vgl. etwa Hüffer, AktG, § 111, Rn. 10; Hoffmann-Becking, ZHR 159 (1995), S. 332; Hommelhoff, ZGR 1996, S. 149; Martens, ZHR 159 (1995), S. 577; Witte, Prüfungsbericht, S. 111; Mecke, Konzernstruktur, S. 56.
[114] Zu diesen konzernverfassungsrechtlichen Ansätzen vgl. oben 1., S. 22, Fn. 67.

dern entsprechende Modifizierungen würden konkret anhand der in der unverbundenen Gesellschaft bestehenden Maßstäbe vorgenommen.
Wegen der strukturellen Unterschiede zwischen einem Einzelunternehmen und einer Unternehmensgruppe ist allerdings klar, daß auch die Zuständigkeiten nicht vollständig gleich verteilt werden können. Die Möglichkeiten einer Orientierung sind daher sehr genau auszuloten. Im Rahmen der vorliegenden Grundlagenuntersuchung kommt es dabei entscheidend auf den Nachweis an, daß eine solche Orientierungsmöglichkeit unabhängig von der Ausgestaltung einer Konzernorganisation besteht. Wie eine Analyse der Überlegungen zur Schaffung verbundsdimensionaler Zuständigkeiten zeigen wird, ist das der Fall. Diesen Untersuchungen lassen sich nämlich zumindest implizit Argumente entnehmen, die auch unabhängig von einer einheitlichen Konzernverfassung wirken, und die im folgenden unter dem Oberbegriff *„Berührung der materiellen Zuständigkeitsordnung"* zusammengefaßt und umschrieben werden sollen. Sie bauen darauf auf, daß §§ 76 ff. zunächst für die unverbundene Aktiengesellschaft auch eine materielle Zuständigkeitsverteilung schaffen, die durch Tochtergesellschaften tangiert werden kann[115]. Unter einer materiellen Zuständigkeit wird eine Aufgabenzuweisung verstanden, die auf das Gesellschaftsvermögen und dabei vor allem auf das von der Gesellschaft betriebene Unternehmen bezogen ist. Eine Berührung der materiellen Zuständigkeiten durch eine Tochtergesellschaft liegt vor, wenn das dortige Geschehen aufgrund seiner Auswirkungen auf die Obergesellschaft (materiell) den eigentlich geregelten Fällen gleich kommt. Dies kann dann als *ein* Argument für die Ausgestaltung einer Zuständigkeitserweiterung genutzt werden[116], die inhaltlich mit den Zuständigkeiten im eigenen Unternehmen vergleichbar ist.

aa) Grundlagen

Unter bb) soll nachgewiesen werden, daß die konzernrechtliche Literatur bei der Schaffung verbundsweiter Organzuständigkeiten zumindest implizit damit argumentiert, daß die von §§ 76 ff. geschaffene (materielle) Zuständigkeitsordnung durch Tochtergesellschaften berührt wird. Dieser Nachweis stellt eine

[115] Ausführlich zur Berührung des „materialen" bzw. „materiellen Gehalts" der Mitverwaltungsrechte der Hauptversammlung im Konzern vgl. bereits Lutter, FS Westermann, S. 351 ff., zur „materiellen Ordnung der Entscheidungszuständigkeiten" siehe ders., FS Barz, S. 211.
[116] Grob in diese Richtung geht es möglicherweise auch, wenn verlangt wird, „die Kompetenzverteilung dem geänderten Rechtskleid des Gesamtunternehmens, seiner rechtlichen Segmentierung, anzupassen" (Mülbert, Aktiengesellschaft, S. 33), oder wenn eine konzerndimensionale Zuständigkeitserweiterung in Betracht gezogen wird, wenn „zwingende Gründe (...) der institutionellen Gewaltenteilung eine solche Extension gebieten" (Martens, ZHR 147 (1983), S. 420).

Verbindung der später zu entwickelnden eigenen Lösung zu den gängigen konzernrechtlichen Überlegungen her. Damit an anderer Stelle an den hier erarbeiteten Gedanken der materiellen Zuständigkeitsberührung angeknüpft werden kann, muß dieser aber genau entwickelt werden. Bevor diesbezüglich die konzernrechtliche Literatur analysiert wird, werden daher die maßgeblichen Umstände beschrieben, die bei der Argumentation mit einer materiellen Zuständigkeitsberührung zu beachten sind.
Die begriffliche Fixierung materieller Zuständigkeiten soll es möglich machen, die Zuständigkeitsordnung der unverbundenen Gesellschaft bei der Zuständigkeitsverteilung gegenüber Tochtergesellschaften gedanklich zu berücksichtigen, obwohl diese als eigenständige Rechtssubjekte formell nicht von den einzelnen Zuständigkeitszuweisungen erfaßt sind. Die formelle Trennung soll bei der Bewertung im Einzelfall hinter der tatsächlichen und funktionellen, kurz eben: materiellen Bedeutung der Tochtergesellschaft zurücktreten. Diese Argumentation wird durch zwei Parameter bestimmt. Zum einen ist dies die materielle Zuständigkeitsverteilung der §§ 76 ff., zum anderen sind es die Gemeinsamkeiten und Unterschiede zwischen der Unternehmensgruppe und einem Einzelunternehmen. Beide Punkte sollen daher zunächst näher durchleuchtet werden. Außerdem ist vor diesem Hintergrund die argumentative Bedeutung einer materiellen Zuständigkeitsberührung genauer zu bestimmen.

aaa) Der materielle Gehalt der zuständigkeitszuweisenden Normen der §§ 76 ff.

Mit dem materiellen Gehalt der Zuständigkeiten ist deren Bedeutung für den Inhalt des Gesellschaftsvermögens gemeint. Vor allem für die Zuständigkeiten von Vorstand und Aufsichtsrat ist der insoweit maßgebliche Teil des Gesellschaftsvermögens das von der Gesellschaft betriebene Unternehmen. Dabei kommt es auf die genaue Ausgestaltung des Unternehmensbegriffs hier nicht an. Es soll lediglich das von der Gesellschaft zu unterscheidende, aber von ihr zu wirtschaftlichen Zwecken betriebene Gebilde markiert werden. Eine passende Definition kennzeichnet das Unternehmens als „organisatorische Zusammenfassung von sachlichen und persönlichen Mitteln zur Verwirklichung eines wirtschaftlichen Ziels“[117]. Wesentliche Teile des Unternehmens einer unverbundenen Gesellschaft sind deren Arbeitnehmer und Betriebsstätten, die häufig in einzelnen Geschäftsbereichen zusammengefaßt sind. Die materiellen Zuständigkeiten von Vorstand und Aufsichtsrat lassen sich daher grob als auf diese Geschäftsbereiche bezogene Zuständigkeiten bezeichnen. Gerade indem ein Ver-

[117] Lutter, FS Barz, S. 203; ausführlich zur Unternehmensordnung vgl. Wiedemann, GesellschaftsR, S. 307 ff.; zu passenden betriebswirtschaftlichen Definitionen vgl. Wöhe, Betriebswirtschaftslehre, S. 2; Jung, Betriebswirtschaftslehre, S. 6.

gleich zwischen Tochtergesellschaften und solchen Geschäftsbereichen gezogen wird, läßt sich die materielle Berührung von Organzuständigkeiten aufzeigen. Daß §§ 76 ff. für die unverbundene Gesellschaft auch eine materielle Zuständigkeitsverteilung treffen, ist nicht auf den ersten Blick ersichtlich. So spricht § 76 I nur von der Leitung der „Gesellschaft", von einem „Unternehmen" ist hingegen nicht die Rede. Auch gibt es Vorschriften wie z.B. § 78 I, die offensichtlich keine materielle, sondern nur eine rein formelle Zuständigkeitszuweisung enthalten. Dennoch kann § 76 I nicht nur die Gesellschaft als solche meinen, sondern möchte vor allem das Unternehmen ansprechen. Das ergibt sich daraus, daß Sinn der Vorschrift ansonsten wäre, dem Vorstand die Leitung über die zusammengeschlossenen Gesellschafter zuzuweisen[118]. Dementsprechend sind Vorstand und Aufsichtsrat nicht allein auf das Gesellschaftsinteresse, das kumuliert die Interessen der Aktionäre zur Geltung bringt, sondern auch auf die Interessen der Arbeitnehmer, Gläubiger und sogar der Allgemeinheit verpflichtet[119]. Mit unterschiedlicher Bedeutung im einzelnen werden diese Interessen mitunter im Begriff des Unternehmensinteresses zusammengefaßt und dieses zum Sorgfaltsmaßstab für die Gesellschaftsorgane gemacht[120]. Noch deutlicher kommt der materielle Bezug des § 76 I in der originären Pflicht des Vorstands zum Ausdruck, das – insbesondere durch Angestellte gebildete - Unternehmen zu koordinieren und zu kontrollieren[121]. Insoweit ist mitunter explizit von der „Unternehmensfunktion" des Vorstands die Rede[122]. Da die Zuständigkeiten des Aufsichtsrats nach § 111 I auf die Tätigkeit des Vorstands bezogen sind, haben auch sie zwangsläufig eine entsprechende materielle Komponente. Als zuständigkeitszuweisende Norm, die eindeutig unternehmensbezogenen Gehalt hat, wird man etwa § 111 II S. 1 einordnen können. Auch § 90 I S. 1 enthält überwiegend Berichtspflichten an den Aufsichtsrat, die auf die wirtschaftliche Unternehmung bezogen sind.

bbb) Tochtergesellschaften und eigene (leitende) Geschäftsbereiche

Will man die Bedeutung einer Tochtergesellschaft für eine materielle Zuständigkeit ermitteln, läuft dies auf einen Vergleich zwischen Tochtergesellschaften und eigenen Geschäftsbereichen hinaus. Dabei ist vor allem an solche Bereiche

[118] Mertens, in KölnKomm-AktG, § 76, Rn. 6.

[119] Hüffer, AktG, § 76, Rn. 13, 15; Raisch, FS Hefermehl, S. 348 ff.; Schlömer, Überwachungssystem, S. 36 ff.; Zöllner, in KölnKomm-AktG, Einl., Rn. 104 ff.

[120] BGHZ 64, 325, 329 ff.; Th. Raiser, FS R. Schmidt, S. 104 ff., 113; Raisch, FS Hefermehl, S. 348 ff.; Zöllner, in KölnKomm-AktG, Einl., Rn. 129 ff., 136; Schlömer, Überwachungssystem, S. 40 f.

[121] Vgl. etwa Semler, Leitung und Überwachung, Rn. 11 f.; Hüffer, AktG, § 76, Rn. 8.

[122] Semler, Leitung und Überwachung, Rn. 12; vgl. auch Schwark, ZHR 142 (1978), S. 205.

zu denken, die auch im Einzelunternehmen mit Leitungsfunktionen versehen sind und in relativer Selbständigkeit tätig werden[123]. Deshalb soll das Verhältnis von Tochtergesellschaften und eigenen Geschäftsbereichen hier kurz skizziert werden.
Zwar können Tochtergesellschaften in der wirtschaftlichen Realität mitunter gleich oder sogar stärker auf die Unternehmensspitze ausgerichtet sein als die Leiter eigener Betriebe[124]. Außerdem wurde bereits ihre Gefährlichkeit für die Wirtschaftslage des Mutterunternehmens dargestellt[125], die bisweilen mit eigenen Geschäftsbereichen vergleichbar ist[126]. Schließlich scheint auch die betriebswirtschaftliche Organisationstheorie den Konzern und das Einzelunternehmen und dementsprechend Tochtergesellschaften und eigene Geschäftsbereiche überwiegend gleich zu behandeln[127]. Andererseits aber ist das Verhältnis des Mutterunternehmens zu eigenen (leitenden) Angestellten und zu Tochtergesellschaften rechtlich völlig anders strukturiert[128]. Mit den Angestellten bestehen Arbeitsverträge, aus denen dem Arbeitgeber weitgehende Weisungsrechte (Direktionsbefugnisse) zufließen[129]. Die Unselbständigkeit des Arbeitnehmers ist gerade Merkmal des Arbeitsvertrages[130]. Dagegen werden die rechtlichen Beziehungen zwischen der herrschenden Gesellschaft und den rechtlich selbständigen Tochterunternehmen durch §§ 291, 311 ff. ausgestaltet, wobei zumindest die Vorschriften der §§ 311 ff. ein Weisungsrecht nicht kennen. Insoweit verbleibt es auch bei der Pflicht des Vorstands der Tochtergesellschaft zu deren eigenverantwortlicher Leitung gemäß § 76 I. Aber auch § 308 I beläßt dem Vorstand der abhängigen Gesellschaft einen eigenen Spielraum und enthebt ihn nicht von seiner Verantwortung für die eigene Gesellschaft[131].

---

[123] Vgl. etwa Geßler, in G/H/E/K-AktG, § 111, Rn. 15.
[124] Ballerstedt, Unternehmenskonzentration, S. 629 f.; Schneider, ZHR 143 (1979), S. 496; Hommelhoff, Konzernleitungspflicht, S. 229.
[125] Vgl. oben I. 2., S. 8 ff.
[126] So ausdrücklich auch Hommelhoff, Konzernleitungspflicht, S. 371; Lutter, Information, S. 43 ff.; ausführlich dazu vgl. unten 2. Teil, 1. Abschnitt, II. 3. b), S. 60 ff., und 2. Abschnitt, III. 2., S. 117 ff.
[127] Vgl. die Analyse von Mülbert, Aktiengesellschaft, S. 44 f.
[128] Dazu vgl. Hommelhoff, Konzernleitungspflicht, S. 105 f., 229 f.; Lutter, FS Stimpel, S. 838 f.; Mecke, Konzernstruktur, S. 60 ff.; Mülbert, Aktiengesellschaft, S. 47 ff., 398.
[129] Schreyögg, Organisation, S. 12; Bühner, Organisationslehre, S. 67; zum Weisungsrecht des Arbeitgebers vgl. Zöllner/Loritz, Arbeitsrecht, S. 73 f.
[130] Zöllner/Loritz, Arbeitsrecht, S. 45.
[131] Vgl. Hommelhoff, Konzernleitungspflicht, S. 216 ff.; Mecke, Konzernstruktur, S. 61.

ccc) Der argumentative Wert einer materiellen Zuständigkeitsberührung

Die Berührung der materiellen Zuständigkeiten durch Tochtergesellschaften soll hier als Argument für eine verbundsdimensionale Zuständigkeitserweiterung entwickelt werden. Vor allem wenn man „materiell" durch „unternehmensbezogen" ersetzt, tritt die Einheitsbetrachtung dieses Ansatzes zu Tage. Durch den Begriff des Unternehmens wird eine einheitliche Projektionsfläche für Einzelgesellschaft und Unternehmensgruppe geschaffen, um die Ordnung der Einzelgesellschaft auf die Unternehmensgruppe zu übertragen. Gerade an diese argumentative Einheitsbetrachtung wird nun aber die - oben bereits skizzierte - Kritik an einer ordnungspolitischen Begründung von verbundsdimensionalen Zuständigkeiten geknüpft[132]. Deshalb ist noch einmal auf die Grenzen der skizzierten Argumentation hinzuweisen. Für sich genommen kann die Berührung einer materiellen Zuständigkeit durch eine Tochtergesellschaft es jedenfalls nicht rechtfertigen, die entsprechende Zuständigkeit in gleicher Weise auf das Tochterunternehmen zu erstrecken. Denn wie bereits dargestellt wurde, muß eine verbundsdimensionale Zuständigkeitserweiterung immer die Vorschriften der §§ 291, 311 ff. berücksichtigen; außerdem bedarf sie einer positiven normativen Grundlage. Allein §§ 76 ff. reichen als normative Grundlage schon deshalb nicht aus, weil konzernrechtlich neutrale Vorschriften nicht die strukturellen Besonderheiten von Tochtergesellschaften überspielen können, die sich aus den konzernspezifischen Vorschriften der §§ 291 ff., 311 ff. ergeben. Genau diesen Schluß würde man aber vollziehen, wenn man die konkrete Zuständigkeitserweiterung allein mit dem materiellen Gehalt der §§ 76 ff. begründen wollte. Es bedarf hier immer noch genauerer Überlegungen zur normativen Verankerung der materiellen Zuständigkeitsberührung, um abschließende Ergebnisse zu erhalten. Diese werden später auch ausführlich und mit Bezug auf das Problem der Tochterkontrolle getätigt. Bei der Berührung der materiellen Zuständigkeitsordnung kann es sich also immer nur um ein Glied weitergehender, komplexer Argumentationsketten handeln. Auch in dieser Funktion kann sie aber erhebliche Dienste leisten.

bb) Die Argumentation mit einer materiellen Zuständigkeitsberührung in der konzernrechtlichen Literatur

Die Umstände eines materiellen Vergleichs zwischen Tochtergesellschaften und eigenen Geschäftsbereichen in Bezug auf die Zuständigkeiten in der Obergesellschaft wurden eben skizziert. Dabei ist deutlich geworden, daß ein solcher Ver-

---

[132] Vgl. die kritische Analyse vor allem der Lutter'schen Schule bei Mülbert, Aktiengesellschaft, S. 384 ff., 386.

gleich einer genauen Begründung bedarf, die später für die konkreten Zwecke dieser Abhandlung zu vollziehen ist. Im folgenden soll lediglich die konzernrechtliche Literatur dahingehend analysiert werden, inwiefern sie bei der Schaffung verbundsdimensionaler Zuständigkeiten auch mit einer materiellen Zuständigkeitsberührung argumentiert. Diese Untersuchung dient vor allem dazu, die Verbindung zwischen den späteren, recht spezifischen eigenen Überlegungen und der konzernverfassungsrechtlichen Diskussion aufzuzeigen.

Zwar argumentieren Rechtsprechung und Literatur bei einer verbundsdimensionalen Zuständigkeitserweiterung in der Regel nicht ausdrücklich mit der Berührung einer materiellen Zuständigkeitsverteilung. Es lassen sich aber jedenfalls Begründungsfragmente finden, die unter die obige Begriffsfixierung fallen. Dabei wird sich auch aufzeigen lassen, daß die Argumentation in ihrem konkreten Zusammenhang nicht auf die Ausgestaltung einer Konzernorganisation beschränkt ist bzw. hätte beschränkt werden müssen.

aaa) Hauptversammlung

Zwar ist die Hauptversammlung der Obergesellschaft nicht Gegenstand der vorliegenden Untersuchung. Dort hat die Argumentation mit den materiellen Auswirkungen von Tochtergesellschaften aber besonders deutliche Spuren hinterlassen, weswegen es durchaus angebracht ist, auch diese im Rahmen der Grundlagenuntersuchung nachzuweisen.

Im Zusammenhang mit den Aktionärsrechten ist der „materielle Gedanke“[133], daß das Geschehen bei Tochtergesellschaften solche Rückwirkungen auf die herrschende Gesellschaft haben kann, daß dortige Rechte auf Ober- und Untergesellschaft in vergleichbarer Weise zu beziehen sind, schon von § 131 I S. 1 bekannt[134]. Obwohl der Wortlaut des § 131 I S. 1, S. 2 dies nicht ausdrücklich hergibt[135], wird das dort geregelte Auskunftsrecht der Aktionäre überwiegend auch auf Angelegenheiten einer Tochtergesellschaft erstreckt, wenn sie eine ausreichende Bedeutung für die herrschende Gesellschaft haben[136]. Auch wenn es

---

[133] Vossel, Auskunftsrechte, S. 22.

[134] Ausführlich zu dieser Grundlage der herrschenden Auslegung des § 131 I S. 1 siehe Vossel, Auskunftsrechte, S. 18 ff. Siehe außerdem die BegrRegE, in Kropff, AktG, S. 185 f.: „Es ist allerdings denkbar, daß ein geschäftlicher Vorgang bei einem verbundenen Unternehmen so bedeutungsvoll ist, daß er die Lage der Gesellschaft oder doch ihre Beziehungen zu diesem Unternehmen beeinflussen kann. Dann besteht insoweit ein Auskunftsrecht auch über diesen Vorgang, weil es sich dann um eine Angelegenheit der Gesellschaft handelt“.

[135] § 131 I S. 2 spricht nicht von den Tochtergesellschaften selbst, sondern von „Beziehungen“ zu verbundenen Unternehmen.

[136] Hüffer, AktG, § 131, Rn. 13, 16; Kort, ZGR 1987, S. 53 ff.; weitergehend Schneider, FS Lutter, S. 1195 f.; ablehnend allerdings Vossel, Auskunftsrechte, S. 95 ff., der aber ein entsprechendes Auskunftsrecht in § 337 IV verankert.

bei § 131 I S. 1 nicht um die Zuständigkeit eines Organs der Obergesellschaft geht, so weist diese Argumentation zumindest in die hier in Frage stehende Richtung.
Die materielle Zuständigkeitsberührung spielt aber auch unmittelbar bei der Begründung verbundsdimensionaler Zuständigkeiten eine Rolle, wie sich im Rahmen der sog. Gruppenleitungskontrolle zeigt. Oben wurde bereits dargestellt, daß man unter den Stichworten Gruppenbildungs- und Gruppenleitungskontrolle eine Erweiterung der Hauptversammlungszuständigkeiten vornimmt, die ihren Grund nicht im Aufbau einer Konzernorganisation hat, sondern dem Schutz der Aktionärsrechte in der Obergesellschaft dient. Für den vorliegend beabsichtigten Nachweis liefern beide Bereiche zumindest auf den ersten Blick geradezu konträre Ergebnisse. Brauchbar ist hier letztlich nur die Gruppenleitungskontrolle.
Die im Rahmen der Gruppenbildungskontrolle vollzogenen Zuständigkeitserweiterungen tragen dem Umstand Rechnung, daß wegen der strukturellen Unterschiede eigene Geschäftsbereiche und Tochtergesellschaften *nicht* gleich sind[137]. Für die Ausgliederung eines Geschäftsbereichs wird die Zustimmung der Hauptversammlung verlangt, weil die auf diesen bezogenen Rechte der Hauptversammlung von nun an über den eigenen Vorstand mediatisiert und damit reduziert sind[138].
Demgegenüber beruht die *Gruppenleitungskontrolle* gerade auf dem hier interessierenden Gedanken, daß trotz der strukturellen Unterschiede gewisse Maßnahmen in Tochtergesellschaften eine solche faktische Bedeutung (Rückwirkung) haben können, daß sie aus der Sicht einzelner Hauptversammlungszuständigkeiten Angelegenheiten der eigenen Gesellschaft gleichstehen[139]. *Lutter* hat seine frühen Untersuchungen zur verbundsdimensionalen Erweiterung der Hauptversammlungszuständigkeiten – insbesondere der in § 292 I Nr. 1 normierten - ausdrücklich auf eine funktionale bzw. materielle Vergleichbarkeit von eigenen Betrieben und Tochtergesellschaften gestützt[140]. Erst später hat er

[137] So besonders deutlich Rehbinder, FS Coing II, S. 431, 433 f., 435 f.
[138] Rehbinder, FS Coing II, S. 430 ff.; Wiedemann, Unternehmensgruppe, S. 53 f.; Mülbert, Aktiengesellschaft, S. 363 f. (Deutung von BGH und Literatur); Habersack, in Emmerich/Habersack, AktienkonzernR, Vor§ 311, Rn. 14; Koppensteiner, in KölnKomm-AktG, Vorb. § 291, Rn. 26 (nicht für Zustimmung ad hoc, sondern für Satzungsermächtigung).
[139] Vgl. BGHZ 83, 122, 136 ff.; Götz, AG 1984, S. 88, 92 f.; Henze, BB 2001, S. 61; Rehbinder, FS Coing II, S. 437; Timm, Konzernspitze, S. 167 ff.; vgl. auch Hirte, Bezugsrechtsausschluß, S. 155 ff.
[140] Nach § 292 I Nr. 1 ist zur Gründung einer teilweisen Gewinngemeinschaft die Zustimmung der Hauptversammlung erforderlich. Diesem Fall hat Lutter, FS Barz, S. 212 ff., die Verbindung einer wichtigen Tochtergesellschaft mit einem anderen Unternehmen gleichgestellt und entsprechend § 292 I Nr. 1 die Zustimmung der Hauptversammlung der Obergesellschaft verlangt, weil die Verteilung von Entscheidungsbefugnissen in einer Aktiengesellschaft „funktional-rationalen Kriterien, nicht formalen Zufälligkeiten“ folgen müsse (im Ergebnis zustimmend etwa Emmerich/Sonnenschein/Habersack, KonzernR, S. 194 f.). An anderer Stel-

das Gesamtproblem dann ausführlich in den Zusammenhang einer Konzernorganisation gestellt[141]. Schon diese Chronologie zeigt, daß der beschriebene Vergleich keineswegs nur im Rahmen einer Konzernorganisation Sinn macht. Im Grunde hat die Berührung der Hauptversammlungszuständigkeiten, die aus der wirtschaftlichen Vergleichbarkeit von eigenen Geschäftsbereichen und Tochtergesellschaften resultiert, nichts mit der einheitlichen Leitung des Konzerns durch den Vorstand zu tun. Für die Aktionärsrechte in der Obergesellschaft macht es keinen Unterschied, ob die Tochtergesellschaft, in der z.B. eine Kapitalerhöhung geplant ist, einheitlich geleitet wird oder nicht. Maßgebliches Datum ist allein, daß sich der Geschäftsbereich bei einer abhängigen Gesellschaft befindet[142]. Deshalb überrascht es nicht, daß auch außerhalb des eigentlichen Konzernorganisationsrechts und im Zusammenhang mit einer aktionärsschützenden Gruppenleitungskontrolle damit argumentiert wird, daß Vorgänge bei Tochtergesellschaften für die Befugnisse der Aktionäre der Muttergesellschaft die gleiche Bedeutung haben können wie Geschehnisse bei dieser selbst[143].

bbb) Vorstand

Dem Vorstand der Obergesellschaft kommen die weitreichensten Kompetenzen bei der Ausgestaltung und Führung der Unternehmensgruppe zu. Seine verbundsdimensionale Tätigkeit ist daher äußerst vielschichtig und umfassend. Deshalb hat er in besonderem Maße die strukturellen Eigenarten der Unternehmensgruppe zu berücksichtigen. In der Unternehmensgruppe sind rechtlich selbständige Bausteine zu koordinieren, denen dementsprechend auch ein größerer unternehmerischer Spielraum verbleiben soll[144]. Schon im Ansatz unterscheidet sich daher die Leitung der Tochtergesellschaften von der Leitung eigener Ge-

---

le hat er nach dem „materiellen Anspruch" der §§ 292, 293 gefragt und vor diesem Hintergrund die Möglichkeit bejaht, daß die Verpachtung des Unternehmens einer Tochtergesellschaft den „gleichen wirtschaftlichen und unternehmerischen Effekt erzielt, als habe die Obergesellschaft selbst ihren Betrieb verpachtet" (Lutter, FS Westermann, S. 358). In diesen Fällen seien die Befugnisse der Hauptversammlung etwa aus §§ 291 ff. „materiell tangiert" (Lutter, aaO, S. 360), so daß deren Zuständigkeit begründet sei (Lutter, aaO, S. 367; ebenso etwa Götz, AG 1984, S. 92 f.).

[141] Lutter, FS Stimpel, S. 832 ff.

[142] Vgl. Mülbert, Aktiengesellschaft, S. 52 f.; Koppensteiner, in KölnKomm-AktG, Vorb. § 291, Rn. 29.

[143] Koppensteiner, in KölnKomm-AktG, Vorb. § 291, Rn. 37 aE.

[144] Vgl. Hommelhoff, in Mestmäcker/Behrens, S. 107 f.; Mecke, Konzernstruktur, S. 61 f.; Mertens, in KölnKomm-AktG, § 76, Rn. 54.

schäftsbereiche[145]. Diese grundsätzlichen Unterschiede schließen es jedoch nicht aus, in dem von der Gruppenstruktur vorgegebenen Rahmen auf einen materiellen Vergleich zwischen eigenen Geschäftsbereichen und Tochtergesellschaften zurückzugreifen. Man darf eben nicht aus den Augen verlieren, daß die Berücksichtigung einer Vergleichbarkeit in einzelnen Problemkonstellationen keine vollständige Gleichbehandlung von Tochtergesellschaften und eigenen Geschäftsbereichen bedeutet[146]. Deshalb ist es angebracht, daß die Literatur bei einzelnen – durchaus auch grundsätzlichen – Fragen, die die tochterbezogenen Pflichten des Vorstands betreffen, eine Anlehnung an die in der unverbundenen Gesellschaft geltenden Maßstäbe befürwortet[147]. *Hoffmann-Becking* ist sogar der – insoweit allerdings zu weit gehenden - Ansicht, daß es für die Leitungspflicht des Vorstands „im Ansatz (...) keinen Unterschied“ mache, „ob eine wirtschaftliche Aktivität unmittelbar in der juristischen Person der Konzernobergesellschaft oder in einem nachgeordneten Konzernunternehmen entfaltet wird“[148]. Schließlich wird auch speziell die (leitungsmotivierte[149]) Tochterkontrolle durch den Vorstand mit Controlling-Konzepten ausgestaltet, die solchen vergleichbar sind, die auf eigene Geschäftsbereiche angewandt werden[150].

Dabei ist die Orientierung an der Behandlung eigener Geschäftsbereiche auch hier nicht auf den einheitlich geleiteten Konzern beschränkt. Zwar wird vor allem eine an der unverbundenen Gesellschaft orientierte Koordinierung der Tochtergesellschaften häufig den Tatbestand der einheitlichen Leitung iSd § 18 erfüllen. Wie einige Stellungnahmen in der Literatur zeigen, ist das aber nicht

---

[145] Vgl. Theisen, Der Konzern, S. 199 ff.; Götz, ZGR 1998, S. 530 ff.; Hüffer, AktG, § 76, Rn. 17; Martens, FS Heinsius, S. 532; Mecke, Konzernstruktur, S. 60 ff.; Mertens, in Köln-Komm-AktG, § 76, Rn. 54.

[146] Auch Hommelhoff, Konzernleitungspflicht, S. 105 f., 229 f., 234, legt großes Gewicht darauf, daß Tochtergesellschaften und eigene Geschäftsbereiche nicht gleich seien. Das macht es ihm aber – wie sich sogleich zeigen wird (vgl. Fn. 147) – zu Recht nicht unmöglich, argumentativ eine gewisse Vergleichbarkeit zu berücksichtigen.

[147] Nach Semler, Leitung und Überwachung, Rn. 273, sind die Aufgaben des Vorstands im Konzern „in Anlehnung an die entsprechenden Aufgaben des Vorstands in einer konzernunabhängigen Aktiengesellschaft“ zu bestimmen. Hommelhoff, Konzernleitungspflicht, S. 76 f. (ähnlich bereits auf S. 72), hat ausgeführt, daß der Vorstand seinen Einfluß auf die Tochtergesellschaften in der gleichen Weise einsetzen müsse wie bei der Nutzung der ihm unmittelbar zugeordneten Ressourcen. An anderer Stelle betont Hommelhoff, daß sich der „Leitungsauftrag an den Konzernvorstand bzw. an die Konzerngeschäftsführer durchaus mit dem Leitungsauftrag im divisionalisierten Unternehmen vergleichen“ lasse (ZGR 1996, S. 151).

[148] Hoffmann-Becking, ZHR 159 (1995), S. 332.

[149] Zum Begriff vgl. oben Einleitung, S. 4.

[150] Nach Scheffler, AG 1991, S. 258, bedarf auch das Management des Konzerns „analog zur Führung einer einzelnen Unternehmung“ einer Controllingfunktion. Götz, ZGR 1998, S. 537 f., nimmt eine Pflicht zur Einrichtung eines Beteiligungs-Controllings an, wenn „nicht unerhebliche Teile des Vermögens des herrschenden Unternehmens in abhängigen Gesellschaften investiert sind“.

zwingend der Fall. Diese lehnen die von *Hommelhoff* geforderte Pflicht des Vorstands zur einheitlichen Leitung des Konzerns nämlich auch mit dem Hinweis ab, daß sogar im Einzelunternehmen Leitungskonzepte zulässig seien, die nicht zwingend eine einheitliche Leitung der Geschäftsbereiche verlangten (sog. Divisionalisierung, Spartenorganisation)[151]. Wird also die Unternehmensgruppe anhand solcher Konzepte ausgestaltet, dürfte auch kein Konzern iSd § 18 entstehen. Jedenfalls ist eine vom einheitlich geleiteten Konzern gelöste Argumentation möglich, soweit es um einzelne Fragen der Geschäftsführung geht, die nicht die Koordination der Unternehmensgruppe betreffen. Dazu ist eindeutig auch die Überwachung der Tochtergesellschaften zu zählen.

ccc) Aufsichtsrat

Die verbundsdimensionale Erweiterung der Zuständigkeiten des Aufsichtsrats hat für diese Abhandlung zwar zentrale Bedeutung, sie wirft aber auch die größten dogmatischen Schwierigkeiten auf. Um späteren Ausführungen nicht vorzugreifen, wird der Aufsichtsrat daher an dieser Stelle nur knapp behandelt. Nur in einem Satz sei deshalb bemerkt, daß die materielle Vergleichbarkeit von Tochtergesellschaften und eigenen Geschäftsbereichen auch beim Aufsichtsrat Berücksichtigung findet, wenn die konzernverfassungsrechtliche Literatur eine Pflicht des Vorstands zur Berichterstattung über Tochtergesellschaften begründet, die nach Maßgabe von § 90 I S. 1 ausgestaltet wird[152].
Etwas genauer sei darauf hingewiesen, daß sich die zur Gruppenleitungskontrolle der Hauptversammlung gemachten Aussagen sinngemäß auf den Aufsichtsrat übertragen lassen. Eine wesentliche argumentative Grundlage der Gruppenleitungskontrolle war nämlich der Ausgleich der in der Unternehmensgruppe eintretenden Mediatisierung der Hauptversammlungszuständigkeiten. Eine solche Mediatisierung besteht auch bezüglich der Aufsichtsratszuständigkeiten, da auch die Einflußnahme des Aufsichtsrats auf Tochtergesellschaften durch den Vorstand vermittelt wird[153]. Ebensowenig wie bei der Hauptversammlung führt dies aber dazu, daß die Tochtergesellschaften nicht faktische Rückwirkungen auf die Obergesellschaft haben können, die dortigen Angelegenheiten aus der Sicht des Aufsichtsrats gleichkommen. In solchen Konstellationen ist daher auch ein Aus-

---

[151] Rehbinder, ZHR 147 (1983), S. 467 f.; Mülbert, Aktiengesellschaft, S. 29; Koppensteiner, in KölnKomm-AktG, Vorb. § 291, Rn. 30.
[152] Vgl. Lutter, Information, S. 43 ff.; Lutter/Krieger, Aufsichtsrat, § 3, Rn. 79, auch Fn. 45 aE; Hoffmann-Becking, ZHR 159 (1995), S. 334 sowie bereits grundsätzlich zur Vergleichbarkeit auf S. 332 f.; Semler, Leitung und Überwachung, Rn. 297 sowie Rn. 423 f. zum unmittelbaren Einsichtsrecht.
[153] Zu dieser Mediatisierung vgl. Mestmäcker, Verwaltung, S. 271 f.; Rehbinder, FS Coing II, S. 426; Koppensteiner, in KölnKomm-AktG, Vorb. § 291, Rn. 17.

gleich der Mediatisierung der Aufsichtsratszuständigkeiten erforderlich. Begnügt man sich hier einmal mit der allgemeinen Annahme, daß der Aufsichtsrat nach § 111 I auch gesellschaftsinterne Vorgänge überwachen muß, die die Wirtschaftslage des Unternehmens erheblich gefährden können[154], wird die Möglichkeit einer materiellen Zuständigkeitsberührung offenbar. Wie nämlich bereits ausführlich nachgewiesen wurde, enthalten auch schlicht abhängige Gesellschaften ein erhebliches Gefährdungspotential für das herrschende Unternehmen. Aus der Sicht ihres Aufsichtsrats können die Risiken durchaus solchen aus eigenen Geschäftsbereichen vergleichbar sein. Der entscheidende Unterschied zwischen Aufsichtsrat und Hauptversammlung entsteht erst dadurch, daß sich das eben entwickelte Argument beim Aufsichtsrat nicht so einfach normativ verknüpfen läßt. Denn anders als die Hauptversammlung dient der Aufsichtrat nicht unmittelbar dem Schutz der Mitwirkungs- und Vermögensrechte der Aktionäre.

III. Überblick über einzelne Rechtsprobleme der Tochterkontrolle

Nachdem die tatsächliche Seite der Tochterkontrolle beschrieben und erste verbundsweite Überlegungen angestellt wurden, soll nun ein knapper Überblick über die wesentlichen Rechtsprobleme gegeben werden, die sich im Zusammenhang mit der Tochterkontrolle stellen.

1. Die Tochterkontrolle durch den Vorstand

Die Tochterkontrolle durch den Vorstand wird zunächst durch dessen Möglichkeiten zur Informationsbeschaffung von den abhängigen Unternehmen bestimmt. Im Vertrags- und Eingliederungskonzern sind insoweit die Weisungsrechte aus §§ 308 I, 323 I maßgebliches Instrument[155]. Dagegen besteht im Bereich faktischer Abhängigkeit nach ganz herrschender – wenn auch nicht einhelliger – Ansicht kein Informationsanspruch des herrschenden Unternehmens gegenüber der Tochtergesellschaft[156].
Darüber hinaus stellt sich vor allem im faktischen Bereich die Frage, ob §§ 93 I S. 2, 116, 131 IV S. 1 auf eine abhängige Gesellschaft im Verhältnis zum herrschenden Unternehmen anwendbar sind und damit den Informationsfluß an dieses behindern. Die Probleme, die mit einer Anwendung der §§ 93 I S. 2, 116 verbunden wären, liegen auf der Hand. Die Bedeutung des § 131 IV S. 1 ist da-

---

[154] Ausführlich zur Überwachung eigener Geschäftsbereiche durch den Aufsichtsrat vgl. unten 3. Teil, 2. Abschnitt, I. 2. b) aa), S. 157 ff.
[155] Vgl. etwa Emmerich/Sonnenschein/Habersack, KonzernR, S. 364.
[156] Vgl. unten 3. Teil, 1. Abschnitt, I. 2., S. 134 f.

gegen kurz zu erläutern. Nach dieser Vorschrift besteht eigentlich ein Folgeauskunftsanspruch der übrigen Aktionäre in der Hauptversammlung, wenn einem anderen Aktionär außerhalb der Hauptversammlung eine Mitteilung gemacht wurde. Nicht nur im faktischen, sondern auch im Vertragskonzern ist das herrschende Unternehmen in der Regel (Mehrheits-)Aktionär. Dementsprechend müßte eine Informationserteilung an dieses in der Hauptversammlung wiederholt werden, wenn das von einem anderen Aktionär verlangt wird. Damit könnte auch jeder Konkurrent der Tochtergesellschaft, der mindestens eine Aktie dieses Unternehmens hält, als Aktionär verlangen, daß die an das herrschende Unternehmen gemachten Auskünfte vor der Hauptversammlung wiederholt werden[157]. Die ganz herrschende Meinung wendet die Vorschriften der §§ 93 I S. 2, 116, 131 IV S. 1 zwar nicht auf konzernierte, wohl aber auf schlicht abhängige Gesellschaften an[158].
Daß § 76 I nicht ausdrücklich verbundsweite Pflichten des Vorstands normiert, dies aber im Zuge konzernverfassungsrechtlicher Überlegungen zumindest grundsätzlich korrigiert worden ist, wurde bereits dargestellt. Dabei wurde deutlich gemacht, daß die Pflicht des Vorstands zur unternehmerischen Nutzung einer beherrschenden Beteiligung als Mindestumfang die Kontrolle der Tochtergesellschaften beinhaltet. Daß dabei mitunter ausdrücklich von einer „Konzernkontrolle" die Rede ist[159], steht im Einklang damit, daß die ganz herrschende Meinung die einer Informationsbeschaffung hinderlichen Vorschriften der §§ 93 I S. 2, 116, 131 IV S. 1 lediglich im faktischen Konzern nicht anwendet. Wenn man dem Vorstand eine umfassende Kontrolle nämlich überhaupt nur im einheitlich geleiteten Konzern, nicht aber bei schlichter Abhängigkeit ermöglicht, ergibt sich schon daraus eine Inkongruenz der Überwachungspflichten. Daß diese Behandlung des faktischen Bereichs nicht dem Ansatz dieser Arbeit entspricht, wird sich an anderer Stelle ergeben.

2. Die Überwachungsfunktion des Aufsichtsrats in der Unternehmensgruppe

Entsprechend zur konzern- bzw. gruppenleitenden Tätigkeit des Vorstands ist auch die Überwachungspflicht des Aufsichtsrats verbundsdimensional erwei-

---

[157] Ausführlich zu den praktischen Auswirkungen einer Anwendung des § 131 IV S. 1 im vorliegenden Zusammenhang vgl. Decher, ZHR 158 (1994), S. 481 f.; Strohn, Verfassung, S. 35.

[158] Vgl. unten 3. Teil, 1. Abschnitt, I. 1. a) aa), S. 126 f.

[159] Martens, FS Heinsius, S. 531; ders., ZHR 159 (1995), S. 569 f.; Krieger, in MünchHdB-AG, § 69, Rn. 21; dagegen für eine Kontrollpflicht auch gegenüber schlicht abhängigen Gesellschaften etwa Götz, ZGR 1998, S. 527, Fn. 8.

tert[160]. Äußerst fraglich ist aber, ob und in welchem Umfang sich der Aufsichtsrat dem eigentlichen Geschehen in den Tochtergesellschaften widmen muß. Weil die Funktion des Aufsichtsrats nämlich grundsätzlich auf den eigenen Vorstand bezogen ist, könnte auch seine verbundsdimensionale Tätigkeit eben allein an der entsprechenden Vorstandstätigkeit auszurichten sein. Da aber die Gruppenleitung des Vorstands letztlich nur überwacht werden kann, wenn sich der Aufsichtsrat auch mit den Tochtergesellschaften selbst beschäftigt, entstehen hier zumindest erhebliche Abgrenzungsschwierigkeiten.

In engem Zusammenhang mit Umfang und Gegenstand der verbundsweiten Überwachungspflicht des Aufsichtsrats steht die Berichterstattung des Vorstands über die Aktivitäten von Tochtergesellschaften. Zwar normiert § 90 I S. 2 HS. 2, III S. 1 einige entsprechende Berichtspflichten, enthält aber keine Vorgaben für eine Regelberichterstattung über die wirtschaftliche Entwicklung von abhängigen Unternehmen. Daß diese Sichtweise zu eng und dementsprechend korrekturbedürftig ist, ist in der Literatur zumindest im Grundsatz anerkannt[161]. Zweifel bestehen aber auch hier bezüglich der Einzelheiten einer Vorstandspflicht zur verbundsdimensionalen Regelberichterstattung.

Schließlich ist zu untersuchen, ob der Aufsichtsrat seine Informationen über Tochtergesellschaften ausschließlich über den Vorstand vermittelt bekommt oder ob ihm auch eine unmittelbare Kontaktaufnahme mit den Tochtergesellschaften möglich ist. Die Literatur steht einem direkten Informationsfluß vor allem deshalb skeptisch gegenüber, weil der Aufsichtsrat keine ausreichenden Durchgriffsrechte gegenüber den Tochtergesellschaften habe[162].

---

[160] Vgl. oben II. 4. a) bb), S. 30 f.

[161] Vgl. unten 3. Teil, 2. Abschnitt, II. 1., S. 169 ff.

[162] Vgl. unten 3. Teil, 2. Abschnitt, II. 3., S. 175 ff.

2. Teil. Die Umsetzung des Tochterkontrollbedürfnisses als normatives Prinzip

Dieser zweite Teil ist der konzernrechtliche und argumentative Kern der Abhandlung. Hier werden die speziellen Vorgaben der §§ 291 ff., 311 ff., 319 ff. daraufhin durchleuchtet, welche Aussagen und Wertungen ihnen zur Überwachung der untergeordneten Gesellschaften entnommen werden können. Von Interesse sind dabei vor allem gesetzliche Momente, die das herrschende Unternehmen privilegieren, aber auch konzernspezifische Haftungszusammenhänge (§§ 302 I, 322 I). Die Tochterkontrolle wird als wesentlicher Bestandteil der von §§ 291 ff., 319 ff., 311 ff. jeweils zur Verfügung gestellten Formen der Unternehmensgruppe beschrieben, um damit die rechtliche Anerkennung des Tochterkontrollbedürfnisses des Mutterunternehmens zu begründen. Auf diese Weise wird die Umsetzung des Tochterkontrollbedürfnisses zum normativen Prinzip, das als gemeinsamer Nenner die rechtlichen Besonderheiten einer Tochterüberwachung zusammenfaßt. Es kann dann bei der Auslegung oder Rechtsfortbildung der einzelnen im Tochterkontrollzusammenhang relevanten Vorschriften (z.B. §§ 90, 93, 111 I, II, IV, 131 IV S. 1) als systematischer Gesichtspunkt fungieren[1]. Damit bewegt man sich auf das Ziel dieser Abhandlung zu, die Zuständigkeiten von Vorstand und Aufsichtsrat in Kontrollfragen verbundsdimensional auszuweiten, die aktienrechtlichen Vorschriften also diesem Zweck entsprechend zu modifizieren. Die Orientierung an dem erarbeiteten Prinzip hat insoweit eine erhebliche systematisierende Funktion für den gesamten Problembereich der Tochterkontrolle, da die Lösung aller Einzelfragen auf einer gemeinsamen Grundlage erfolgt.

Schon angesichts der Unterschiede, die zwischen den einzelnen Formen der Unternehmensgruppe bestehen, ist allerdings die Entwicklung eines unmittelbar anwendbaren normativen Prinzips genau genommen nicht möglich. Vielmehr kann es nur darum gehen, einige ähnlich gelagerte prinzipielle Aussagen zur Tochterkontrolle zu erarbeiten. Eine gewisse Auffächerung der prinzipiellen Aussagen ist auch deshalb erforderlich, weil innerhalb einer Gruppenform noch zwischen zwei Bereichen getrennt werden muß, die sich durch unterschiedliche argumentative Schwierigkeiten auszeichnen. Dies ist zum einen das Verhältnis der Muttergesellschaft zu einem Tochterunternehmen (*verbundsinternes Verhältnis*), zum anderen die *Binnenordnung* der herrschenden Aktiengesellschaft.

[1] Als systematischer Gesichtspunkt kann das aus §§ 291 ff. abgeleitete Prinzip wirken, weil die systematische Auslegung einer Vorschrift nicht nur deren nahen Bedeutungszusammenhang, sondern alle einschlägigen gesetzlichen Wertungen zu berücksichtigen hat (Larenz/Canaris, Methodenlehre, S. 148 f.; Kramer, Methodenlehre, S. 65, 71; Rüthers, Rechtstheorie, Rn. 744 ff.).

Im verbundsinternen Verhältnis ist fraglich, in welchem Umfang das herrschende Unternehmen als solches die Tochtergesellschaften kontrollieren, also von dort Informationen einholen kann. In der Binnenordnung geht es dagegen um die Verteilung der Überwachungszuständigkeiten in der Obergesellschaft selbst. Eine separierte Behandlung des verbundsinternen Verhältnisses ist erforderlich, um der Gefahr vorzubeugen, der herrschenden Gesellschaft im Interesse ihrer Binnenorganisation weitere Einflußnahmemöglichkeiten einzuräumen, die nicht mehr vollständig durch die Wertungen der §§ 291 ff. gedeckt sind. Dagegen setzen Modifizierungen in der Binnenordnung ihrerseits speziell voraus, daß die Wertungen der konzernrechtlichen Vorschriften auch für eine Umgestaltung der Organisation in der Obergesellschaft fruchtbar gemacht werden können. Für die folgende Herleitung des normativen Tochterkontrollbedürfnisses bedeutet die Unterscheidung zwischen verbundsinternem Verhältnis und Binnenordnung, daß speziell für letztere weitere Untersuchungen erforderlich sind[2]. Dagegen beinhaltet die allgemeine Ableitung der normativen Wirkung des Tochterkontrollbedürfnisses aus §§ 291 ff., 311 ff., 319 ff. zugleich die Behandlung des verbundsinternen Verhältnisses. Das ergibt sich daraus, daß diese konzernrechtlichen Vorschriften eben unmittelbar das verbundsinterne Verhältnis regeln.

1. Abschnitt. Vertragskonzern und Eingliederungskonzern

Sowohl im Vertrags- als auch im Eingliederungskonzern stellt die Kontrolle der Tochtergesellschaften für das herrschende Unternehmen wegen §§ 308 I, 323 I kein großes Problem dar. Was die grundsätzliche normative Wirkung der §§ 291 ff., 319 ff. zugunsten der Tochterkontrolle betrifft, bedarf es daher nur noch des Nachweises, daß die Ermöglichung der Tochterkontrolle durch §§ 308 I, 323 I als ausbaufähige rechtliche Anerkennung aufgefaßt werden kann (vgl. I.). Denn daß eine Kontrolle nach §§ 308 I, 323 I möglich ist, bedeutet noch nicht ohne weiteres, daß daraus auch eine normative Wirkung speziell zugunsten der Tochterkontrolle folgt. Besondere Probleme stellen sich bei der Frage, welche Rückschlüsse aus der rechtlichen Anerkennung des Tochterkontrollbedürfnisses durch §§ 291 ff., 319 ff. für die Binnenordnung der herrschenden Aktiengesellschaft gezogen werden können (vgl. II.).

[2] Dazu vgl. 1. Abschnitt, II., S. 55 ff. zum Vertrags- und Eingliederungskonzern und 2. Abschnitt, III., S. 133 ff. für die faktische Unternehmensgruppe.

I. §§ 291 ff., 319 ff. als normative Grundlage des Tochterkontrollbedürfnisses

Da der Zweck einer gesetzlichen Vorschrift oder Regelung maßgeblichen Einfluß sowohl bei der Auslegung als auch bei der Rechtsfortbildung haben kann[3], hat er entsprechend auch eine normative Wirkung. Um eine normative Wirkung des Tochterkontrollbedürfnisses zu begründen, bedarf es daher des Nachweises, daß dieses in den Bereich der Interessen der Obergesellschaft fällt, deren Berücksichtigung ein Zweck der §§ 291 ff., 319 ff. ist (vgl. 1.). Man kann auch davon sprechen, daß das Tochterkontrollbedürfnis der herrschenden Gesellschaft durch §§ 291 ff., 319 ff. rechtlich anerkannt sein muß. Denn im Begriff der rechtlichen Anerkennung kommt eben eine gesetzlich gewollte Interessenberücksichtigung zum Ausdruck[4]. Desweiteren muß diese rechtliche Anerkennung ausbaufähig sein, was im Rahmen des Vertrags- und Eingliederungskonzerns angesichts der weitgehenden Berücksichtigung der Interessen des herrschenden Unternehmens wenige grundsätzliche Probleme aufwirft. Schwierigkeiten bereitet allein der Umstand, daß der Begriff des herrschenden Unternehmens bei §§ 291 ff. auch für den Vertragskonzern schutzrechtlich definiert wird (vgl. 2).

1. Die rechtliche Anerkennung des Tochterkontrollbedürfnisses in §§ 291 ff., 319 ff.

Daß im Vertrags- und Eingliederungskonzern die Herrschaftsmittel des Mutterunternehmens rechtlich anerkannt sind, scheint wegen §§ 308 I, 323 I völlig unproblematisch zu sein. Zweifel entstehen allerdings deshalb, weil der Schutz der Außenseiter der abhängigen Gesellschaft jedenfalls das Motiv zur Schaffung der §§ 291 ff. war[5] und dementsprechend vor allem das Schutzanliegen als telos der §§ 291 ff. hervorgehoben wird[6]. Auch bestanden Beherrschungsverträge bereits vor dem AktG 1965[7], so daß es dem Gesetzgeber in §§ 291 ff. nur darum gegangen sein könnte, diese mit einem ausreichenden Schutz für die Aktionäre zu verbinden. Andererseits hat der Gesetzgeber aber auch die „wirtschafts- und gesellschaftspolitische“ Zweckmäßigkeit der Konzernierung anerkannt; er wollte den bereits eingetretenen Zustand der Unternehmensverbindung „nicht rückgän-

---

[3] Vgl. Kramer, Methodenlehre, S. 41, 115; Rüthers, Rechtstheorie, Rn. 120, 131, 719, 725, 950; Engisch, Einführung, S. 83; Zippelius, Rechtsphilosophie, S. 266.

[4] Zum Begriff der rechtlichen Anerkennung im Zusammenhang mit dem faktischen Konzern vgl. unten 2. Abschnitt, I., S. 65, Fn. 51.

[5] Vgl. BegrRegE, in Kropff, AktG, S. 373.

[6] Krieger, in MünchHdB-AG, § 68, Rn. 1; Mestmäcker, FS Kronstein, S. 131.

[7] Vgl. den Überblick von Altmeppen, in MüKo-AktG, Einl. §§ 291 ff., Rn. 10 ff.

gig machen“, den Konzern „nicht bekämpfen“[8]. Daraus ergibt sich, daß der Schutz der abhängigen Gesellschaft zwar Anlaß für das Tätigwerden des Gesetzgebers im Jahre 1965 war, er in seine Regelung aber durchaus auch bestehende Einflußnahmemöglichkeiten des herrschenden Unternehmens aufgenommen und damit ausdrücklich legalisiert hat. Vor allem in §§ 308 I, 323 I hat er für Vertrags- und Eingliederungskonzerne die Leitungsmacht des herrschenden Unternehmens rechtlich anerkannt, um diesem die Durchsetzung seiner (Konzern-)Interessen zu ermöglichen[9]. Indem der Gesetzgeber auch diese Interessenverwirklichung des herrschenden Unternehmens legitimiert hat, hat er sie ebenfalls zu einem Zweck des Gesetzes gemacht.
Dieser Zweck läßt sich dahin definieren, daß dem herrschenden Unternehmen die Möglichkeit gegeben werden soll, seine wirtschaftliche Tätigkeit auch über Tochtergesellschaften zu entfalten. Die vertraglich eingebundenen oder eingegliederten Tochtergesellschaften werden der herrschenden Gesellschaft als spezifische unternehmerische Instrumente zur Verfügung gestellt[10]. Vor allem durch die Einräumung eines Weisungsrechts, aber auch durch die Übernahme des Haftungsrisikos durch die Muttergesellschaft, wird ein von dieser bestimmtes, rechtlich verbundenes System zwischen ihr und der Tochtergesellschaft geschaffen. Man kann dies jedenfalls dann als Organisationseinheit bezeichnen, wenn man darunter ganz allgemein ein zielgerichtetes und arbeitsteiliges soziales System versteht[11]. Daher dürfte die Feststellung keinen Widerspruch erfahren, daß §§ 291 ff., 319 ff. auch im unternehmerischen Interesse des herrschenden Unternehmens mit Vertrags- und Eingliederungskonzern jeweils eine rechtlich verknüpfte Organisation im eben dargestellten Sinn bereit stellen wollen[12]. Damit ist selbstverständlich nicht gemeint, daß diese Einheit ein Rechtssubjekt darstellt. Wegen § 18 I S. 2 ist die von §§ 291 ff., 319 ff. geschaffene Organisation immer automatisch als Konzern anzusehen.
Angesichts der eben geschilderten, klaren Rechtslage genügt bezüglich der rechtlichen Anerkennung des Tochterkontrollbedürfnisses im Vertrags- und Eingliederungskonzern eine kurze Skizze. §§ 308 I, 323 I gewähren dem herrschenden Unternehmen eine rechtlich anerkannte Leitungsmacht. Es kann der abhängigen Gesellschaft nachteilige Weisungen erteilen und in diesem Rahmen auch ein Informationsverlangen an sie richten. Der Vorstand der Tochtergesellschaft ist dann zur Erteilung der Information verpflichtet. Dieses Informations-

[8] Vgl. BegrRegE, in Kropff, AktG, S. 374.
[9] Vgl. Altmeppen, in MüKo-AktG, § 308, Rn. 2; Ballerstedt, Unternehmenskonzentration, S. 636; Mestmäcker, FS Kronstein, S. 134.
[10] Vgl. Mülbert, ZHR 163 (1999), S. 27 f., 30 f.
[11] Zu den Grundlagen dieser Begriffsbildung vgl. Bühner, Organisationslehre, Teil 1, 1. Kap., S. 4; G. Schmidt, Organisation, 1.1.1, S. 1.
[12] Von einer „organisatorischen Einheit“ des Vertragskonzerns sprechen ausdrücklich: Ballerstedt, Unternehmenskonzentration, S. 636; Mülbert, Aktiengesellschaft, S. 50.

begehren wird im Vertrags- und Eingliederungskonzern auch nicht durch einen Schutz der Geheimhaltungsinteressen der abhängigen Gesellschaft begrenzt, wie er ansonsten durch §§ 93 I S. 2, 116, 404 I Nr. 1 erfolgt. Es ist dem herrschenden Unternehmen nämlich durch §§ 308 I, 323 I ausdrücklich erlaubt, seine Interessen auch zum Nachteil der Tochtergesellschaften durchzusetzen. Die Eigenständigkeit dieser Gesellschaften ist relativ zum herrschenden Unternehmen also weitgehend durchbrochen. Schon daraus ergibt sich auch die Verdrängung des Geheimhaltungsinteresses der abhängigen Gesellschaft. Ein Geheimhaltungsrecht der Tochtergesellschaften wäre auch nicht mit der aus §§ 302 I, 322 I folgenden Risikoverlagerung auf das herrschende Unternehmen vereinbar. Wenn das herrschende Unternehmen nämlich schon in dem globalen Umfang der §§ 302 I, 322 I für die Verluste der abhängigen Gesellschaft einzustehen hat, dann muß es die möglichen Verlustquellen auch kontrollieren können. Aber auch aus der Sicht der abhängigen Gesellschaft sind §§ 302 ff., 322 im vorliegenden Zusammenhang von Bedeutung. Sie gewähren deren Außenseitern und Gläubigern nämlich einen besonderen Schutz, der einen weiteren Schutz der Geheimhaltungsinteressen entbehrlich macht. Deshalb dürfte unstreitig sein, daß §§ 93 I S. 2, 116 im Vertrags- und Eingliederungskonzern keine Anwendung finden[13]. Die Überwachung der Tochtergesellschaften richtet sich daher vornehmlich nach §§ 308 I, 323 I, die sogar einen Anspruch auf Berichterstattung durch die Tochtergesellschaften gewähren. Die Regelung zum Vertrags- und Eingliederungskonzern will dem herrschenden Unternehmen also auch die Überwachung der Tochtergesellschaften ermöglichen und damit sein Tochterkontrollbedürfnis befriedigen. Als Bestandteil der rechtlich anerkannten Leitungsmacht ist auch die „Tochterkontrollmacht" rechtlich anerkannt. Deshalb kann von einer normativen Wirkung des Tochterkontrollbedürfnisses ausgegangen werden. Dabei ist es eigentlich mißverständlich, von einer normativen Wirkung speziell zugunsten der Tochterkontrolle zu sprechen, weil diese Wirkung eben unmittelbar schon von §§ 308 I, 323 I ausgeht.

2. Der Einwand der schutzrechtlichen Prägung des Begriffs des herrschenden Unternehmens in §§ 291 ff.

Soeben wurde durch die Einordnung des Tochterkontrollbedürfnisses in §§ 291 ff. dessen normative Wirkung begründet, die auch bei der Ausgestaltung der Binnenordnung eine entscheidende Rolle spielen soll. Daraus resultiert, daß eine auf das Tochterkontrollbedürfnis gestützte Modifizierung der Gesetzeslage nur herrschenden Unternehmen iSd §§ 291 ff. zu gute kommt, da eben nur für diese

[13] Witte, Prüfungsbericht, S. 165 f.; Lutter, Information, S. 151 f.; Götz, ZGR 1998, S. 535; Mertens, in KölnKomm-AktG, § 116, Rn. 39; Schmidt-Aßmann/Ulmer, BB 1988, Beilage 13, S. 4 f.

die konzernrechtliche Sonderregelung gilt[14]. Eigentliche Funktion des Unternehmensbegriffs ist aber nicht, den Anwendungsbereich organisatorischer Regelungen festzulegen[15], sondern einen besonderen Schutz der abhängigen Gesellschaft zu aktivieren. Ein solcher Schutz soll nur bei Abhängigkeit von einem Rechtssubjekt erforderlich sein, das anderweitig wirtschaftlich tätig ist. Dann besteht nämlich eine hohe Wahrscheinlichkeit, daß das Mutterunternehmen die Tochtergesellschaft ihren eigenen unternehmerischen Zielen unterordnet (sog. „Konzernkonflikt"). Bei einem privaten Mehrheitsaktionär scheint der Gleichlauf der Aktionärsinteressen dagegen nicht sonderlich gefährdet[16]. Ein (herrschendes) Unternehmen iSd §§ 15 ff., 291 ff. liegt demnach vor, wenn zur Beteiligung „eine wirtschaftliche Interessenbindung außerhalb der Gesellschaft" hinzukommt, „die stark genug ist, um die ernste Besorgnis zu begründen, der Aktionär könnte um ihretwillen seinen Einfluß zum Nachteil der Gesellschaft geltend machen"[17]. Macht man also §§ 291 ff. zur Grundlage des normativen Tochterkontrollbedürfnisses, so entscheidet der eben skizzierte schutzrechtlich geprägte Begriff auch über entsprechende Modifizierungen im Interesse der Obergesellschaft. Das ist zwingende Folge daraus, daß dieser Begriff dieselbe Medaille (§§ 291 ff.) kennzeichnet, deren eine Seite das Schutz-, die andere das zu entwickelnde Organisationsrecht ist[18]. Speziell von einem Organisationsrecht kann hier deshalb gesprochen werden, weil das Tochterkontrollbedürfnis bei Vertrags- und Eingliederungskonzern nur in der Binnenordnung Wirkung entfalten muß[19].

Gegen die Möglichkeit, ein Organisationsrecht auf der Grundlage der §§ 291 ff., 311 ff. und damit des schutzrechtlich geprägten Unternehmensbegriffs zu entwickeln, hat *Karsten Schmidt* eingewandt, daß die organisatorischen Regelungen dann gerade einem besonders „gefährlichen" Unternehmen zu Gute kommen würden[20]. Und in der Tat scheint es zumindest unsachgemäß zu sein, über die

---

[14] Bei der Eingliederung ist dies allerdings anders, da §§ 319 ff. nicht an den Begriff des herrschenden Unternehmens anknüpfen, sondern konkret eine herrschende Aktiengesellschaft betreffen. Die folgenden Ausführungen sind daher auf den Vertragskonzern beschränkt.

[15] So aber jetzt Mülbert, ZHR 163 (1999), S. 28 ff.

[16] Vgl. Wiedemann, GesellschaftsR, S. 347 ff.; Mecke, Konzernstruktur, S. 19 f.

[17] BGHZ 69, 334, 337; BGHZ 135, 107, 113; Hüffer, AktG, § 15, Rn. 8; Windbichler, in Großkomm-AktG, § 15, Rn. 11; Emmerich, in Emmerich/Habersack, AktienkonzernR, § 15, Rn. 8 ff.; Bayer, in MüKo-AktG, § 15, Rn. 13.

[18] Daß diese Verbindung von Schutz- und Organisationsrecht nicht dem von M. Lutter geprägten konzernverfassungsrechtlichen Ansatz entspricht, hat jüngst K. Schmidt, FS Lutter, S. 1167 ff., 1169, ausführlich herausgearbeitet. Zur Abgrenzung des vorliegenden Ansatzes von diesen konzernverfassungsrechtlichen Konzepten vgl. oben 1. Teil, II. 2., S. 23 f.

[19] Vgl. so eben unter 1.

[20] K. Schmidt, FS Lutter, S. 1181: „Wer käme schon auf den Gedanken, das ‚Unternehmen' schutzrechtlich durch seine Gefährlichkeit zu definieren, um ihm dann organisationsrechtlich das Privileg einer Konzernverfassung zuzubilligen".

Anwendung der organisatorischen Sonderregelungen einen Begriff entscheiden zu lassen, der zu ganz anderen Zwecken entwickelt wurde, nämlich zum Schutz der abhängigen Gesellschaft. Angesichts dieser Bedenken muß der dogmatische Ansatz, §§ 291 ff. zur normativen Grundlage für die Behandlung der Tochterkontrolle zu machen, daher noch einmal auf den Prüfstand gestellt werden.
Vorab sei allerdings schon auf eine wichtige Konsequenz aus der Kritik *Schmidt's* hingewiesen: Auch wenn man ein Organisationsrecht nicht ummittelbar an §§ 291 ff., 311 ff. anknüpft, sondern an den Begriff des Konzerns, kann man der beschriebenen Problematik nicht entgehen. Denn auch ein Konzern liegt nach § 18 immer nur vor, wenn der herrschende Aktionär ein Unternehmen ist. Folglich müßte man konsequent alle konzernorganisatorischen Überlegungen ablehnen. All dies ist jedoch nicht erforderlich, weil die vermutete „Ungereimtheit", denselben Begriff sowohl über den Schutz der abhängigen Gesellschaft als auch die Organisation des herrschenden Unternehmens entscheiden zu lassen, einer organisatorischen Ableitung aus §§ 291 ff. gerade nicht entgegensteht. Eine solche Ableitung ist – wie sogleich näher ausgeführt wird - methodisch zulässig und sogar rechtspolitisch angemessen.

a) Die methodische Zulässigkeit einer organisatorischen Anknüpfung an den schutzrechtlich geprägten Unternehmensbegriff

Die grundsätzliche Zulässigkeit einer organisatorischen Ableitung aus §§ 291 ff. trotz schutzrechtlicher Prägung des Unternehmensbegriffs ergibt sich daraus, daß es eine gesetzliche Entscheidung ist, mit dem primär intendierten Schutz der abhängigen Gesellschaft auch eine Privilegierung des herrschenden Unternehmens (§ 308 I) in *einer* Regelung zu verbinden[21]. Da sich die eventuelle Privilegierungswirkung organisatorischer Modifizierungen[22] wegen ihrer Ableitung aus §§ 291 ff. nämlich immer in den Grenzen der von diesen Vorschriften vorgegebenen Privilegierungsfunktion entfaltet[23], bedeutet jede Kritik an einer solchen organisatorischen Modifizierung nichts anderes als eine Kritik an der Privilegierungswirkung selbst. Da die Privilegierungsfunktion aber eindeutig vom Gesetz

---

[21] Nach hM ist die Privilegierungsfunktion Kehrseite des Schutzzwecks (Habersack, in Emmerich/Habersack, AktienkonzernR, § 311, Rn. 2, 8). Dagegen vertritt Mülbert, ZHR 163 (1999), S. 28, neuerdings ein Primat der organisationsrechtlichen Komponente.
[22] Schon diese ist äußerst zweifelhaft, soweit es um die bloße Modifizierung der Zuständigkeiten in der Obergesellschaft geht. M.E. ist eine solche Modifizierung wertungsmäßig neutral. Jedenfalls stellt es im Vergleich zum gesetzlich eingeräumten Weisungsrecht aus § 308 I kein bedeutendes Privileg dar, wenn die Binnenorganisation des herrschenden Unternehmens etwas umgestaltet wird.
[23] Organisatorische Modifizierungen im Vertragskonzern stellen in ihrer privilegierenden Wirkung jedenfalls ein Minus gegenüber dem Weisungsrecht aus § 308 I dar!

vorgegeben ist (§ 308 I), richten sich Einwände gegen diese letztlich gegen die entsprechende Wertung des Gesetzes[24]. Deshalb muß die Frage nicht lauten, ob man aus §§ 291 ff., 311 ff. ein Organisationsrecht entwickeln darf, sondern ob der Gesetzgeber vor dem Hintergrund des Art. 3 I GG Schutz- und Privilegierung in der dargestellten Weise miteinander verknüpfen durfte. Da dies aber anzunehmen ist[25], läuft jede Kritik an einer organisatorischen Ableitung aus §§ 291 ff. im Ergebnis darauf hinaus, eigene Wertungen an die Stelle verfassungsmäßiger gesetzlicher Wertungen zu setzen. Damit befindet man sich grundsätzlich im Bereich der rechtspolitischen Diskussion, die bei einer Auslegung der geltenden Gesetze keine zwingende Bedeutung hat. Da das Gesetz Schutz und Privilegierung zulässig miteinander verknüpft hat, ist es auch zulässig, diese Funktionen im Wege der Rechtsfortbildung auszugestalten. Daß die Rechtsfortbildung der Privilegierungsfunktion dann gerade „gefährlichen" Unternehmen zugute kommt, ist zwingende Folge der gesetzlichen Entscheidung, gerade diesen Unternehmen überhaupt eine Privilegierung zukommen zu lassen.

b) Die rechtspolitische Sachgemäßheit einer organisatorischen Anknüpfung an den schutzrechtlich geprägten Unternehmensbegriff

Allerdings ist zuzugeben, daß es zwar zulässig, dennoch aber wenig überzeugend wäre, einen rechtspolitisch verfehlten Ansatz weiterzuentwickeln. Deshalb soll hier dargelegt werden, daß es durchaus angemessen ist, gerade bei Unternehmen im dargestellten schutzrechtlichen Sinne eine besondere organisatorische Ausgestaltung vorzunehmen. Dafür sprechen zwei gewichtige Gründe. So ist zunächst zu beachten, daß man sich den Zugang zu einer sachgerechten Beurteilung verstellt, wenn man die Ausgestaltung der Binnenorganisation allein und isoliert als Privileg versteht. Der Eindruck einer Ungereimtheit wird daher häufig schon dann verschwinden, wenn man sich die untrennbare Verknüpfung von Privilegierungs- und Schutzfunktion ausreichend vor Augen hält. Dann wird nämlich deutlich, daß ebenso wie die Privilegierungen des herrschenden Unternehmens auch die Bereitstellung einer Binnenorganisation jedenfalls durch die

---

[24] Auch K. Schmidt gelangt daher unmittelbar nach seiner Kritik an einer Verankerung des Ordnungsrechts in §§ 291 ff. zu der kritischen Frage, ob nicht entgegen der ganz herrschenden Meinung jeder Mehrheitsaktionär die Möglichkeit haben muß, Beherrschungsverträge abzuschließen (aaO, S.1181 f.; ablehnend etwa Mülbert, ZHR 163 (1999), S. 32). Konsequent müßte Schmidt auch jeglichen Privilegierungen im Rahmen der §§ 311 ff. zweifelnd gegenüberstehen.

[25] Daß eine Verfassungswidrigkeit der §§ 291 ff. zur Debatte steht, ist nicht ersichtlich. Wie die folgenden Ausführungen unter b) zeigen werden, bestehen auch für die Privilegierungen von Unternehmen im gängigen Sinne bedeutende sachliche Gründe. Von einer sachlich nicht gerechtfertigten Ungleichbehandlung kann daher auch hinsichtlich der Privilegierungen keine Rede sein.

Haftungsverschärfungen des herrschenden Unternehmens (§§ 302 ff.) wertungsmäßig ausgeglichen wird. Eine Ungereimtheit kann man daher eigentlich nur ausmachen, wenn man zunächst die Modifizierung der Binnenorganisation als Privileg des herrschenden Unternehmens einstuft und dann bei der Bewertung dieses Privilegs ausblendet, daß das betroffene Unternehmen zugleich von erheblichen Haftungsverschärfungen erfaßt ist. Diese getrennte Sichtweise entspricht aber gerade nicht der gesetzlichen Regelung. So kann man §§ 302 I, 308 I nicht trennen und die Vorschriften der §§ 291 ff. dementsprechend weder allein als Schutzsystem noch allein als Privilegierung verstehen. Beide Funktionen sind eng miteinander verbunden und bauen jeweils aufeinander auf. Daß auch die organisatorischen Ableitungen aus der Privilegierungsfunktion immer im Zusammenhang mit den Haftungsverschärfungen zu sehen sind, wird besonders deutlich, wo gerade diese Haftungsverschärfungen zur Grundlage entsprechender Modifizierungen gemacht werden[26]. Wird also eine Gesellschaft – nach Maßgabe des Unternehmensbegriffs - in den Anwendungsbereich der §§ 291 ff. einbezogen, ist bei ihr eine Modifizierung der Binnenorganisation erforderlich, weil sie nun von dieser Sonderregelung betroffen ist. Begreift man aber die Modifizierung der Binnenorganisation als Reaktion auf die Einbeziehung einer herrschenden Gesellschaft in das gesamte System der §§ 291 ff., so ist auch der schutzrechtlich geprägte Unternehmensbegriff immer als sachgemäße Voraussetzung für eine spezielle Binnenordnung anzusehen: Die Zuständigkeitsordnung einer Gesellschaft wird modifiziert, weil sie in das gesamte Sondersystem der §§ 291 ff. einbezogen wird, was seinerseits eben immer der Fall ist, wenn es sich bei der Gesellschaft um ein herrschendes Unternehmen handelt. Unter welchen Voraussetzungen eine Einbeziehung in das System der §§ 291 ff. erfolgt, ist bei dieser Sichtweise unerheblich. Auch daß der Unternehmensbegriff auf schutzrechtliche Aspekte abstellt, ist deshalb unschädlich.

Aber selbst wenn man der eben entwickelten Betrachtung nicht folgen möchte und eine isoliertere Beurteilung der Binnenorganisation vorzieht, die mehr Gewicht auf deren Privilegierungswirkung legt, stellt sich der schutzrechtlich geprägte Unternehmensbegriff im Ergebnis als grundsätzlich sachgemäßes Auswahlkriterium dar. Indem er nämlich auf eine anderweitige wirtschaftliche Betätigung des Mehrheitsaktionärs abstellt, umschreibt er sogleich den Bedarf nach speziellen wirtschaftlichen Instrumenten. Nur derjenige, der auch anderweitig unternehmerisch tätig ist, kann die Tochtergesellschaften zur Erfüllung dieser Tätigkeit gebrauchen und muß sie mittels bestimmter Rechte in die eigene Tä-

[26] Schon für die Nichtanwendung des § 93 I S. 2 auf beherrschungsvertraglich konzernierte oder eingegliederte Gesellschaften war mitentscheidend, daß das herrschende Unternehmen nach § 302 I das wirtschaftliche Risiko der Tochter trägt. Auch bei der späteren Entwicklung der verbundsweiten Überwachungszuständigkeiten von Vorstand und Aufsichtsrat wird der Gedanke eine tragende Rolle spielen, daß Tochtergesellschaften wegen § 302 I ein erhebliches Gefährdungspotential für das Mutterunternehmen enthalten.

tigkeit einbinden. Nur bei einem solchen Aktionär besteht daher das Bedürfnis nach einer speziellen Organisation, die eine Koordinierung der einzelnen Tätigkeitsbereiche sachgemäß ermöglicht[27]. Der Unterschied zwischen Schutz- und Privilegierungsbedürfnis besteht damit lediglich in der verschiedenen Perspektive: Aus der Sicht der abhängigen Gesellschaft ist die wirtschaftliche Ausrichtung des herrschenden Unternehmens gefährlich, aus dessen Sicht ist sie Grund für das Bedürfnis nach organisatorischer Umgestaltung. Schließlich darf man auch die „Gefährlichkeit" des herrschenden Unternehmens als vermeintliches Auswahlkriterium nicht überbetonen. Bei genauer Betrachtung ist die gefahrenbegründende wirtschaftliche Bindung des Mehrheitsaktionärs nämlich nicht mit einer negativen Wertung besetzt, sondern neutral. Bei Vorliegen erheblicher anderweitiger wirtschaftlicher Bindungen wird nicht mehr zwischen gefährlichen und ungefährlichen unterschieden. Wenn die eigene wirtschaftliche Bindung des herrschenden Unternehmens groß ist, ist sie immer auch gefährlich. Daraus folgt, daß die Gefährlichkeit kein eigenständiges Auswahlkriterium ist, sondern allein die Quantität der wirtschaftlichen Betätigung. Daran kann hervorragend auch ein Organisationsrecht anknüpfen.

c) Problematische Einzelfälle

Die mögliche Unsachgemäßheit des schutzrechtlich geprägten Unternehmensbegriffs aus isolierter organisatorischer Sicht beschränkt sich nach dem eben Gesagten jedenfalls auf Einzelfälle. Diese sollen der Vollständigkeit halber kurz skizziert werden. Begonnen sei dabei mit einer Holding mit einer einzigen Tochtergesellschaft, wenn die Holding kein eigenes operatives Geschäft betreibt, aber doch über die Tochtergesellschaft wirtschaftlich tätig werden will. Legt man den Schutzzweck der §§ 291 ff. zugrunde, fallen solche Holdinggesellschaften nicht unter den Unternehmensbegriff[28]. Dies ist letztlich schon deshalb richtig, weil ansonsten die Unterschiede zwischen Unternehmen und privatem Mehrheitsaktionär vollständig verwischt würden. Schließlich hat jeder Mehrheitsaktionär die Möglichkeit zur unternehmerischen Einflußnahme. Dagegen scheint es aus organisatorischer Sicht auf den ersten Blick sachgemäß, auch diese Gesellschaften unter den Begriff des Unternehmens zu subsumieren, da die Tochtergesellschaft eben als wirtschaftliches Instrument genutzt werden soll. Bei genauer Betrachtung läßt sich aber auch aus organisatorischer Sicht ein sachlicher Grund für die Nichteinbeziehung ausmachen. Dieser besteht darin, daß in den genannten Fällen der Mehrheitsaktionär nicht von der Notwendigkeit betroffen ist, die Toch-

---

[27] Zu diesem grundsätzlichen Einklang der Privilegierungsfunktion mit dem schutzrechtlich bestimmten Unternehmensbegriff vgl. Mülbert, ZHR 163 (1999), S. 31 f.

[28] Lutter, in Holding-Handbuch, Rn. A 34 f.; Bayer, in MüKo-AktG, § 15, Rn. 14, 26, vgl. aber auch Rn. 31 ff.; Emmerich, in Emmerich/Habersack, AktienkonzernR, § 15, Rn. 12.

tergesellschaft mit seinem eigenen Unternehmensbetrieb zu koordinieren[29]. Sie ist nicht Instrument seiner wirtschaftlichen Tätigkeit, sondern sie ist seine wirtschaftliche Tätigkeit.
Ein umgekehrter Fall ist die Einbeziehung von bestimmten Freiberuflern aus schutzrechtlichen Gründen[30]. Zwar betreiben diese keine eigentlich wirtschaftliche Tätigkeit, benötigen die Tochtergesellschaften also streng genommen auch nicht als wirtschaftliches Instrument. Man darf den Begriff der wirtschaftlichen Tätigkeit aber auch aus organisatorischer Sicht nicht zu eng sehen. Auch bei Freiberuflern kann ein Bedürfnis nach organisatorischer Einbindung bestehen, das dem bei unternehmerischer Tätigkeit entspricht.
Damit verbleibt allein als Zweifelsfall, daß eine Holding kein eigenes operatives Geschäft betreibt, aber zwei Tochtergesellschaften hat, die sie nicht unternehmerisch nutzt. Unter Orientierung am Schutzzweck werden auch solche Holdinggesellschaften vermehrt dem Unternehmensbegriff unterstellt[31]. Ob dies aus organisatorischer Sicht möglicherweise anders zu beurteilen ist, weil die Muttergesellschaften in solchen Konstellationen die Tochterunternehmen gar nicht als wirtschaftliches Instrument nutzen wollen[32], muß hier nicht vertieft werden. Denn der positiven Bewertung des Unternehmensbegriffs als Auswahlkriterium für organisatorische Sonderregeln tut dieser eine Zweifelsfall jedenfalls keinen Abbruch.

II. Die normative Wirkung des Tochterkontrollbedürfnisses in der Binnenordnung der herrschenden Aktiengesellschaft

Zwar ist es dem herrschenden Unternehmen mit den Mitteln der §§ 308 I, 322 I möglich, die Tochtergesellschaften zu überwachen. Damit ist aber noch nichts über die genauen Kontrollzuständigkeiten von Vorstand und Aufsichtsrat in der Obergesellschaft gesagt. Erste grundsätzliche Modifizierungen der kontrollspezifischen Organzuständigkeiten konnten an anderer Stelle bereits aus den Sorgfaltspflichten hergeleitet werden[33]. Ausdrücklich offen geblieben ist aber die Möglichkeit, diese Ansätze anhand der materiellen Zuständigkeitsverteilung der

[29] Mülbert, ZHR 163 (1999), S. 34.
[30] Emmerich, in Emmerich/Habersack, AktienkonzernR, § 15, Rn. 11; Windbichler, in Großkomm-AktG, § 15, Rn. 23; Bayer, in MüKo-AktG, § 15, Rn. 15.
[31] Hüffer, AktG, § 15, Rn. 9; Bayer, in MüKo-AktG, § 15, Rn. 21, 27; Emmerich, in Emmerich/Habersack, AktienkonzernR, § 15, Rn. 13.
[32] Deshalb will Mülbert, ZHR 163 (1999), S. 33, der den Unternehmensbegriff organisationsrechtlich auslegt, diese Fälle nicht darunter fassen. Ein Primat der organisationsrechtlichen Komponente ist aber abzulehnen, da der Schutzzweck jedenfalls bei §§ 311 ff. im Vordergrund steht.
[33] Vgl. hierzu und zum folgenden oben 1. Teil, II. 4., S. 27 ff.

§§ 76 ff. zu konkretisieren. Ihre Umsetzung liefe auf eine prinzipielle Gleichbehandlung von Tochtergesellschaften und eigenen Geschäftsbereichen hinaus. Da damit weitergehende Ergebnisse für die Ausgestaltung der Binnenorganisation erzielt werden können, ist diese Möglichkeit hier für den Bereich der gefahrenerkennenden Kontrolle zu untersuchen. Es soll nachgewiesen werden, daß es dem aus §§ 291 ff., 319 ff. abgeleiteten normativen Tochterkontrollbedürfnis entspricht, daß Vorstand und Aufsichtsrat die Tochtergesellschaften grundsätzlich nach den gleichen Maßstäben überwachen müssen wie eigene Geschäftsbereiche. §§ 291 ff., 319 ff. treffen dann eine diesbezügliche prinzipielle Wertung, die bei der Zuständigkeitsverteilung in der Obergesellschaft zu berücksichtigen ist.
Die folgende Argumentation wird dabei auch an solchen Stellen sehr sorgfältig geführt, an denen die eigentlichen Vorgaben der §§ 291 ff., 319 ff. eindeutig sind. Das hat seinen Grund darin, daß die hier entwickelten theoretischen Grundlagen später den entsprechende Untersuchungen im faktischen Bereich zur Verfügung stehen sollen. Das gewährleistet eine kongruente Lösung aller Formen der Unternehmensgruppe. Vor allem aber bietet die klare Rechtslage im Vertrags- und Eingliederungskonzern ein hervorragendes Terrain für die Entwicklung der dogmatischen Feinheiten. Diese stehen dann bei der Ausgestaltung der weitaus komplizierteren Rechtslage zur faktischen Unternehmensgruppe bereits fest.

1. Überblick

Daß die Berührung einer materiellen Zuständigkeit durch Tochtergesellschaften einerseits ein Argument für eine entsprechende Modifizierung der Organzuständigkeiten ist, das andererseits aber eine Gleichbehandlung von eigenen Geschäftsbereichen und Tochtergesellschaften nicht ohne weiteres begründen kann, wurde oben bereits dargestellt[34]. Wesentlicher Grund dafür ist, daß jede verbundsdimensionale Zuständigkeitserweiterung in erster Linie die strukturellen Besonderheiten der Unternehmensgruppe beachten muß. Da aber Unternehmensgruppe und Einzelunternehmen eben nicht gleich sind, ist auch bei der Begründung einer Gleichbehandlung durch die Organe der Obergesellschaft Vorsicht geboten. Daß dies sogar im Vertrags- und Eingliederungskonzern gilt, kann am Beispiel der Leitung von Unternehmensgruppe und eigener Gesellschaft verdeutlicht werden. Zwar erkennen §§ 308 I, 323 I auch eine Leitungsmacht gegenüber den Tochtergesellschaften rechtlich an. Diese Leitung ist aber nicht mit der Leitung der eigenen Gesellschaft identisch, da bei der Führung die strukturellen Unterschiede zwischen Konzern und Einzelunternehmen schon im An-

[34] Vgl. oben 1. Teil, II. 4. b) aa) ccc), S. 36

satz zu berücksichtigen sind[35]. Denn trotz §§ 308 I, 323 I bleibt es auch im Vertrags- und Eingliederungskonzern grundsätzlich bei der rechtlichen Selbständigkeit der Tochtergesellschaften und damit in gewissem Umfang auch bei der eigenverantwortlichen Leitungsaufgabe der abhängigen Geschäftsleiter. Deshalb fehlt es hier schon an einer Leitungsmacht, die im Sachbereich der Unternehmensführung eine an §§ 76 ff. orientierte prinzipielle Gleichbehandlung von Tochtergesellschaften und eigenen Geschäftsbereichen erlauben würde[36]. Auch im Sachgebiet der gefahrenerkennenden Überwachung läßt sich eine Gleichbehandlung daher nur begründen, wenn sich dort die strukturellen Unterschiede zwischen Konzern und Einzelgesellschaft nicht auswirken. Das setzt voraus, daß im Zusammenhang mit der gefahrenerkennenden Kontrolle alle für die Ausgestaltung der Binnenorganisation maßgeblichen Umstände materiell vergleichbar sind. Ob das der Fall ist, muß sehr genau anhand der einzelnen Vorgaben der §§ 291 ff., 319 ff. untersucht werden.

2. Die theoretische Grundlage der zu entwickelnden normativen Wirkung des Tochterkontrollbedürfnisses in der Binnenordnung

Sollte sich auf dem eben angedeuteten Weg die prinzipielle Gleichbehandlung von Tochtergesellschaften und eigenen Geschäftsbereichen begründen lassen, wird ein Ergebnis erzielt, das aus den Sorgfaltspflichten von Vorstand und Aufsichtsrat nicht mehr abgeleitet werden konnte[37]. Dogmatisch läßt sich dieser Überschuß damit erklären, daß vor allem durch die argumentative Bezugnahme auf die von §§ 291 ff. gewährten Kontrollmöglichkeiten[38] das rechtlich anerkannte Tochterkontrollbedürfnis des herrschenden Unternehmens zur normativen Grundlage der detaillierten Zuständigkeitsmodifizierung wird. So wie Gruppenbildungs- und Gruppenleitungskontrolle dem Schutz der Aktionärsrechte dienen, dient die Modifizierung der Überwachungszuständigkeiten dazu, das durch §§ 291 ff., 319 ff. anerkannte Tochterkontrollbedürfnis des herrschenden Unternehmens zur Geltung zu bringen. Zwar ist dieser Zusammenhang nicht sofort ersichtlich, weil die organisatorischen Ansätze der §§ 291 ff. gerade nicht die Binnenordnung der herrschenden Aktiengesellschaft betreffen. Diese Vorschriften sind ja noch nicht einmal speziell an eine Aktiengesellschaft als herr-

---

[35] Vgl. oben 1. Teil, II. 4. b) bb) bbb), S. 39 ff.

[36] Es ist zuzugeben, daß sich die diesbezüglichen Unterschiede deutlich erst in der faktischen Unternehmensgruppe auswirken, im Vertrags- und Eingliederungskonzern eine strenge Begrenzung auf die Tochterkontrolle also nicht nötig gewesen wäre. Da aber eine kongruente Argumentation für alle Formen der Unternehmensgruppe entwickelt werden soll, ist sich bereits bei §§ 291 ff., 319 ff. auf die Tochterkontrolle zu beschränken.

[37] Vgl. oben 1. Teil, II. 4. a) bb), S. 30 f. und b) aa) ccc), S. 36

[38] Vgl. unten 3. a).

schendes Unternehmen gerichtet[39]. Daß sich die rechtliche Anerkennung des Tochterkontrollbedürfnisses auch für eine Modifizierung der Binnenordnung ins Feld führen läßt, ergibt sich aber aus einem anderen Gesichtspunkt.
Es kann nämlich davon ausgegangen werden, daß das Gesetz die optimale binnenorganisatorische Umsetzung der in §§ 291 ff. zur Geltung gebrachten Interessen wünscht, zu denen eben auch das Tochterkontrollbedürfnis der herrschenden Aktiengesellschaft zählt. Wenn §§ 291 ff., 319 ff. der herrschenden Gesellschaft die Integration der Tochtergesellschaften in den eigenen Unternehmensbetrieb ermöglichen wollen, dann wollen sie auch, daß diese Einbindung gesellschaftsintern sachgemäß durchgeführt wird. Das aber bedeutet, daß die Zuständigkeiten von Vorstand und Aufsichtsrat den Möglichkeiten optimal angepaßt werden müssen, die von §§ 291 ff., 319 ff. bereit gestellt werden[40]. Diese Notwendigkeit der optimalen Organisationsgestaltung bringt nun die Überlegungen zur Berührung der materiellen Organzuständigkeiten durch Tochtergesellschaften ins Spiel. Sie ermöglichen es nämlich, das in §§ 291 ff. geregelte wirtschaftliche Instrument anhand der konkreten gesetzlichen Wertungen der §§ 76 ff. organisatorisch auszugestalten[41]. Weisen §§ 291 ff., 319 ff. den Tochtergesellschaften eine Bedeutung zu, die eigenen Geschäftsbereichen in Bezug auf eine Organfunktion gleichkommt, wollen sie auch die diesbezügliche Gleichbehandlung. §§ 76 ff. sind dann lediglich Mittel zur Umsetzung der in §§ 291 ff. getroffenen Wertungen. Die materiellen Vorgaben der §§ 76 ff. werden auf diese Weise in die normativen Grundlagen der §§ 291 ff. eingeschmolzen. Gegenüber der bloßen Ableitung aus den konzernrechtlich neutralen Vorschriften der §§ 76 ff. hat dieser Ansatz den dogmatischen Vorteil, daß er sich primär auf die konzernspezifischen Wertungen der §§ 291 ff., 319 ff. stützt.
Weil der vorliegende Ansatz seine Grundlage in der Umsetzung gesetzlicher Wertungen hat, ist er weniger als die konzernorganisatorische Literatur der Gefahr ausgesetzt, lediglich mehr Ordnung zu schaffen[42]. Es werden nämlich die gesetzlichen Vorgaben der §§ 291 ff., 319 ff. geordnet, keine Ordnung als Selbstzweck geschaffen. Die Modifizierung der Binnenordnung findet ihre normative Grundlage in der gesetzlichen Berücksichtigung der speziellen Interessen des herrschenden Unternehmens. Der entscheidende Unterschied liegt eben im

---

[39] Eine Ausnahme ist § 293 II, der im vorliegenden Zusammenhang aber ohne Belang ist.
[40] Dieses Argument hat eine Parallele in der konzernrechtlichen Literatur. Denn letztlich wird hier lediglich die anerkannte Annahme, daß eine unternehmerische Nutzungsmöglichkeit der Beteiligung nach einer damit korrespondierenden Zuständigkeitsverteilung verlangt (vgl. 1. Teil, II. 4. a., S. 27 ff.), in ein weitergehendes normatives Gewand gekleidet. Dieses Gewand ist der Wille der §§ 291 ff. zur Ermöglichung der unternehmerischen Nutzung.
[41] Mülbert, Aktiengesellschaft, S. 3, betont ebenfalls die Notwendigkeit, eine konzernrechtliche Rechtsfortbildung auch an den Wertungen des einfachen Aktienrechts zu orientieren. Rüthers, Rechtstheorie, Rn. 870, sieht ganz allgemein zunächst alle fernwirkenden gesetzlichen Maßstäbe als maßgeblich an.
[42] Zu dieser Kritik vgl. oben 1. Teil, II. 3., S. 25 ff.

unmittelbaren Ansetzen an den Vorgaben der §§ 291 ff. Denn auch wenn im Vertrags- und Eingliederungskonzern sicherlich eine weitgehende Berücksichtigung der einheitlichen Leitung erfolgt, so bestehen doch dezentrale Besonderheiten gegenüber der Leitung der eigenen Gesellschaft, die bei einer Ausgestaltung beachtet werden müssen[43]. Dies wird aber einer Argumentation, die von diesen strukturellen Unterschieden ausgeht, leichter gelingen als einer Begründung, die am Begriff der einheitlichen Leitung ansetzt. Dieser Zusammenhang hat natürlich im Bereich der §§ 311 ff. weitaus größere Bedeutung als bei Vertrags- und Eingliederungskonzern.

3. Die Vergleichbarkeit von Tochtergesellschaften und eigenen Geschäftsbereichen im Sachbereich der gefahrenerkennenden Kontrolle

Nun ist die angekündigte Untersuchung vorzunehmen, ob Tochtergesellschaften im Sachgebiet der gefahrenerkennenden Kontrolle materiell mit eigenen Geschäftsbereichen vergleichbar sind. Das setzt voraus, daß alle für die Überwachung von nachgeordneten Stellen maßgeblichen Umstände gleich sind, sich insoweit die ansonsten bestehenden strukturellen Unterschiede zwischen Konzern und Einzelunternehmen also nicht auswirken. Maßgebliche Umstände für eine gefahrenerkennende Kontrolle sind zum einen die Möglichkeit einer Überwachung, zum anderen deren Notwendigkeit[44]. Eine Gleichbehandlung ist in diesem Sachbereich daher begründbar, wenn die Tochtergesellschaften genauso überwacht werden können wie eigene Geschäftsbereiche und ihre Aktivitäten außerdem ein identisches Gefährdungspotential für das herrschende Unternehmen haben. Da hier zunächst nur eine prinzipielle Aussage erarbeitet werden soll, muß dies allerdings nur grundsätzlich der Fall sein.

a) Die Möglichkeit zur Kontrolle der Tochtergesellschaften

Der Informationsfluß von eigenen Geschäftsbereichen und von vertraglich konzernierten bzw. eingegliederten Gesellschaften kann schon deshalb als vergleichbar angesehen werden, weil dem herrschenden Unternehmen gegenüber beiden Stellen ein Anspruch auf Berichterstattung zusteht. Dieser resultiert gegenüber eigenen Geschäftsbereichen aus den Arbeitsverträgen mit den dortigen Angestellten, gegenüber beherrschungsvertraglich konzernierten und eingegliederten Gesellschaften aus §§ 308 I, 323 I. Die rechtlichen Umstände des Infor-

---

[43] Vgl. oben 1.

[44] Damit ist komplett der oben beschriebene Tatbestand der gefahrenerkennenden Tochterkontrolle berücksichtigt, der eben aus Überwachungsbedürfnis und Informationsbeschaffung besteht (vgl. 1. Teil, I. 2. u. 3., S. 8 ff.).

mationsflusses sind also im wesentlichen identisch. Deshalb kann ohne weiteres davon ausgegangen werden, daß dem herrschenden Unternehmen eine Überwachung der Tochtergesellschaften im Vertrags- und Eingliederungskonzern in der gleichen Weise möglich ist wie eine Überwachung der eigenen Geschäftsbereiche.

Allein auf die Vergleichbarkeit des Informationsflusses an das herrschende Unternehmen insgesamt kann hier deshalb abgestellt werden, weil lediglich eine prinzipielle Aussage erarbeitet werden soll. Insbesondere die noch fraglichen organspezifischen Kontrollmöglichkeiten des Aufsichtsrats gegenüber Tochtergesellschaften müssen zwar im abschließenden Ergebnis Berücksichtigung finden. Entsprechende Untersuchungen sind aber schon dem Bereich zuzurechnen, für den hier eine normative Wirkung des Tochterkontrollbedürfnisses erst begründet werden soll. Denn wie Vorstand und Aufsichtsrat die zur Kontrolle erforderlichen Informationen untereinander zu verteilen haben, ist eine Frage der Binnenorganisation der herrschenden Aktiengesellschaft.

b) Das vergleichbare Gefährdungspotential von Tochtergesellschaften und eigenen Geschäftsbereichen

Eine Berücksichtigung der materiellen Wertungen der §§ 76 ff. setzt voraus, daß das Geschehen in den Tochtergesellschaften aufgrund seiner Auswirkungen auf die Obergesellschaft materiell den eigentlich geregelten Zuständigkeitsfragen gleichkommt[45]. Ob dies bezüglich der Kontrollfunktion der Mutterorgane der Fall ist, und deshalb beherrschungsvertraglich konzernierte und eingegliederte Gesellschaften genauso zu überwachen sind wie eigene Geschäftsbereiche, ist nun zu untersuchen. Ausgangspunkt ist, daß mit der Überwachung Fehlentwicklungen in den Tochtergesellschaften aufgespürt werden sollen, um deren Rückwirkungen auf das herrschende Unternehmen zu vermeiden. Entsprechend läßt sich eine Überwachung eigener Geschäftsbereiche denken, die negative Folgen dortiger Mißwirtschaft verhindern soll. Deshalb muß die Kontrolle von Tochtergesellschaften genauso erfolgen wie die skizzierte Überwachung von eigenen Geschäftsbereichen, wenn die jeweiligen Rückwirkungen von Fehlentwicklungen auf das herrschende Unternehmen vergleichbar sind. Für die Interessen des Mutterunternehmens, die durch die Kontrolle geschützt werden sollen, darf es keinen Unterschied machen, ob die Mißwirtschaft in einem eigenen Geschäftsbereich oder in einer Tochtergesellschaft erfolgt. Daß das Geschehen in beherrschungsvertraglich konzernierten und eingegliederten Gesellschaften in der Tat ein Gefährdungspotential aufweist, das dem von eigenen Geschäftsbereichen entspricht, hat seinen Grund in §§ 302 I, 322 I. Bei beiden Konzernierungsfor-

[45] Vgl. oben 1. Teil, II. 4. b), S. 31 ff.

men besteht also grundsätzlich ein besonderes (qualifiziertes) Tochterkontrollbedürfnis[46]. Dies wird sogleich näher ausgeführt.

aa) Eingliederungskonzern (§ 322 I)

Im Eingliederungskonzern ist das vergleichbare Risikopotential offensichtlich, da § 322 I eine unmittelbare Haftung der Hauptgesellschaft für die Verbindlichkeiten der eingegliederten Gesellschaft anordnet. Dies entspricht im praktischen Ergebnis im wesentlichen der Haftung für die Verbindlichkeiten der eigenen Gesellschaft[47]. Daß die herrschende Aktiengesellschaft das eingegliederte Unternehmen gemäß § 426 I BGB in Regreß nehmen kann[48], ändert daran nichts. Denn wenn die Tochtergesellschaft erst einmal in eine wirtschaftliche Schieflage geraten ist, wird sie auch ihre Regreßpflicht nicht erfüllen können. Aber auch grundsätzlich ist zu beachten, daß die eingegliederte Gesellschaft eng mit dem wirtschaftlichen Schicksal der Hauptgesellschaft verbunden ist. Damit geht jede Zahlung der Tochtergesellschaft bei wirtschaftlicher Betrachtung letztlich auf Kosten der herrschenden Aktiengesellschaft. Wenn die eingegliederte Gesellschaft aber für das Mutterunternehmen vergleichbare Haftungsgefahren wie eigene Geschäftsbereiche begründet, müssen dessen Organe auch in vergleichbarer Weise auf wirtschaftliche Fehlentwicklungen in den nachgeordneten Stellen achten. Dieses Ergebnis wird durch § 326 unterstrichen, wonach den Aktionären der Hauptgesellschaft über Angelegenheiten der eingegliederten Gesellschaft ebenso Auskunft zu erteilen ist wie über Angelegenheiten der Hauptgesellschaft selbst.

bb) Vertragskonzern (§ 302 I)

Auch im Vertragskonzern kann – wenn auch nicht ohne weiteres - davon ausgegangen werden, daß die Aktivitäten der Tochtergesellschaft das gleiche Gefährdungspotential haben wie eigene Geschäftsbereiche und deshalb entsprechend überwacht werden müssen. Unsicherheiten ergeben sich zwar daraus, daß die unmittelbaren Folgen eines Negativgeschäfts gewisse rechtliche Unterschiede aufweisen. Bei einer Fehlentwicklung im eigenen Unternehmen trifft der damit verbundene finanzielle Verlust die Gesellschaft selbst. Dagegen belastet ein ent-

---

[46] Zum Begriff vgl. oben 1. Teil, I. 1., S. 7; zur Vergleichbarkeit von eigenen Geschäftsbereichen und Tochtergesellschaften im vorliegenden Zusammenhang vgl. auch Lutter, Information, S. 43 f.; Lutter/Krieger, Aufsichtsrat, § 2, Rn. 45; Hommelhoff, Konzernleitungspflicht, S. 73 f.

[47] Zur Haftung nach § 322 vgl. Emmerich/Sonnenschein/Habersack, KonzernR, S. 146 ff.

[48] Hüffer, AktG, § 322, Rn. 6.

sprechender Verlust die Vermögenslage des Mutterunternehmens zunächst nicht, wenn er bei einer vertraglich konzernierten Gesellschaft eintritt. Verluste bei einzelnen Geschäften müssen nämlich nicht zwingend zu einem nach § 302 I auszugleichenden Jahresfehlbetrag führen. Letztlich sind diese Haftungsunterschiede im vorliegenden Zusammenhang aber unerheblich, da es für die Bestimmung der Überwachungspflichten nicht auf eine isolierte Betrachtung der unmittelbaren finanziellen Folgen der einzelnen Geschäftsvorhaben ankommen kann. Diese Sichtweise wäre für die sachgemäße Ausgestaltung der unternehmerischen Kontrollpflicht zu eng. Denn ein einzelner finanzieller Verlust als solcher wird sich immer ausgleichen lassen, wenn er nicht auch das übrige Unternehmen wesentlich in Mitleidenschaft zieht. Das eigentliche Problem einer Fehlentwicklung liegt gerade in der Gefahr, daß sie zu einer nicht mehr beherrschbaren Schieflage des gesamten Unternehmensbereichs führt. Dementsprechend sind auch einzelne Negativgeschäfte nur dann wirklich gefährlich, wenn sich die mit ihnen verbundenen Verluste nicht mehr ohne weiteres auffangen lassen oder wenn sie auf andere Weise das Unternehmen in größerem Umfang gefährden (z.B. Verlust eines wichtigen Kundens). Für die Bestimmung der Überwachungspflicht kommt es daher auf eine „globale“ Betrachtungsweise an, die den relevanten Zusammenhang in drei Stufen teilt. Ausgangspunkt sind die einzelnen Geschäftsvorfälle, die Objekt der Überwachung sind. Diese müssen geeignet sein, im Falle ihrer negativen Entwicklung erhebliche wirtschaftliche Schwierigkeiten des gesamten Geschäftsbereichs oder Unternehmens zu begründen. Diese Schwierigkeiten wiederum müssen in vollem Umfang auch vom herrschenden Unternehmen zu tragen sein.

Bei dieser globalen Betrachtungsweise ergibt sich, daß die Geschäftsvorfälle in den Tochtergesellschaften ein vergleichbares Gefährdungspotential haben und dementsprechend genauso überwacht werden müssen wie Aktivitäten in eigenen Geschäftsbereichen. Selbstverständlich ist zunächst, daß es für die Weiterentwicklung eines einzelnen unternehmerischen Mißerfolgs zu erheblichen wirtschaftlichen Schwierigkeiten keine Rolle spielt, ob diese Entwicklung bei der Tochtergesellschaft oder im eigenen Unternehmen ihren Lauf nimmt. Im ersten Fall ist von der wirtschaftlichen Schieflage nur eben noch nicht unmittelbar das Mutterunternehmen, sondern zunächst nur die Tochtergesellschaft selbst erfaßt. Eigentlich entscheidende Frage ist damit, ob das herrschende Unternehmen von den wirtschaftlichen Schwierigkeiten der Tochtergesellschaft grundsätzlich ebenso in vollem Umfang betroffen sein kann, wie von den Schwierigkeiten des eigenen Unternehmens. Davon ist wegen § 302 I auszugehen, da eine erhebliche wirtschaftliche Fehlentwicklung gerade dazu führen wird, daß ein Jahresfehlbetrag entsteht, der vom Mutterunternehmen ausgeglichen werden muß. Diese Haftungsgefahr ist groß genug, um ein vergleichbares Bedürfnis zur Überwachung von Tochtergesellschaften und eigenen Geschäftsbereichen zu begründen. Daß die Wahrscheinlichkeit einer bestimmten Haftung mitunter nicht ganz genauso hoch sein wird wie bei Verlusten von eigenen Geschäftsbereichen, ist unerheblich. Es darf hier nämlich nicht aus den Augen verloren werden, daß die Beschreibung der möglichen wirtschaftlichen Folgen allein dazu dient, das bereits bei den einzelnen Geschäften ansetzende Überwachungsbedürfnis zu bestimmen. Die Organe sind gerade noch nicht mit einzelnen Haftungsfolgen konfrontiert, sondern nur mit der abstrakten Gefahr ihres Eintritts. Für die an der laufenden Geschäftsführung ansetzende Überwachung sind die genauen Einzelheiten der später möglicherweise eintretenden Folgen aber unerheblich[49]. Das ergibt sich auch daraus, daß diese gar nicht genau vorhersehbar sind und schon deshalb von den Überwachungsorganen nicht berücksichtigt werden können.

c) Das Prinzip zur binnenorganisatorischen Gleichbehandlung von Tochtergesellschaften und eigenen Geschäftsbereichen in Kontrollfragen

Sowohl die von §§ 291 ff., 319 ff. intendierte Möglichkeit als auch das Bedürfnis zur Kontrolle von Tochtergesellschaften entsprechen im Vertrags- und Eingliederungskonzern in der Regel den entsprechenden Umständen im eigenen Unternehmen. Deshalb sind Tochtergesellschaften im Zusammenhang mit der gefahrenerkennenden Kontrolle prinzipiell auch genauso zu behandeln wie eigene Geschäftsbereiche. Das Gewicht bei der Bestimmung der Überwachungspflichten verlagert sich auf eine materielle Beurteilung des konkreten Geschehens. Dagegen ist für die Überwachungspflicht von Vorstand und Aufsichtsrat nach dieser prinzipiellen Betrachtung nicht entscheidend, ob sich die Geschäftsaktivität im eigenen Unternehmen oder in der rechtlich selbständigen Tochtergesellschaft abspielt. Die Eigenständigkeit des Tochtervorstands wirkt sich hier – anders als bei der Leitung der Unternehmensgruppe - nicht weiter aus, weil im verbundsinternen Verhältnis eben allein die Informationsbeschaffung von Bedeutung ist[50]. Bei dieser kommt die Autonomie der Tochtergeschäftsführung aber nicht zur Geltung. Ihre Funktion beschränkt sich insoweit darauf, die angeforderten Informationen weiterzuleiten.

Da es sich bei der Gleichbehandlungsnotwendigkeit nur um eine prinzipielle Aussage handelt, die den entsprechenden Willen der §§ 291 ff., 319 ff. zum Ausdruck bringen soll, ist nicht ausgeschlossen, daß der Gleichbehandlung im Einzelfall noch Hindernisse entgegenstehen, die auch durch das hier hergeleitete normative Prinzip nicht ausgeräumt werden können. Abschließende Ergebnisse zur Tochterkontrolle sind erst für den dritten Teil vorgesehen. Die im zweiten Teil entwickelten prinzipiellen Aussagen bündeln lediglich die konzernrechtli-

[49] Genauer zu diesem Zusammenhang vgl. unten 2. Abschnitt, III. 2. b), S. 119 f.

[50] Dazu, daß auch die unterschiedliche Leitungsdichte gegenüber eigenen Geschäftsbereichen und konzernierten Gesellschaften für den Umfang der Überwachungspflicht keine Rolle spielt, vgl. unten 2. Abschnitt, III. 3., S. 121.

chen Probleme und treffen auf dieser Grundlage eine erste, aber vorläufige Entscheidung. Diese kann aus Gründen des Einzelfalls bei der endgültigen Bestimmung der Überwachungspflichten von Vorstand und Aufsichtsrat wieder zurückzunehmen sein. Großes Gewicht hat die hier getroffene Aussage aber deshalb, weil sie die konzernrechtlichen Regelungen hinter sich weiß und die strukturellen Unterschiede zwischen Konzern und Einzelunternehmen bereits berücksichtigt hat.

2. Abschnitt. Faktische Unternehmensgruppe

Beim Vertrags- und Eingliederungskonzern konnte die normative Wirkung der §§ 291 ff., 319 ff. zur Ermöglichung einer sachgemäßen Tochterkontrolle einfach nachgewiesen werden. Sie war eindeutiger Bestandteil der in §§ 308 I, 323 I rechtlich anerkannten Herrschaftsmacht. Im Rahmen der §§ 311 ff. liegen die Dinge insoweit wesentlich komplizierter. Hier ist eine detaillierte Argumentation erforderlich. Zunächst bedarf es nämlich schon des Nachweises, daß §§ 311 ff. überhaupt bestimmte Einflußnahmemöglichkeiten rechtlich anerkennen (vgl. I.). Aber auch im Falle einer solchen Anerkennung sind die Grenzen einer Rechtsfortbildung wesentlich enger gesteckt. Im Vertrags- und Eingliederungskonzern galt es allein, das Problem der schutzrechtlichen Prägung des Unternehmensbegriffs zu bewältigen und organisationsspezifische Aussagen zu ermitteln. Dagegen ist im Bereich faktischer Abhängigkeit schon fraglich, ob von der möglichen Anerkennung bestimmter Herrschaftsmittel auch auf die normative Wirkung gerade des Tochterkontrollbedürfnisses geschlossen werden kann (zu diesen Fragen vgl. unter II.). Die diesbezüglichen Untersuchungen behandeln das verbundsinterne Verhältnis. Auch im faktischen Bereich sind aber noch spezielle Untersuchungen zur normativen Wirkung des Tochterkontrollbedürfnisses in der Binnenordnung der herrschenden Aktiengesellschaft erforderlich (vgl. III.).

I. Rechtliche Anerkennung besonderer Einflußnahmemöglichkeiten des herrschenden Unternehmens durch §§ 311 ff.

Bei §§ 311 ff. ist äußerst zweifelhaft, ob ihnen neben dem Schutz der abhängigen Gesellschaft ein weiterer positiver Zweck entnommen werden kann, der sich zugunsten des herrschenden Unternehmens verwenden läßt. Es fragt sich, ob §§ 311 ff. dem herrschenden Unternehmen in gewissem Umfang auch den faktischen Unternehmensverbund als wirtschaftliches Instrument an die Hand geben wollen und dementsprechend auch im faktischen Bereich gewisse Einflußnahmemöglichkeiten rechtlich anerkennen. Speziell die rechtliche Anerkennung ist hier von besonderer Bedeutung, weil nur diese – anders als eine bloße Duldung der Einflußnahme - eine positive Bewertung enthält und daher eine normative Wirkung entfalten kann[51].

Da die rechtliche Anerkennung bestimmter Einflußmittel nicht mit einem gesetzlichen Willen zur Zulassung des faktischen Konzerns begründet werden kann (vgl. 1), soll hier ein anderer Weg beschritten werden. Auf der Grundlage einer schutzrechtlichen Auslegung der §§ 311 ff. (vgl. 2.) soll deren Privilegierungswirkung[52] zugunsten des herrschenden Unternehmens allein aus dem systematischen Verhältnis der §§ 311 ff. zu den allgemeinen Haftungsvorschriften hergeleitet werden. Da dieser Begründungsweg völlig von der Zulassung speziell des faktischen Konzerns getrennt ist, die in der konzernrechtlichen Literatur eine bedeutende Rolle bei der Auslegung der §§ 311 ff. spielt, muß er sich bereits seine Grundlagen äußerst sorgfältig erarbeiten. Die Argumentation zur normativen Wirkung des Tochterkontrollbedürfnisses darf sich auch in diesem allgemeinen Bereich keine Ungenauigkeit erlauben, da auch eine Argumentationskette nur so stark ist wie ihr schwächstes Glied. Zudem müssen die rechtlichen Grundlagen der faktischen Abhängigkeit detailliert bekannt sein, um später die Zulässigkeit des Informationsflusses im Rahmen der §§ 311 ff. untersuchen zu können[53].

1. Unmaßgeblichkeit des Konzerns für die Auslegung der §§ 311 ff.

Bezüglich der rechtlichen Einstufung des faktischen Konzerns bietet die Literatur ein weites Spektrum, das von der Unzulässigkeit[54], über eine Zulässigkeit im Sinne bloßer Duldung[55] bis hin zur rechtlichen Anerkennung[56] reicht. Schon dar-

---

[51] Zur Unterscheidung zwischen bloßer Duldung und rechtlicher Anerkennung des Konzerns vgl. Koppensteiner, in KölnKomm-AktG, Vorb. § 311, Rn. 7; Geßler, FS Westermann, S. 150 ff.; Strohn, Verfassung, S. 189 ff.

[52] Allgemein zur Privilegierungsfunktion des § 311 vgl. Koppensteiner, in KölnKomm-AktG, Vorb. § 311, Rn. 3; Habersack, in Emmerich/Habersack, AktienkonzernR, § 311, Rn. 2.

[53] Dazu vgl. vor allem II. 2., S. 97 ff. und 3. Teil, 1. Abschnitt, I. 3., S. 135 ff.

[54] Bälz, FS Raiser, S. 311 f.; Paehler, Zulässigkeit, S. 173; tendenziell wohl auch Reuter, ZHR 146 (1982), S. 11.

[55] So ausdrücklich Flume, AT I/2, S. 121 ff., auch Fn. 97 aE; Geßler, FS Westermann, S. 150 ff., 155; Koppensteiner, in KölnKomm-AktG, Vorb§ 311, Rn. 5 ff., § 311, Rn. 103 f.; Strohn, Verfassung, S. 190; Rehbinder, FS Coing II, S. 423. Allgemein von der Zulässigkeit des faktischen Konzerns sprechen: OLG Hamm, NJW 1987, 1030, 1031; LG Mannheim, WM 1990, 760, 764; Habersack, in Emmerich/Habersack, AktienkonzernR, § 311, Rn. 8; Timm, NJW 1987, S. 982; Lutter, AG 1990, S. 182; Scheffler, AG 1990, S. 176.

[56] Kropff, in MüKo-AktG, § 311, Rn. 30; Luchterhandt, ZHR 133 (1970), S. 1 ff.; Hüffer, AktG, § 311, Rn. 7; Mülbert, ZHR 163 (1999), S. 23, Fn. 84; wohl auch Möhring, FS Schilling, S. 261.

in spiegelt sich wieder, daß die normative Bedeutung des faktischen Konzerns keineswegs als geklärt angesehen werden kann. Die vorliegende Abhandlung, der es im Ergebnis zwar nicht im besonderen um den faktischen Konzern als solchen geht, ist von dessen rechtlicher Relevanz dennoch mittelbar berührt. Sie muß sich nämlich zumindest mit der Frage auseinandersetzen, ob von einer rechtlichen Anerkennung des Konzerns auszugehen ist, der bereits Einfluß auf die Auslegung der §§ 311 ff. selbst zukommt[57]. Wäre das in entsprechendem Umfang der Fall, müßten §§ 311 ff. möglicherweise nicht näher untersucht werden, um eine rechtliche Anerkennung auch des Tochterkontrollbedürfnisses zu begründen. Umgekehrt wäre denkbar, daß der Konzern eine solche Bedeutung für die Auslegung der §§ 311 ff. hat, daß eine von seiner Anerkennung gelöste Begründung der Privilegierungswirkung nicht sachgemäß wäre. Aus diesen Gründen ist es erforderlich, die wichtigsten aktienrechtlichen Argumente, die für eine Anerkennung des faktischen Konzerns sprechen könnten, näher zu untersuchen[58].

Aus § 311 selbst und der Gewährung der Ausgleichsmöglichkeit im besonderen ergibt sich keine rechtliche Anerkennung einheitlicher Leitung[59], selbst wenn man unterstellt, daß § 311 die allgemeinen Vorschriften (insb. §§ 76, 93, 116, 117) verdrängt, eine nachteilige Einflußnahme also umfassend legalisiert[60]. Denn die Zulassung punktueller Einflußnahmen steht mit dem Ausbau einer einheitlichen Leitung nicht in einem solch deutlichen Zusammenhang, daß deren rechtliche Anerkennung als bezweckt angesehen werden kann. Eine einheitliche Leitung der Tochtergesellschaften wird sich in praxi im Rahmen der §§ 311 ff. zwar durchaus entwickeln lassen, insbesondere wenn es aus wirtschaftlichen und damit vermögensmäßigen Gesichtspunkten für die abhängige Gesellschaft sinnvoll ist, sich der „Schirmherrschaft" eines anderen Unternehmens zu unterstellen. In anderen Konstellationen kann diese Einbindung vor dem rechtlichen Hintergrund der §§ 311 ff. jedoch weitaus schwieriger sein. Gerade solchen Maßnahmen, die zur Ausrichtung auf die Geschäftspolitik des herrschenden Unternehmens erforderlich sein können (z.B. die Aufgabe eines eigenen Marktes oder Produktes) - mitunter ist hier ausdrücklich von „konzernintegrativen" Maßnahmen die Rede - wird häufig ein unkalkulierbares und daher vom Vorstand einer

---

[57] So vor allem Luchterhandt, ZHR 133 (1970), S. 13, und – allerdings enger - Hommelhoff, Konzernleitungspflicht, S. 131, 136 f. Dagegen mißt Hüffer, AktG, § 311, Rn. 7, § 18, Rn. 5, der rechtlichen Anerkennung ausdrücklich eine „eher rechtspolitische Bedeutung bei", die für die Anwendung der §§ 311 ff. „ohne wesentliche Bedeutung" sei.

[58] Zu Argumenten außerhalb des Aktiengesetzes vgl. insb. Hommelhoff, Konzernleitungspflicht, S. 111 ff.; kritisch dazu Mülbert, Aktiengesellschaft, S. 288; Koppensteiner, in KölnKomm-AktG, Vorb. § 311, Rn. 14.

[59] So aber Luchterhandt, ZHR 133 (1970), S. 11; Möhring, FS Schilling, S. 261; *dagegen*: Geßler, FS Westermann, S. 148, 152 ff.; Koppensteiner, in KölnKomm-AktG, Vorb. § 311, Rn. 8; Mestmäcker, FS Kronstein, S. 147.

[60] Zum Verhältnis des § 311 zu den allgemeinen Vorschriften vgl. unten 3. b).

abhängigen Gesellschaft zu meidendes Risiko anhaften. Entsprechende Veranlassungen sind dann nachteilig und mangels Quantifizierbarkeit grundsätzlich auch nicht einem Ausgleich zugänglich[61]. Außerdem ist zu beachten, daß auch in einem bestehenden Konzern die Nachteilsfeststellung um so schwieriger ist, um so dichter die einheitliche Leitung ausgeübt wird[62]. Wenn die einheitliche Leitung aber auf diese Weise die Funktionsfähigkeit der §§ 311 ff. belastet, kann sie von diesen Vorschriften auch nicht zwingend gewollt sein. Dies zeigt sich auch, wenn man die Behandlung des qualifizierten faktischen Konzerns berücksichtigt. Es ist wertungsmäßig nicht überzeugend, einerseits von einer rechtlichen Anerkennung einheitlicher Leitung auszugehen, andererseits aber von einem Verbot qualifizierter faktischer Konzerne[63]. Wie auch die Regelung der §§ 291 ff. deutlich macht, hätte ein Gesetzgeber, für den ausdrücklich die Ermöglichung (straffer) einheitlicher Leitung ein Bedürfnis war, ein anderes Ausgleichssystem als das der §§ 311 ff. gewählt.

Gelegentlich wird behauptet, daß sich aus der Entstehungsgeschichte[64] der §§ 311 ff. und den Gesetzesmaterialien ergebe, daß man insbesondere mit § 311 I HS. 2, II die Möglichkeit einheitlicher Leitung durchsetzen, den faktischen Konzern also rechtlich anerkennen wollte[65]. Insoweit wird sich vornehmlich auf die Äußerungen von Sachverständigen vor dem Wirtschaftsausschuß[66] sowie eine Stellungnahme von *Dr. Wilhelmi* bei der dritten Lesung des Aktiengesetzes im Bundestag am 25.05.1965[67] berufen. Schon grundsätzlich ist äußerst zweifelhaft, ob die Aussagen eines einzelnen Abgeordneten sowie einiger Sachverständiger zur Grundlage des gesetzgeberischen Willens gemacht werden können[68]. Bezüglich des Aktiengesetzes versagt dieser Weg jedoch vollends, da die zahlreichen Stellungnahmen der an dem Gesetzesentwurf Beteiligten insgesamt kein

---

[61] Zu diesen Maßnahmen vgl. Habersack, in Emmerich/Habersack, AktienkonzernR, § 311, Rn. 58; Koppensteiner, in KölnKomm-AktG, § 311, Rn. 45; Kropff, in MüKo-AktG, § 311, Rn. 178; Strohn, Verfassung, S. 77 ff.; Scheffler, AG 1990, S. 176.

[62] Kropff, in MüKo-AktG, Vor§ 311, Rn. 2, § 311, Rn. 22, 283.

[63] So auch Mülbert, Aktiengesellschaft, S. 288.

[64] Ausführlich zur Entstehung der §§ 311 ff. vgl. Dettling, Entstehungsgeschichte, S. 213 ff., S. 265 ff., S. 308 ff.

[65] Luchterhandt, ZHR 133 (1970), S. 6 ff.; Hommelhoff, Konzernleitungspflicht, S. 130 f.; vgl. auch Kropff, DB 1967, S. 2149 f.; ders., in MüKo-AktG, Vor§ 311, Rn. 16, § 311, Rn. 19.

[66] Luchterhandt, ZHR 133 (1970), S. 6 f.; vgl. auch Kropff, DB 1967, S. 2150; ders., in MüKo-AktG, Vor§ 311, Rn. 15 f.

[67] Kropff, DB 1967, S. 2150; ders., in MüKo-AktG, § 311, Rn. 19; Hommelhoff, Konzernleitungspflicht, S. 130 f.; Luchterhandt, ZHR 133 (1970), S. 1 f.

[68] Allgemein zur Problematik der Bestimmung des Gesetzgebungswillens in einer parlamentarischen Demokratie vgl. Larenz/Canaris, Methodenlehre, S. 149 ff., die auf S. 150 ausdrücklich nur solche Äußerungen berücksichtigen wollen, die „ohne Widerspruch" geblieben sind.

deutliches Bild bezüglich der Anerkennung einheitlicher Leitung abgeben[69]. Von großer Bedeutung ist außerdem, daß den an die zitierten Sachverständigengutachten geknüpften Forderungen zur Ermöglichung einheitlicher Leitung gerade nicht voll entsprochen, sondern lediglich ein „Kompromiß" vereinbart wurde[70]. Dementsprechend erwähnt der schriftliche Ausschußbericht die Zulassung einheitlicher Leitung als Grund für die zeitliche Streckung in § 311 II nicht, sondern bezieht sich nur auf die Vereinbarkeit dieser Regelung mit dem Schutz der abhängigen Gesellschaft[71]. Deshalb läßt sich zwar nicht abstreiten, daß die Begriffe „faktischer Konzern" und „einheitliche Leitung" in der Diskussion um die Regelung des § 311 I HS. 2, II eine große Rolle gespielt haben. Das bedeutet aber nicht, daß die Anerkennung des Konzerns als solches Gesetz werden sollte. Der Konzern war lediglich begriffliche Diskussionsgrundlage für eine gewisse Auflockerung der §§ 311 ff., deren Schutzzweck dadurch keinesfalls angetastet werden sollte. Daher läßt sich den Gesetzesmaterialien nicht der Wille entnehmen, neben dem Schutzzweck auch der Notwendigkeit einheitlicher Leitung entscheidenden Einfluß auf die Auslegung der §§ 311 ff. einzuräumen[72]. Der gefundene Kompromiß ist bei der Zulassung der einheitlichen Leitung auf halber Strecke stecken geblieben. Maßgeblich für die Auslegung der §§ 311 ff. ist ihr Schutzzweck, der durch das Leitungsbedürfnis des herrschenden Unternehmens nicht eingeschränkt wird.

Schließlich wird die gesetzliche Vermutung des § 18 I S. 3 als Argument für die rechtliche Anerkennung des Konzerns angeführt[73]. Auch dies kann jedoch nicht überzeugen. § 18 ist eine Definitionsnorm[74], die zudem durch § 290 HGB erheblich an Bedeutung eingebüßt hat[75]. Als Definitionsnorm gibt § 18 aber, wenn

---

[69] Der schriftliche Ausschußbericht selbst (in Kropff, AktG, S. 409) berichtet davon, daß die Ausgleichsregelung bei Sachverständigen und Ausschußmitgliedern „umstritten" gewesen sei. Dettling, Entstehungsgeschichte, S. 319, beurteilt das Ergebnis der Sachverständigenanhörung als „uneinheitlich". Außerdem verweist er darauf, daß eine „Grundsatzdebatte über das Für und Wider des faktischen Konzerns" nicht statt fand (aaO, S. 321). Vgl. auch Bälz, FS Raiser, S. 303, der die Gesetzesmaterialien aus ähnlichen Gründen als nicht weiterführend beurteilt. Einige Beispiele bringt Mülbert, Aktiengesellschaft, S. 286, Fn. 574. Speziell die Argumentation mit den Äußerungen Dr. Wilhelmis widerlegt Geßler, FS Westermann, S. 149.

[70] Vgl. dazu Kropff, in MüKo-AktG, Vor § 311, Rn. 16, sowie Dettling, Entstehungsgeschichte, S. 321 f.; dies führt auch Geßler, FS Westermann, S. 149, als Argument gegen die rechtliche Anerkennung des Konzerns an.

[71] Vgl. AusschußB, in Kropff, AktG, S. 409 f.

[72] Vgl. z.B. Koppensteiner, in KölnKomm-AktG, Vorb. § 311, Rn. 9.

[73] Luchterhandt, ZHR 133 (1970), S. 5 f.; Hommelhoff, Konzernleitungspflicht, S. 110; zumindest als Begründung der Zulässigkeit einheitlicher Leitung wohl auch Mülbert, ZHR 163 (1999), S. 8, Fn. 28.

[74] Hüffer, AktG, § 18, Rn. 1, 10; Hommelhoff, Konzernleitungspflicht, S. 110; Emmerich, in Emmerich/Habersack, AktienkonzernR, § 18, Rn. 20.

[75] Zur Bedeutung des § 18 im Mitbestimmungsrecht vgl. Emmerich, in Emmerich/Habersack, AktienkonzernR, § 18, Rn. 22.

überhaupt, nur eine Einschätzung, jedoch kein Werturteil ab[76]. Ohnehin müßte im Konfliktsfall zunächst untersucht werden, ob man nicht den Begriff der einheitlichen Leitung in § 18 unter Berücksichtigung der §§ 311 ff. entsprechend weit auslegen kann, bevor man § 18 normative Wirkung im Rahmen der §§ 311 ff. beimißt[77]. Dafür spricht auch, daß der Begriff der einheitlichen Leitung recht unsicher ist[78]. Das macht ihn zum einen als Grundlage für die Auslegung der §§ 311 ff. problematisch und zeigt zum anderen, daß er selbst für eine Berücksichtigung der aus §§ 311 ff. gewonnenen Grenzen offen ist.
Als Ergebnis bleibt damit festzuhalten, daß sich die rechtliche Anerkennung des Konzerns nicht ohne weiteres ergibt, also keine diesbezügliche Vorentscheidung bei der Auslegung der §§ 311 ff. besteht. Will man die Anerkennung einzelner Herrschaftsmittel durch §§ 311 ff. nachweisen, muß und kann man also anders ansetzen. Dies soll im folgenden durch die Bestimmung des systematischen Verhältnisses der §§ 311 ff. zu den allgemeinen Vorschriften geschehen. Für die spätere normative Einbindung des Tochterkontrollbedürfnisses ist von Bedeutung, daß wegen des historischen Kompromisses die von §§ 311 ff. berücksichtigten Interessen des herrschenden Unternehmens begrifflich noch nicht festgelegt sind.

2. Auslegung der §§ 311 ff. anhand ihres Schutzzwecks als Grundlage für die weitere Untersuchung

Das Verhältnis der §§ 311 ff. zu den allgemeinen Vorschriften sowie daraus folgende Privilegierungen des herrschenden Unternehmens können nur bestimmt werden, wenn die Vorschriften der §§ 311 ff. begrifflich ausreichend fixiert sind. Außerdem ist eine genaue Bestimmung des Regelungssystems der §§ 311 ff. erforderlich, um diese Vorschriften später detailliert auf den Informationsfluß in der faktischen Unternehmensgruppe anwenden zu können[79]. Diese Anwendung hat ihrerseits zentrale Bedeutung für die Frage, ob von einer rechtlichen Anerkennung des Tochterkontrollbedürfnisses ausgegangen werden kann. Es ist also aus zweierlei Gründen eine genaue Auslegung der maßgeblichen Begriffe der §§ 311 ff. erforderlich. Diese hat allein anhand ihres Schutzzweckes zu er-

---

[76] So auch Koppensteiner, in KölnKomm-AktG, Vorb. § 311, Rn. 13; Bälz, FS Raiser, S. 312; zur Bedeutung des § 18 vgl. auch Rittner, ZGR 1990, S. 217.
[77] Vgl. Koppensteiner, in KölnKomm-AktG, § 311, Rn. 103 aE.
[78] So die Beurteilung von Emmerich/Sonnenschein/Habersack, KonzernR, S. 63; Bayer, in MüKo-AktG, § 18, Rn. 28; vgl. auch Rittner, ZGR 1990, S. 217 (Konzern ist „alles andere als eine eindeutige Figur oder ein originärer Rechtsbegriff").
[79] Dazu vgl. unten II. 2., S. 97 ff. und 3. Teil, 1. Abschnitt, I. 3., S. 135 ff.

folgen, der seinerseits mit grammatikalischen, systematischen und historischen[80] Gesichtspunkten ermittelt werden soll. Sowohl die Bestimmung des systematischen Verhältnisses der §§ 311 ff. zu den allgemeinen Vorschriften als auch die konkrete Ableitung der rechtlichen Anerkennung des Tochterkontrollbedürfnisses aus §§ 311 ff. setzen nämlich voraus, daß eine eventuelle Privilegierung der §§ 311 ff. bei deren Auslegung argumentativ noch nicht berücksichtigt wird. Denn nur dann können die Privilegierungen selbst und damit auch die aus ihnen folgende Zulässigkeit eines unbeschränkten Informationsflusses als Ergebnis der Gesetzesanalyse präsentiert werden.
Inhaltlich ist eine Trennung von Schutz- und Privilegierungszweck bei der Auslegung der §§ 311 ff. nicht ganz einfach, weil beide Funktionen in einem Spannungsverhältnis zueinander stehen, sich also in ihrem Umfang gegenseitig bedingen. Das hat zur Folge, daß der Privilegierungszweck sich immer aus einer Beschränkung[81] des Schutzzwecks entwickeln muß. Umgekehrt macht eine Beschränkung des Schutzzwecks durch das Gesetz nur vor dem Hintergrund Sinn, daß eine Berücksichtigung der Interessen des herrschenden Unternehmens beabsichtigt ist. Sobald man sich also im folgenden mit einer Schutzzweckbeschränkung auseinandersetzt, ist sogleich als Kehrseite der Privilegierungszweck der §§ 311 ff. berührt. Die argumentative Trennung wird bei den folgenden Untersuchungen dadurch erfolgen, daß sich diese streng an systematischen und historischen Auslegungskriterien orientieren und eventuelle Schutzzweckbeschränkungen nicht mit dem bloßen Hinweis auf die Interessen des herrschenden Unternehmens begründen.
Mit jeder systematisch und historisch begründeten Beschränkung des Schutzzwecks (z.B. dem Verzicht auf den Schutz des Eigenwillens der abhängigen Gesellschaft) entsteht im Ergebnis ein „Anknüpfungspunkt" für eine Privilegierung. Lediglich von einem „Anknüpfungspunkt" einer Privilegierung, aber noch nicht von einer Privilegierung selbst, muß hier deshalb gesprochen werden, weil vorliegend nur der durch §§ 311 ff. selbst normierte Schutzbereich und dessen Einschränkungen untersucht werden. Davon zu unterscheiden ist die Frage, in welchem Verhältnis eine Beschränkung des Schutzumfangs der §§ 311 ff. zu den allgemeinen Vorschriften steht. Von einer Privilegierung kann nämlich erst dann die Rede sein, wenn die konkrete Schutzbeschränkung sich als Sonderregelung gegenüber strengeren allgemeinen Vorschriften durchsetzt (vgl. 3.).

---

[80] Daß der Entstehungsgeschichte wegen des in § 311 eingegangenen Kompromisses neben dem Schutz der abhängigen Gesellschaft keine weitere eindeutige Zielkonzeption entnommen werden kann, bedeutet nicht, daß auf sie nicht bei Einzelfragen Bezug genommen werden könnte.

[81] Von einer Beschränkung des Schutzzwecks kann dann gesprochen werden, wenn die abhängige Gesellschaft nicht absolut gegen Einflußnahmen durch das herrschende Unternehmen geschützt wird.

a) Grundsätzliche Bestimmung des Schutzzwecks der §§ 311 ff. und daraus folgende Definition des Nachteilsbegriffs

Will man die Begrifflichkeiten der §§ 311 ff. anhand des von ihnen verfolgten Schutzzwecks konkretisieren, muß man diesen zunächst detailliert bestimmen.

aa) Der konkrete Schutzzweck der §§ 311 ff.

Die Vorschriften der §§ 311 ff. normieren unmittelbar einen Schutz der abhängigen Gesellschaft selbst. Schon die Begründung zum Regierungsentwurf hatte jedoch als eigentliches Anliegen herausgearbeitet, daß Minderheitsaktionäre und Gläubiger der abhängigen Gesellschaft (sog. Außenseiter) vor der Einflußnahme des herrschenden Unternehmens geschützt werden müssen[82]. Bei den Gläubigern handelt es sich dabei schon deshalb um den Schutz ihrer *Vermögensinteressen*, weil für sie die abhängige Gesellschaft eben als Haftungsobjekt maßgeblich ist[83]. Aber auch der Schutz der Minderheitsaktionäre rechtfertigt sich daraus, daß deren Vermögensinteressen die gleiche Beachtung verdienen wie die des herrschenden Unternehmens[84]. Dieses Anliegen, die Vermögensinteressen der Außenseiter zu schützen, wurde in §§ 302 ff. eindeutig umgesetzt, die insoweit auch zur Erhellung der §§ 311 ff. beitragen können[85]. §§ 311 ff. unterscheiden sich von jenen Vorschriften nur durch ihr Regelungssystem, nicht aber durch den grundlegenden Schutzzweck. Man ist sich daher einig, daß §§ 311 ff. eigentlich einen Schutz der Vermögensinteressen der Minderheitsaktionäre und Gläubiger der abhängigen Gesellschaft bezwecken[86]. Im unmittelbaren Schutz der abhängigen Gesellschaft liegt gerade ein mittelbarer Schutz der Vermögensinteressen der Außenseiter. §§ 311 ff. haben also zwei Schutzgegenstände: einen unmittelbaren (vordergründigen) und einen mittelbaren (eigentlichen)[87].

---

[82] BegrRegE, in Kropff, AktG, S. 373 f., 408. Die Begründung des Regierungsentwurfs ist als historisches Auslegungsargument zu berücksichtigen (Engisch, Einführung, S. 95; Larenz/Canaris, Methodenlehre, S. 95).

[83] Vgl. BegrRegE, in Kropff, AktG, S. 373 f.

[84] Vgl. BegrRegE, in Kropff, AktG, S. 407; Strohn, Verfassung, S. 14 unter Verweis auf BVerfGE 14, 263, 281 ff.; einen Einblick speziell in die Schutzbedürftigkeit der Minderheitsaktionäre gibt Beuthien, JuS 1970, S. 53.

[85] Koppensteiner, ZGR 1973, S. 9; Mestmäcker, FS Kronstein, S. 146; Luchterhandt, ZHR 133 (1970), S. 10 f. (nicht „zwingend" aber „hilfreich").

[86] Kropff, in MüKo-AktG, § 311, Rn. 3; Mestmäcker, FS Kronstein, S. 131; Kellmann, ZGR 1974, S. 220; Möhring, FS Schilling, S. 262; Strohn, Verfassung, S. 12 f.; Mülbert, Aktiengesellschaft, S. 273; Koppensteiner, in KölnKomm-AktG, § 311, Rn. 1.

[87] Vgl. Strohn, Verfassung, S. 12 f.; Kropff, in MüKo-AktG, § 311, Rn. 3; Mülbert, Aktiengesellschaft, S. 272.

Dieser Zusammenhang wirft die Frage auf, in welchem Umfang die abhängige Gesellschaft als solche geschützt werden muß, damit die Vermögensinteressen der Außenseiter ausreichend geschützt sind. Selbstverständlich ist, daß das Vermögen (*vermögensmäßiges Eigeninteresse*) der abhängigen Gesellschaft vor einer Einflußnahme des herrschenden Unternehmens geschützt werden muß[88]. Dagegen verlangen die Vermögensinteressen der Außenseiter grundsätzlich nicht, daß die Entscheidungen willensautonom von den Vorstandsmitgliedern der abhängigen Gesellschaft getroffen werden. Es genügt, daß sie gemessen an den konkreten unternehmerischen Bedürfnissen der abhängigen Gesellschaft wirtschaftlich vertretbar sind. Anders als noch die Begründung zum Referentenentwurf eines Aktiengesetzes, die Einflußnahmen überhaupt unterbinden wollte[89], hielt die Begründung des Regierungsentwurfs den Schutz der Zuständigkeitsordnung „um ihrer selbst willen" daher gerade nicht für erforderlich[90]. Dementsprechend ergibt sich aus dem Wortlaut des § 311 auch nur ein Verbot für nachteilige Einflußnahmen, nicht aber für vermögensneutrale. Wie von der Studienkommission des 42. Deutschen Juristentages vorgeschlagen[91], schützen §§ 311 ff. also *nicht den Eigenwillen* der abhängigen Gesellschaft[92].
Als bedeutendes Zwischenergebnis läßt sich damit festhalten, daß für das Vorliegen eines Nachteils iSd § 311 wesentlich ist, daß die Vermögens- oder Ertragslage der abhängigen Gesellschaft beeinträchtigt oder zumindest konkret gefährdet wird[93]. Da es speziell um einen Schutz des Vermögens vor der Einflußnahme durch das herrschende Unternehmen geht[94], läßt sich dies auch dahin formulieren, daß die abhängige Gesellschaft im wirtschaftlichen Ergebnis so zu stellen ist, als wäre sie unabhängig[95]. Dagegen ist sie wegen des mangelnden Schutzes des Eigenwillens nicht vollständig zu so stellen, als wäre sie unab-

[88] Hommelhoff, Konzernleitungspflicht, S. 135; Koppensteiner, in KölnKomm-AktG, Vorb. § 311, Rn. 4, § 311, Rn. 1; Kropff, in MüKo-AktG, § 311, Rn. 10.
[89] Dazu vgl. Kropff, in MüKo-AktG, Vor§ 311, Rn. 11; ders., DB 1967, S. 2149.
[90] Vgl. BegrRegE, in Kropff, AktG, S. 373.
[91] Vgl. Bericht der StdK-Konzernrecht, Rn. 244.
[92] Koppensteiner, in KölnKomm-AktG, Vorb. § 311, Rn. 4; Semler, Leitung und Überwachung, Rn. 447; Götz, ZGR 1990, S. 650; Mülbert, Aktiengesellschaft, S. 273, 281; Habersack, in Emmerich/Habersack, AktienkonzernR, § 311, Rn. 2.
[93] Habersack, in Emmerich/Habersack, AktienkonzernR, § 311, Rn. 39; Krieger, in MünchHdB-AG, § 69, Rn. 68; Koppensteiner, in KölnKomm-AktG, § 311, Rn. 28.
[94] Vgl. neben der oben schon erwähnten BegrRegE, in Kropff, AktG, S. 373 f., 408, auch: Strohn, Verfassung, S. 75; Kellmann, BB 1969, S. 1509 f.; Habersack, in Emmerich/Habersack, AktienkonzernR, § 311, Rn. 40.
[95] Geßler, FS Kunze, S. 165; Koppensteiner, ZGR 1973, S. 9; ders., in KölnKomm-AktG, Vorb§ 311, Rn. 4; Kellmann, ZGR 1974, S. 222.

hängig[96]. Dies ist der erste Anknüpfungspunkt für eine Privilegierung des herrschenden Unternehmens durch §§ 311 ff.

bb) Die Bestimmung des Nachteilsbegriffs in § 311

Von der eben entwickelten Schutzteleologie ausgehend ist nun der Nachteilsbegriff in §§ 311, 317 zu bestimmen. Er ist so zu fassen, daß die abhängige Gesellschaft zwar nicht vollständig unabhängig gestellt wird, aber im wirtschaftlichen Ergebnis. Diesem differenzierten Schutzzweck wird am genauesten genüge getan, wenn man den Nachteilsbegriff an eine Überschreitung des wirtschaftlichen Ermessens des abhängigen Geschäftsleiters knüpft. Solange die abhängige Gesellschaft nämlich nur zu Maßnahmen veranlaßt wird, die ihr Geschäftsleiter ohnehin hätte vornehmen dürfen, steht sie im wirtschaftlichen Ergebnis so, wie sie bei Unabhängigkeit stünde. Zudem wird durch diesen Auslegungsmaßstab berücksichtigt, daß der Eigenwille des abhängigen Unternehmens durch §§ 311 ff. gerade nicht geschützt wird, und deshalb nicht jede Einflußnahme mit einem Haftungsrisiko zu belegen ist. Schließlich wird diese Auslegungsvorgabe systematisch durch § 317 II bestätigt und konkretisiert, dessen Sorgfaltsmaßstab im Interesse einer anwendungsfreundlichen Auslegung der §§ 311 ff. bereits in den Nachteilsbegriff hineingelesen werden kann[97]. Daraus folgt, daß keine nachteilige Veranlassung vorliegt, wenn ein unabhängiger und sorgfältig handelnder Geschäftsleiter die veranlaßte Maßnahme ebenfalls hätte vornehmen können[98]. Entscheidendes Kriterium für die Beurteilung der Nachteiligkeit ist damit die Außerachtlassung der „Sorgfalt eines ordentlichen und gewissenhaften Geschäftsleiters einer unabhängigen Gesellschaft“. Daraus ergibt sich zwingend, daß die Feststellung des Nachteils gemäß § 311 I nicht wie die Schadensermittlung ex post, sondern anhand einer ex-ante Betrachtung zum Zeitpunkt der Vornahme des Rechtsgeschäfts oder der Maßnahme zu erfolgen hat[99] (vgl. §§ 312 III S. 1, 313 I S. 2). Auch der gewissenhafteste Geschäftsleiter kann die zukünftige Entwicklung nämlich niemals mit Sicherheit vorhersehen, sondern sie nur anhand der zum Zeitpunkt ihrer Vornahme bekannten Umstände prognostizieren.

---

[96] Zur Unterscheidung vgl. Geßler, FS Kunze, S. 165, 168; Strohn, Verfassung, S. 71 f.; aA wohl Bälz, FS Raiser, S. 316.

[97] Strohn, Verfassung, S. 72; Koppensteiner, in KölnKomm-AktG, § 311, Rn. 22; Kropff, in MüKo-AktG, § 311, Rn. 140; alle mit zahlreichen Nachweisen (bei Kropff, aaO, auch zur Rechtsprechung); andere Ansicht vor allem Kellmann, ZGR 1974, S. 221 ff.

[98] Statt aller vgl. Kropff, in MüKo-AktG, § 311, Rn. 140.

[99] Habersack, in Emmerich/Habersack, AktienkonzernR, § 311, Rn. 44; Koppensteiner, in KölnKomm-AktG, § 311, Rn. 23; Kropff, in MüKo-AktG, § 311, Rn. 141; Würdinger, in Großkomm-AktG, § 311, Anm. 6; *anders*: Kellmann, BB 1969, S. 1513 ff.; ders., ZGR 1974, S. 220 ff.

Da eine ex ante nicht nachteilige Veranlassung auch dann zu keiner Ersatzpflicht nach §§ 311 ff. führt, wenn (ex post betrachtet) ein Schaden eintritt, kann sich auch speziell die ex-ante-Betrachtung zugunsten des herrschenden Unternehmens auswirken[100]. Auch hier kann daher ein Anknüpfungspunkt für eine Privilegierung bestehen, der – das ist wiederum wichtig zu betonen - streng historisch und systematisch hergeleitet wurde[101].

b) Schutz des Kernbereichs des Integritätsinteresses durch §§ 311 ff.

Auch wenn sich zweifelsfrei ein Verzicht auf den Schutz des Eigenwillens durch §§ 311 ff. ergeben hat, bleibt die Frage, ob nicht trotzdem in gewissem Umfang ein nichtvermögensmäßiges Eigeninteresse der abhängigen Gesellschaft durch §§ 311 ff. geschützt werden soll. Dieses Eigeninteresse wird auch als „wirtschaftlich-organisatorisches Eigeninteresse" oder als „Integritätsinteresse" bezeichnet[102]. Es wird teilweise definiert als das Interesse der abhängigen Gesellschaft, „ihre Unternehmensziele eigenständig unter Aufrechterhaltung aller für eine selbständige unternehmerische Tätigkeit erforderlichen Funktionen optimal zu verwirklichen"[103]. Zwar hat auch dieses wirtschaftlich-organisatorische Interesse im weiteren Sinne Bedeutung für das Vermögen der abhängigen Gesellschaft, jedoch nicht in berechenbarer Weise[104]. Die Frage, ob es durch §§ 311 ff. geschützt ist, stellt sich also bei Maßnahmen, die die wirtschaftliche Organisation der abhängigen Gesellschaft umstrukturieren, ohne ihre rechnerische Vermögenslage zu beeinträchtigen. Anders als beim Eigenwillen steht beim Eigeninteresse nicht die autonome Willensbildung speziell durch die Organe der abhängigen Gesellschaft im Vordergrund. Vielmehr kann das Eigeninteresse – zumindest theoretisch - auch durch eine Willensbildung im herrschenden Unternehmen wahrgenommen werden[105].
Trotz dieser Grenzziehung zwischen Eigenwille und Integritätsinteresse besteht zwischen autonomer Willensbildung und eigenständiger Verwirklichung der Unternehmensziele eine enge Verbindung. Jedenfalls wird das Eigeninteresse durch eine autonome Willensbildung wohl am besten gewahrt. Dies gilt insbe-

---

[100] Vgl. Strohn, Verfassung, S. 67 ff. sowie Kellmann, ZGR 1974, S. 221 f.
[101] Zur Zwangsläufigkeit der ex-ante Betrachtung vgl. auch Strohn, Verfassung, S. 72; Geßler, FS Kunze, S. 174; vgl. zur Ableitung aus Schutzzweck und Systematik: Möhring, FS Schilling, S. 265.
[102] Strohn, Verfassung, S. 17; Mülbert, Aktiengesellschaft, S. 274.
[103] Kropff, in MüKo-AktG, § 311, Rn. 10; ähnlich Strohn, Verfassung, S. 18.
[104] Vgl. Strohn, Verfassung, S. 17, Fn. 72.
[105] Kropff, in MüKo-AktG, § 311, Rn. 12; Strohn, Verfassung, S. 18; vgl. auch Mülbert, Aktiengesellschaft, S. 273; grundsätzlich zur Unterscheidung zwischen Eigenwille und Eigeninteresse vgl. bereits Bericht der StdK-Konzernrecht, Rn. 202.

sondere in den hier fraglichen Fällen des nichtvermögensmäßigen Eigeninteresses, in denen die unmittelbare vermögensmäßige Benachteiligung als Gradmesser für das Eigeninteresse ausscheidet. Bereits aus dem Verzicht auf den Schutz des Eigenwillens durch §§ 311 ff. ergibt sich daher, daß auch das Integritätsinteresse der abhängigen Gesellschaft durch §§ 311 ff. jedenfalls nicht absolut geschützt ist[106]. Zudem verlangt der eigentliche Schutzzweck der §§ 311 ff., die Vermögensinteressen der Außenseiter zu schützen, eben wegen seines vermögensmäßigen Bezugs auch gar keinen vollständigen Schutz des Integritätsinteresses. Allerdings wird man die Außenseiterinteressen dann als tangiert ansehen müssen, wenn die abhängige Gesellschaft so umgestaltet wird, daß die weitere Sicherheit der Vermögensinteressen der Außenseiter von nun an nahezu allein vom Willen des herrschenden Unternehmens abhängt. Das ist der Fall, wenn die abhängige Gesellschaft infolge der Ausrichtung auf den Konzernverbund bei Ausscheiden aus diesem nicht mehr selbständig existenzfähig wäre. Deshalb ist insoweit ein Kernbereich des Integritätsinteresses durch §§ 311 ff. geschützt[107]. Folglich sind konzernintegrative Maßnahmen, die die eigenständige Existenzfähigkeit der abhängigen Gesellschaft beeinträchtigen, unabhängig von ihren konkreten vermögensmäßigen Auswirkungen[108] nachteilig iSd § 311[109].
Der partielle Schutz des Eigeninteresses durch §§ 311 ff. ist nicht mit der Problematik des qualifizierten faktischen Konzerns identisch. Zwar wird teilweise auch bei der Definition des qualifizierten faktischen Konzerns zumindest zusätzlich auf eine erhebliche Beeinträchtigung des Eigeninteresses abgestellt[110], nach heute herrschender Auffassung ist jedoch allein die mangelnde Funktionsfähigkeit der §§ 311 ff. ausschlaggebend[111].

[106] Teilweise wird sogar vertreten, daß §§ 311 ff. selbst das Integritätsinteresse der abhängigen Gesellschaft gar nicht schützten: Hommelhoff, Konzernleitungspflicht, S. 135; wohl auch Mülbert, Aktiengesellschaft, S. 278 ff.; zum Schutz des Integritätsinteresses nach den allgemeinen Vorschriften vgl. unten 3. b) cc).

[107] Strohn, Verfassung, S. 17 f., 90, 116 (noch weitergehend auf S. 126 f.); Kropff, in MüKo-AktG, § 311, Rn. 10; Koppensteiner, in KölnKomm-AktG, Vorb § 311, Rn. 4.

[108] Selbstverständlich können auch konzernintegrative Maßnahmen vermögensmäßig nachteilig sein. Das kann bereits dann angenommen werden, wenn sie vermögensmäßige Risiken bergen, die nicht durch entsprechende Chancen ausgeglichen werden (vgl. Koppensteiner, in KölnKomm-AktG, § 311, Rn. 45; Habersack, in Emmerich/Habersack, AktienkonzernR, § 311, Rn. 57; Mülbert, Aktiengesellschaft, S. 282).

[109] Strohn, Verfassung, S. 88 ff., insb. S. 90; Koppensteiner, in KölnKomm-AktG, § 311, Rn. 45 (vgl. auch Vorb. § 311, Rn. 4 aE); Zöllner, GS Knobbe-Keuk, S. 374; Kropff, in MüKo-AktG, § 311, Rn. 155.

[110] Vgl. etwa Lutter, JZ 1993, S. 581; dagegen: Kropff, in MüKo-AktG, Anh. zu § 317, Rn. 36.

[111] Kropff, in MüKo-AktG, Anh. zu § 317, Rn. 40 mit zahlreichen Nachweisen auch zur Rechtsprechung in Fn. 89; Zöllner, GS Knobbe-Keuk, S. 375 f., 381 f.; Mülbert, Aktiengesellschaft, S. 487 f.

c) Die Ausgleichsmodalitäten

§ 311 I HS. 2 entbindet das herrschende Unternehmen von dem Nachteilszufügungsverbot des § 311 I, wenn es den Nachteil ausgleicht, wobei gemäß § 311 II sogar ausreichend ist, daß der Ausgleich bis zum Ende des Geschäftsjahres tatsächlich erfolgt oder der abhängigen Gesellschaft ein Rechtsanspruch auf den Vorteil eingeräumt wird. Für den Rechtsanspruch ist gemäß § 311 I BGB ein Vertrag erforderlich[112]; ansonsten bestehen zwischen den Ausgleichsmöglichkeiten keine grundlegenden Unterschiede[113]. Auch die Schadensersatzpflicht des herrschenden Unternehmens aus § 317 I entfällt, wenn ein derartiger Nachteilsausgleich vorgenommen wird (vgl. § 317 I S. 1).

Unter Berücksichtigung der bisherigen Ausführungen lassen sich die Modalitäten der Ausgleichsleistung genauer bestimmen. Schon aus dem Wortlaut des § 311 II ergibt sich, daß Nachteil und Vorteil der Höhe nach aufeinander zu beziehen sind[114]. Gerade damit wird man auch dem herausgearbeiteten Schutzzweck der §§ 311 ff. gerecht, die abhängige Gesellschaft im wirtschaftlichen Ergebnis so zu stellen, als wäre sie unabhängig. Denn wenn der Nachteil durch einen entsprechenden Vorteil ausgeglichen wird, dürfte auch der Geschäftsleiter einer unabhängigen Gesellschaft die nachteilige Maßnahme ergreifen. Sowohl beim tatsächlichen Ausgleich als auch bei der Einräumung des Rechtsanspruchs ist also entscheidend, daß der Vorteil den entstandenen Nachteil wirtschaftlich komplett neutralisiert. Daraus ergibt sich, daß sich der Vorteil ebenso wie der Nachteil nach einer ex-ante-Betrachtung zum Zeitpunkt der Nachteilszufügung aus dem Blickwinkel eines sorgfältigen Geschäftsleiters bestimmt[115]. Dagegen kommt es nicht darauf an, daß er den ex post zu berechnenden Schaden voll abdeckt.

Da §§ 249 ff. BGB deshalb nicht anwendbar sind und § 311 keine diesbezügliche Einschränkung enthält, ist davon auszugehen, daß der Vorteil in jedem Vermögenswert bestehen, der Ausgleich also durch die Leistung von Geld, Sachen, Rechten oder Dienstleitungen erbracht werden kann[116]. Entscheidend ist allein die vollständige wirtschaftliche Kompensation. Grundsätzlich muß der Vorteil bewertbar (quantifizierbar) sein; das ergibt sich schon aus der Formulie-

---

[112] Geßler, FS Westermann, S. 161; Koppensteiner, in KölnKomm-AktG, § 311, Rn. 82; Habersack, in Emmerich/Habersack, AktienkonzernR, § 311, Rn. 72.

[113] Kropff, in MüKo-AktG, § 311, Rn. 234.

[114] Vgl. insoweit außerdem BegrRegE, in Kropff, AktG, S. 409.

[115] Kropff, in MüKo-AktG, § 311, Rn. 220 ff., 226, 229; Koppensteiner, in KölnKomm-AktG, § 311, Rn. 63, 74; Habersack, in Emmerich/Habersack, AktienkonzernR, § 311, Rn. 67 f.; Neuhaus, DB 1971, S. 1194. Zum Ersatz auch des sog. „Verzögerungsnachteils", wenn der Vorteil erst im Laufe des Geschäftsjahres gewährt wird, vgl. Habersack, in Emmerich/Habersack, AktienkonzernR, § 311, Rn. 68; Kropff, in MüKo-AktG, § 311, Rn. 27.

[116] Koppensteiner, in KölnKomm-AktG, § 311, Rn. 65; Habersack, in Emmerich/Habersack, AktienkonzernR, § 311, Rn. 63.

rung des § 311 II S. 1, daß bestimmt werden müsse, „wann und durch welche Vorteile" der Ausgleich erfolgt; außerdem liegt auf der Hand, daß grundsätzlich nur dann ein Ausgleich festgestellt werden kann[117]. Besonderheiten können insoweit jedoch beim Ausgleich nicht quantifizierbarer Nachteile gelten[118].
Mit der Möglichkeit, einen Schadensersatzanspruch auch durch den eben entwickelten, zeitlich gestreckten Nachteilsausgleich abwenden zu können, besteht ein weiterer Anknüpfungspunkt für eine Privilegierung.

d) Weitere Zulässigkeitsvoraussetzungen der Veranlassung

Nach überwiegender Auffassung ist für die Zulässigkeit der Beeinflussung erforderlich, daß die nachteilige Maßnahme im Interesse des herrschenden Unternehmens oder eines (anderen) mit ihm verbundenen Unternehmens liegt (§ 308 I S. 2 analog); ansonsten sei die Veranlassung trotz Ausgleichs unzulässig[119]. Da dabei teilweise lediglich von „Konzerninteressen" gesprochen wird[120], bedarf es hier der Klarstellung, daß die Einflußnahme jedenfalls nicht nur bei der Verfolgung von Interessen eines Konzerns iSd § 18 zulässig ist[121]. Die Maßgeblichkeit einheitlicher Leitung kann hier schon deshalb nicht überzeugen, weil diese – wie bereits dargestellt – im Bereich faktischer Abhängigkeit nicht die teilweise angenommene Bedeutung hat. Außerdem ist es mit dem Wortlaut sowohl von § 308 I S. 2, vor allem aber auch der §§ 311 ff. besser zu vereinbaren, auch die Wahrnehmung von Interessen des herrschenden Unternehmens bei schlichter Abhängigkeit zuzulassen[122].
Grundvoraussetzung der Zulässigkeit der Veranlassung ist auch, daß das herrschende Unternehmen zum Ausgleich überhaupt bereit und vermögensmäßig in

---

117 Koppensteiner, in KölnKomm-AktG, § 311, Rn. 66; Kropff, in MüKo-AktG, § 311, Rn. 235; Beuthien, JuS 1970, S. 56; Krieger, in MünchHdB-AG, § 69, Rn. 75.

118 Koppensteiner, in KölnKomm-AktG, § 311, Rn. 67; Kropff, in MüKo-AktG, § 311, Rn. 235; vgl. unten, II. 2. a) bb) bbb), S. 105 ff.

119 Beuthien, DB 1969, S. 1784; Kropff, DB 1967, S. 2152; Möhring, FS Schilling, S. 262 f., 268; Koppensteiner, in KölnKomm-AktG, § 311, Rn. 61; Flume, AT I/2, S. 122; Rehbinder, Konzernaußenrecht, S. 236; *ablehnend* aber etwa Geßler, FS Westermann, S. 157 f.; Gansweid, Tochtergesellschaften, S. 177.

120 Vgl. etwa Beuthien, DB 1969, S. 1784; Möhring, FS Schilling, S. 268; zu dieser begrifflichen Vereinfachung bei § 308 im Vertragskonzern vgl. Hüffer, AktG, § 308, Rn. 16 mwN.

121 So aber Kropff, in MüKo-AktG, § 311, Rn. 217; vgl. bereits ders., DB 1967, 2152 („Zweifel"); in der Sache wohl auch Flume, AT I/2, S. 122.

122 Habersack, in Emmerich/Habersack, AktienkonzernR, § 311, Rn. 60; Würdinger, in GroßKomm-AktG, § 311, Anm. 2 e); Strohn, Verfassung, S. 64 f.; Koppensteiner, in Köln-Komm-AktG, § 311, Rn. 61; Reinhardt/Schultz, GesellschaftsR, S. 265, Rn. 642; Kellmann, BB 1969, S. 1518.

der Lage ist[123]. Dies ist vor allem für die Pflichtenlage des Vorstands der abhängigen Gesellschaft (§ 93 I S.1, II) von Bedeutung. Schließlich ist eine Weisung immer nur dann zulässig, wenn sie den satzungsmäßigen Unternehmensgegenstand der abhängigen Gesellschaft beachtet; dies kann vor allem bei strukturverändernden Maßnahmen zu beachten sein[124].

3. Systematische Herleitung der Privilegierungsfunktion des § 311

Bislang war schon häufig davon die Rede, daß der hier in Frage stehende Zweck der §§ 311 ff. anhand der von diesen geschaffenen Privilegierungen des herrschenden Unternehmens hergeleitet werden soll. Grundgedanke dieser Herleitung ist, daß eine Regelung, die das herrschende Unternehmen privilegiert, damit objektiv auch eine entsprechende Berücksichtigung bestimmter Interessen des herrschenden Unternehmens verfolgen muß. Dieser Zweck läßt sich anhand der einzelnen Privilegierungen konkretisieren, er ist ihr gemeinsamer Sinn.
Mit dem Verzicht auf den Schutz des Eigenwillens, dem unvollständigen Schutz des Eigeninteresses, der ex-ante-Bestimmung des Nachteils sowie der zeitlich gestreckten Ausgleichsmöglichkeit konnten bei der begrifflichen Fixierung der §§ 311 ff. bereits Anknüpfungspunkte für eine Privilegierung des herrschenden Unternehmens ausgemacht werden. Für sich betrachtet stellen die genannten Komponenten jedoch nur Beschränkungen des durch §§ 311 ff. selbst gewährten Schutzes der abhängigen Gesellschaft dar. Zu einer Privilegierung des herrschenden Unternehmens führen sie erst dadurch, daß – wie sogleich näher dargestellt wird - grundsätzlich auch aus den allgemeinen aktienrechtlichen Vorschriften[125] ein Schutz der abhängigen Gesellschaft folgen würde, der aber eben durch das besondere System der §§ 311 ff. ersetzt wird. Im folgenden ist deshalb genauer darzulegen, daß §§ 311 ff. die allgemeinen Vorschriften verdrängen und sich diese Verdrängung auch zugunsten des herrschenden Unternehmens auswirkt.
Da das Gesetz das Rangverhältnis von §§ 311 ff. zu den allgemeinen Vorschriften nicht ausdrücklich geklärt hat[126], muß es auf andere Weise bestimmt werden. Diese Bestimmung soll anhand der zentralen Vorschrift des § 311 I HS. 2, II erfolgen, die dem herrschenden Unternehmen die Möglichkeit gibt, einen Schadensersatzanspruch durch einen ex-ante bestimmten und zeitlich gestreckten Nachteilsausgleich abzuwenden. Nun ist es heute zwar herrschende Auffassung,

[123] Krieger, in MünchHdB-AG, § 69, Rn. 20; Koppensteiner, in KölnKomm-AktG, § 311, Rn. 99.
[124] Vgl. Koppensteiner, in KölnKomm-AktG, § 311, Rn. 59 mwN; Habersack, in Emmerich/Habersack, AktienkonzernR, § 311, Rn. 9.
[125] Dabei handelt es sich um §§ 57, 58, 60, 62, 76 I, 93, 116, 117.
[126] Vgl. insoweit etwa die fehlende Erwähnung der §§ 311 ff. in § 117 VII.

daß der Ausgleich gemäß § 311 I HS. 2, II die nachteilige Einflußnahme durch das Mutterunternehmen legalisiert und § 311 I HS. 2, II dementsprechend die allgemeinen Vorschriften verdrängt[127]. Diese Verdrängungswirkung des § 311 I HS. 2, II soll hier jedoch streng grammatikalisch, historisch und systematisch begründet werden.

a) Grammatikalische und historische Auslegung des § 311 I HS. 2, II

Zunächst ist zu untersuchen, ob § 311 selbst oder die diesbezüglichen Gesetzesmaterialien eindeutig bestimmen, daß der Ausgleich gemäß § 311 I HS. 2, II die nachteilige Einflußnahme rechtfertigen soll. Denn dann wird sich eine Verdrängungswirkung des § 311 leicht begründen lassen. Der Wortlaut des § 311 hilft hier jedoch nicht weiter[128]. Zwar hebt § 311 I HS. 2, II eindeutig das spezielle Verbot des § 311 I sowie einen entsprechenden Schadensersatzanspruch aus § 317 auf. Diese Wirkung des § 311 I HS. 2, II muß sich jedoch nicht grammatikalisch zwingend auch auf die allgemeinen Vorschriften erstrecken. Möglich wäre auch, daß sich § 311 I HS. 2, II nur auf §§ 311, 317 selbst bezieht, darüber hinaus aber keine legalisierende Wirkung entfalten soll und mithin auch nicht die allgemeinen Vorschriften verdrängt[129]. Der Ausgleich ließe sich insoweit etwa als Ersetzungsbefugnis (facultas alternativa)[130] oder Bedingung speziell für den Anspruch aus § 317 einordnen.
Auch der Gesetzgeber hat zum Verhältnis des § 311 I HS. 2, II zu den allgemeinen Vorschriften keine Stellung bezogen[131]. Ebensowenig hat er eine eindeutige rechtliche Einordnung des Ausgleichs vorgenommen[132]. Teilweise wird aber die

---

[127] Kropff, DB 1967, S. 2151; Strohn, Verfassung, S. 6 ff.; Beuthien, DB 1969, S. 1783 f.; Möhring, FS Schilling, S. 261, 265; Reinhardt/Schultz, GesellschaftsR, S. 264, Rn. 641 f.; K. Schmidt, GesellschaftsR, S. 963; Rehbinder, Konzernaußenrecht, S. 236; Koppensteiner, in KölnKomm-AktG, Vorb. § 311, Rn. 3, 8, § 311, Rn. 57, 105 ff.; Habersack, in Emmerich/Habersack, AktienkonzernR, § 311, Rn. 5, 59, 61.

[128] Siehe auch Kübler, GesellschaftsR, § 30 II. 3. a), S. 376; vgl. Kropff, DB 1967, S. 2149.

[129] Auch die von Kropff, DB 1967, S. 2151 (ex-ante-Betrachtung spricht für Rechtmäßigkeit) sowie Strohn, Verfassung, S. 8 f., vorgebrachten systematischen Gesichtspunkte können deshalb eine umfassende Legalisierung nicht zwingend begründen, da sie sich allein auf Komponenten der §§ 311 ff. stützen.

[130] Dabei ist zu beachten, daß auch die grundsätzliche Einordnung als Ersetzungsbefugnis eine Legalisierungs- und Verdrängungswirkung des § 311 I HS. 2, II selbstverständlich nicht ausschließt (vgl. Brüggemeier, AG 1988, S. 100 ff.; Kellmann, BB 1969, S. 1518; Mertens, in KölnKomm-AktG, § 117, Rn. 46).

[131] Vgl. die Analyse von Strohn, Verfassung, S. 95 f.; die BegrRegE, in Kropff, AktG, S. 418, behandelt nur das Verhältnis des § 317 zu § 117.

[132] Die BegrRegE, in Kropff, AktG, S. 408 beginnt die Erörterung der Ausgleichsregelung zwar im Zusammenhang mit der schadensersatzrechtlichen Vorteilsanrechnung, ordnet sie dieser jedoch gerade nicht zu.

Entwicklung des § 311 über § 284 RefE und § 300 RegE, in deren Verlauf die Ausgleichsmöglichkeiten immer mehr erweitert wurden, als Argument dafür vorgebracht, daß der Gesetzgeber die Einflußnahme gegen Ausgleich ermöglichen und daher legalisieren wollte[133]. Auch diese Bezugnahme auf die Entwicklung der Ausgleichsregelung überzeugt aber schon deshalb nicht vollständig, weil die Ausgleichsregelung (und damit auch ihre Ausweitung) – wie gerade schon dargestellt - lediglich den Zweck haben könnte, das durch § 311 selbst geschaffene Einflußnahmeverbot einzuschränken. Gerade dies genügt aber nicht, um § 311 I HS. 2, II auch im Rahmen der allgemeinen Vorschriften als Rechtfertigungsgrund ansehen zu können. Hinsichtlich dieser Differenzierung haben die Gesetzesverfasser keinen eindeutigen Willen gebildet[134], dies schon deshalb nicht, weil sich der Entstehungsgeschichte des § 311 II – wie unter 1. dargestellt – keine eindeutigen positiven Aussagen zur Bedeutung des § 311 I HS. 2, II entnehmen lassen. Damit spricht zwar einiges für eine Verdrängungs- und Legalisierungswirkung des § 311 I HS. 2, II. Da aber noch nicht eindeutig geklärt werden konnte, daß diese Regelung auch innerhalb der allgemeinen Vorschriften ihre Wirkung entfalten soll, ist eine genaue Analyse des systematischen Verhältnisses des § 311 I HS. 2, II zu den allgemeinen Vorschriften erforderlich[135].

b) Das systematische Verhältnis des § 311 zu den allgemeinen Vorschriften

Im folgenden ist das systematische Verhältnis von § 311 zu den allgemeinen Vorschriften zu bestimmen. Sollte sich dabei erweisen, daß § 311 die allgemeinen Vorschriften verdrängt und das herrschende Unternehmen damit privilegiert, kann man daraus den Schluß ziehen, daß der Ausgleich die Nachteilszufügung umfassend rechtfertigt. Insoweit wird also die Rangfolge der beiden Fragen umgekehrt. Es wird nicht das Konkurrenzverhältnis mit der Legalisierungswirkung gelöst, sondern die Legalisierungswirkung mit dem privilegierenden Konkurrenzverhältnis begründet.

Das systematische Verhältnis von § 311 I HS. 2, II zu den allgemeinen Vorschriften soll methodisch dadurch bestimmt werden, daß zunächst die Existenz eines Normwiderspruchs zwischen § 311 I HS. 2, II und einer konkreten allgemeinen Vorschrift nachgewiesen wird. Ein Normwiderspruch besteht, wenn sich die Tatbestände zweier Vorschriften (teilweise) überschneiden und die entspre-

---

[133] Strohn, Verfassung, S. 8 f.; Kropff, DB 1967, S. 2149 f.; Möhring, FS Schilling, S. 260 f.

[134] Daß die Gesetzesbegründung speziell zur Einordnung des § 311 I HS. 2, II nicht klar ist, gesteht auch K. Schmidt, GesellschaftsR, S. 963 ein.

[135] Es ist davon auszugehen, daß auch die auf S. 79 in Fn. 127 genannte herrschende Meinung zumindest gedanklich bereits die sogleich unter b) vorzunehmende Untersuchung berücksichtigt hat.

chenden Normen für diese Schnittmenge sich ausschließende Rechtsfolgen anordnen. Normwidersprüche müssen – anders als Wertungswidersprüche – zwingend aufgelöst werden[136]. Diese Auflösung ist dann einfach zu bewerkstelligen, wenn sich erweist, daß § 311 I HS. 2, II tatbestandlich vollständig von der ihm widersprechenden (selbst aber weiteren) Norm erfaßt wird. Da § 311 I HS. 2, II in diesen Fällen bei Anwendung der anderen Vorschrift keinen Anwendungsbereich hätte und damit funktionslos wäre, müßte er als logische Spezialvorschrift angesehen werden[137]. Verbleibt dagegen noch ein Anwendungsbereich für § 311 I HS. 2, II auch bei Anwendung der allgemeinen Norm, liegt keine logische Spezialität vor. Der Normwiderspruch ist dann anhand anderer Auslegungskriterien aufzulösen[138]. Dabei kann im Rahmen der vorliegenden Untersuchung allerdings nicht auf die in diesem Zusammenhang häufig bemühten[139] teleologischen Momente zurückgegriffen werden. Denn ob § 311 I HS. 2, II das herrschende Unternehmen auch im Rahmen der allgemeinen Vorschriften privilegieren will (bzw. dies nicht will), soll ja gerade erst aus dem Normenverhältnis gefolgert werden. Eine wertfreie Entscheidung ist aber unter der Fragestellung möglich, ob bei Anwendung der allgemeinen Vorschriften § 311 I HS. 2, II noch die Sachverhalte regelt, die er regeln will. Welche Sachverhalte § 311 I HS. 2, II regeln will, ist systematisch und historisch zu ermitteln. Wenn § 311 I HS. 2, II den ihm eindeutig zugewiesenen sachlichen Anwendungsbereich bei Geltung der allgemeinen Vorschriften nicht behielte, verdrängt er diese.

aa) § 117

Nach §§ 117 AktG, 31 BGB müßte das herrschende Unternehmen auf Schadensersatz haften, wenn sein Vorstand vorsätzlich eine der dort genannten Personengruppen zum Schaden der abhängigen Gesellschaft beeinflußt. Auch §§ 311,317 erfassen solche vorsätzlichen Schädigungen, die durch eine Einflußnahme auf die Vorstands- und Aufsichtsratsmitglieder der abhängigen Gesellschaft entstanden sind. In den genannten Fällen ist also sowohl der Tatbestand von §§ 311, 317 als auch der von § 117 erfüllt. Während § 117 hier als Rechtsfolge jedoch zwingend eine Schadensersatzverpflichtung des herrschenden Unternehmens normiert, gibt § 311 I HS. 2, II diesem die Möglichkeit, den Schadensersatzanspruch (diesmal aus § 317) durch einen Nachteilsausgleich abzuwenden. Da beide Rechtsfolgen nicht vereinbar sind, widersprechen sich § 311 I

---

[136] Larenz/Canaris, Methodenlehre, S. 87 f.; Strohn, Verfassung, S. 23 f.; grundlegend Engisch, Einheit, S. 46 ff.

[137] Zum logischen Verhältnis der Spezialität vgl. Larenz/Canaris, Methodenlehre, S. 88; Zippelius, Methodenlehre, S. 35; siehe auch Bydlinski, Methodenlehre, S. 444.

[138] Engisch, Einführung, S. 162.

[139] Vgl. Larenz/Canaris, Methodenlehre, S. 89 f.; Zippelius, Methodenlehre, S. 35 f.

HS. 2, II und § 117 in dieser Konstellation logisch[140]. Im Ergebnis muß daher entweder - durch die Anwendung des § 117 - die Ausgleichsmöglichkeit ausgeschlossen oder (umgekehrt) die Schadensersatzpflicht aus § 117 eingeschränkt werden. Dies ist danach zu entscheiden, ob eine der Vorschriften durch den Vorrang der anderen funktionslos würde oder zumindest ihren sachlichen Anwendungsbereich verlöre. Für § 117 – das sei hier kurz angemerkt - scheidet dies in jedem Fall aus, da die Vorschrift in vollem Umfang noch die Einflußnahme eines privaten Großaktionärs sowie anderer Personengruppen (z.B. Kreditgeber, Lieferanten, Arbeitnehmervertreter) regeln würde[141]. Dagegen kommt eine systematische Verdrängung des § 117 durch § 311 I HS. 2, II durchaus in Betracht. Logisch zwingend ist die Verdrängung des § 117 zwar nicht, da § 311 I HS. 2, II auch bei grundsätzlicher Anwendung des § 117 jedenfalls dann noch Wirkung entfalten würde, wenn die nachteilige Einflußnahme nicht vorsätzlich erfolgt, sich an eine in § 117 nicht genannte Person richtet oder wenn die Benachteiligung über die Hauptversammlung statt findet (vgl. § 117 VII Nr. 1). Denn dann sind die Voraussetzungen des § 117 nicht erfüllt, so daß dieser nicht eingreift. Daß § 311 I HS. 2, II auf diese Fälle beschränkt sein soll, ist jedoch angesichts seiner Ausgestaltung undenkbar[142]. Keiner näheren Erläuterung bedarf insoweit, daß § 311 nicht bloß Einflußnahmen auf die in § 117 I nicht genannten Personen oder durch die Ausübung des Stimmrechts erfassen wollte. Denn auch wenn eine wichtige Verschärfung durch §§ 311, 317 ff. gerade in der Erstreckung des Einflußnahmeverbots auf die Stimmrechtsausübung gesehen wird[143], so sollte dies sicherlich nicht der einzige Anwendungsfall der Ausgleichsmöglichkeit sein.

Entsprechendes gilt für unvorsätzliche Benachteiligungen. Zwar ist es ein wichtiger Aspekt der §§ 311 ff., auch diese zu erfassen und zu verbieten[144]. Dies darf aber nicht mit dem sachlichen Anwendungsbereich speziell der Ausgleichsmöglichkeit verwechselt werden. Denn die Ausgleichsmöglichkeit selbst hat gerade zur tatsächlichen Voraussetzung, daß den Beteiligten die Nachteiligkeit der Maßnahme des herrschenden Unternehmens bekannt ist. Es ist schwer vorstellbar, wie ein herrschendes Unternehmen über einen Nachteilsausgleich verhandeln soll, ohne die Nachteiligkeit seiner Veranlassung zu erkennen. Damit bliebe für den Nachteilsausgleich zwar noch dann Platz, wenn das herrschende Unternehmen die Nachteiligkeit zunächst nicht, dann aber noch während des Ge-

[140] Zum Vorliegen eines Normwiderspruchs zwischen § 311 und § 117 vgl. auch Strohn, Verfassung, S. 32 f.

[141] Hüffer, AktG, § 117, Rn. 3.

[142] Vgl. auch Strohn, Verfassung, S. 33; Koppensteiner, in KölnKomm-AktG, § 311, Rn. 108; nach Habersack, in Emmerich/Habersack, AktienkonzernR, § 311, Rn. 88, würde die Ausgleichsmöglichkeit bei Anwendung des § 117 „weitgehend leerlaufen".

[143] Vgl. BegrRegE, in Kropff, AktG, S. 408.

[144] Vgl. etwa Kellmann, BB 1969, S. 1511; Kropff, in MüKo-AktG, § 311, Rn. 75.

schäftsjahres erkennt. Eben wegen der zeitlichen Begrenzung der Ausgleichsmöglichkeit geht das Gesetz aber sicherlich eher davon aus, daß die Beteiligten zumindest in der Regel bereits im Zusammenhang mit der Vornahme der Maßnahme mit der Verhandlung über einen Ausgleich beginnen[145]. Auch das Berichtssystem des § 312 führt dazu, daß dem herrschenden Unternehmen die Nachteiligkeit der Einflußnahme grundsätzlich bereits im Zeitpunkt der Vornahme der Maßnahme bekannt sein wird. Zwar muß der Bericht nach § 312 erst am Ende des Geschäftsjahres erfolgen. Doch um ihn sachgemäß aufstellen zu können, muß der Vorstand der abhängigen Gesellschaft laufend über die Beziehungen zum herrschenden Unternehmen Buch führen[146]. Auch aus § 93 ist der Vorstand verpflichtet, vor Befolgung einer Veranlassung diese genau zu prüfen und – das ist besonders wichtig - die von ihm angenommene Nachteiligkeit dem herrschenden Unternehmen mitzuteilen[147]. Nach alledem ist davon auszugehen, daß das Gesetz vorsätzliche Benachteiligungen als Regelfall des § 311 I HS. 2, II ansieht. Daß steht - wie schon erwähnt - nicht im Widerspruch dazu, daß das Verbot der §§ 311 ff. (eben nicht der Ausgleich!) auch unvorsätzliche Benachteiligungen erfaßt. Denn das Verbot der §§ 311, 317 mit der Sanktion der Schadensersatzpflicht greift ja gerade dann ein, wenn ein Ausgleich nicht erfolgt, also auch bei unvorsätzlichen Veranlassungen. Vor allem aber wird unvorsätzlichen Benachteiligungen gerade dadurch entgegengewirkt, daß diese durch die eben dargestellten Kontrollpflichten des Vorstands der abhängigen Gesellschaft unmöglich gemacht werden[148].

Bei Anwendung des § 117 würde § 311 I HS. 2, II also seinen sachgemäßen Anwendungsbereich verlieren. Daher ist davon auszugehen, daß § 311 I HS. 2, II den § 117 verdrängt, um sachlich funktionsfähig zu bleiben[149]. Daß § 117 VII Nr. 2 und Nr. 3 die faktische Abhängigkeit nicht erwähnen, ist folglich als Redaktionsversehen zu werten. Gleicht das herrschende Unternehmen also den von

---

[145] Ursprünglich sollte der Ausgleich sogar zwingend zusammen mit der Veranlassung erfolgen (vgl. BegrRegE, in Kropff, AktG, S. 409).

[146] Hüffer, AktG, § 312, Rn. 32; Koppensteiner, in KölnKomm-AktG, § 312, Rn. 17; Habersack, in Emmerich/Habersack, AktienkonzernR, § 312, Rn. 2.

[147] Geßler, FS Westermann, S. 157; Strohn, Verfassung, S. 184; Koppensteiner, in KölnKomm-AktG, § 311, Rn. 96.

[148] Nach Habersack, in Emmerich/Habersack, AktienkonzernR, § 312, Rn. 2, ist es gerade ein Zweck des § 312, nachteilige Einflußnahmen einem Ausgleich zuzuführen. Ganz grundsätzlich sieht man als das Positivum des rechtspolitisch umstrittenen § 312 heute dessen Präventionswirkung an (Hüffer, AktG, § 312, Rn. 1; Habersack, aaO, § 312, Rn. 3).

[149] Strohn, Verfassung, S. 187 ff.; Koppensteiner, in KölnKomm-AktG, § 311, Rn. 108; im Ergebnis auch: Beuthien, DB 1969, S. 1784; Brüggemeier, AG 1988, S. 102; Mertens, in KölnKomm-AktG, § 117, Rn. 46; Reinhardt/Schultz, GesellschaftsR, S. 264, Rn. 642; Möhring, FS Schilling, S. 265 f.; Gansweid, Tochtergesellschaften, S. 182; Rehbinder, Konzernaußenrecht, S. 236; Kropff, DB 1967, S. 2152; *anders* Kübler, GesellschaftsR, § 30 II. 6. b. cc., S. 378.

ihm veranlaßten Nachteil aus, so schließt dies auch einen ansonsten möglicherweise gegebenen Schadensersatzanspruch aus § 117 aus[150]. Anders als sonstige Aktionäre hat ein herrschendes Unternehmen also die Möglichkeit, den Ersatz eines vorsätzlich herbeigeführten Schadens durch einen ex-ante bestimmten und zeitlich gestreckten Nachteilsausgleich mit irgendwelchen Vorteilen abzuwenden.

bb) §§ 93, 116

Ein Normwiderspruch besteht auch zwischen § 311 I HS. 2, II und §§ 93, 116[151], obwohl beide zunächst einen unterschiedlichen Normadressaten haben, § 311 nämlich das herrschende Unternehmen, §§ 93, 116 den Vorstand bzw. den Aufsichtsrat der abhängigen Gesellschaft. Daß §§ 311 ff. trotzdem tatbestandlich auch das Verhalten der Organe der abhängigen Gesellschaft erfassen wollen, ergibt sich daraus, daß die Mitwirkung dieser Organe unabdingbare Voraussetzung für die Anwendung der §§ 311 ff. ist. Besonders deutlich zeigt sich dies etwa daran, daß für die Bestimmung des Rechtsanspruchs gemäß § 311 II S. 2 i.V.m. § 311 I BGB ein Vertrag mit der abhängigen Gesellschaft erforderlich ist. Würde man § 311 II also nicht als Vorschrift auch für das Verhalten der Organe der abhängigen Gesellschaft einordnen, so würde § 311 II eine Ausgleichsmöglichkeit schaffen, an der diese mitwirken müßten, ohne dies zu dürfen. Denn der in § 311 II vorgesehene zeitliche Aufschub für die Ausgleichsleistung ist mit §§ 93, 116 selbst eigentlich nicht vereinbar[152]. Dem herrschenden Unternehmen bliebe die zeitliche Streckung der Ausgleichsmöglichkeit daher immer nur dann erhalten, wenn sich die Organe der abhängigen Gesellschaft gesetzeswidrig verhalten würden. Diese Konstellation kann jedoch nicht dem Willen einer gesetzlichen Vorschrift entsprechen. Bereits damit ist auch das Konkurrenzverhältnis von § 311 II und §§ 93, 116 geklärt. §§ 93, 116 können nicht neben § 311 II anwendbar sein, weil dieser ansonsten bei einem gesetzestreuen Verhalten der Organe der abhängigen Gesellschaft leer liefe[153]. § 311 ist insoweit als lex specialis zu §§ 93,116 anzusehen[154]. Für das herrschende Unternehmen hat dies den Vor-

[150] Nimmt das herrschende Unternehmen den Nachteilsausgleich allerdings nicht vor, ist § 117 neben § 317 anwendbar (Hüffer, AktG, § 317, Rn. 17; Habersack, in Emmerich/Habersack, AktienkonzernR, § 317, Rn. 34).

[151] Vgl. auch Strohn, Verfassung, S. 31 f.; Koppensteiner, in KölnKomm-AktG, § 311, Rn. 106.

[152] Vgl. Neuhaus, DB 1971, S. 1193; Strohn, Verfassung, S. 30; Reinhardt/Schultz, GesellschaftsR, S. 264, Rn. 642; Pickardt, Haftung des Vorstands, S. 83 ff.; Kropff, DB 1967, S. 2147.

[153] Vgl. Kropff, in MüKo-AktG, § 311, Rn. 317; Strohn, Verfassung, S. 30.

[154] Strohn, Verfassung, S. 181; Habersack, in Emmerich/Habersack, AktienkonzernR, § 311, Rn. 78, 81; Koppensteiner, in KölnKomm-AktG, § 311, Rn. 106; Pickardt, Haftung des Vor-

teil, daß die Organe der abhängigen Gesellschaft in seinem Interesse Maßnahmen ergreifen können, deren Vornahme ihnen ansonsten verwehrt ist.
Daß § 311 in gewissem Umfang lex specialis zu §§ 93, 116 ist, bedeutet nicht, daß diese Vorschriften durch § 311 oder auch § 318[155] vollständig verdrängt werden. Im Gegenteil verbleibt ihnen ein erheblicher Anwendungsbereich. Der Vorstand der abhängigen Gesellschaft hat nämlich vollkommen eigenverantwortlich zu entscheiden, ob und vor allem in welchem Umfang eine Maßnahme nach § 311 nachteilig ist, ob und wie ein Ausgleich möglich ist, und ob das herrschende Unternehmen zu diesem Ausgleich in der Lage und bereit ist, ob also mit einem Nachteilsausgleich zu rechnen ist. Wenn die Veranlassung nachteilig und ein Ausgleich nicht möglich bzw. mit einem solchen nicht zu rechnen ist, darf der Vorstand der abhängigen Gesellschaft der Veranlassung nicht folgen. Er haftet sonst nach § 93 I S. 1, II[156]. Entsprechendes gilt für die Haftung des Aufsichtsrats nach § 116[157].

cc) Die zwingende Zuständigkeitsordnung der abhängigen Gesellschaft (§ 76 I)

Vorliegend geht es darum, aus dem Konkurrenzverhältnis von § 311 zu den allgemeinen Vorschriften eine Privilegierung herrschender Unternehmen abzuleiten, um daraus wieder die rechtliche Anerkennung von deren Einflußnahmemöglichkeiten durch §§ 311 ff. zu folgern. Es sollen also die von §§ 311 ff. zugunsten eines herrschenden Unternehmens gesetzten Wertungen konkretisiert werden. Dafür ist auch eine rechtliche Privilegierung von erheblichem Gewicht, die aus tatsächlicher Sicht nur eine untergeordnete Bedeutung hat. Es handelt sich dabei um die allgemeine Durchbrechung der zwingenden Zuständigkeitsordnung der abhängigen Gesellschaft durch § 311[158].

---

stands, S. 86; Kellmann, BB 1969, S. 1518; *anders*: Würdinger, in Großkomm-AktG, § 318, Anm. 1; Bälz, FS Raiser, S. 315 f.

[155] Vgl. Emmerich/Sonnenschein/Habersack, KonzernR, S. 436; grundlegend: Geßler, FS Kunze, S. 171; ders., FS Westermann, S. 158 ff.; a.A. Luchterhandt, ZHR 133 (1970), S. 12, 44 f.

[156] Geßler, FS Westermann, S. 155 ff.; ders., FS Kunze, S. 171; Strohn, Verfassung, S. 184 ff; Emmerich/Sonnenschein/Habersack, KonzernR, S. 413 f.; Habersack, in Emmerich/Habersack, AktienkonzernR, § 311, Rn. 78 ff.; Koppensteiner, in KölnKomm-AktG, § 311, Rn. 91 ff.

[157] Kropff, in MüKo-AktG, § 311, Rn. 13.

[158] Zum Verhältnis des § 311 zur Zuständigkeitsordnung der abhängigen Gesellschaft vgl. Hommelhoff, Konzernleitungspflicht, S. 113, 118, 124 f.; Pöppl, Minderheitenschutz, S. 26; Dreger, Gläubigerschutz, S. 37; Mülbert, ZHR 163 (1999), S. 26.

Die Regelung der §§ 76 ff. geht vom „Leitbild“ der unabhängigen Gesellschaft aus[159]. Die vor allem durch §§ 76 I, 111 IV S. 1, 119 II normierte Zuständigkeitsordnung ist grundsätzlich zwingend[160] (vgl. auch § 23 V), so daß sie auch ein Mehrheitsaktionär bei seiner Einflußnahme auf den Vorstand der abhängigen Gesellschaft zu beachten hat[161]. Damit ist es dem Großaktionär zwar erlaubt, beispielsweise in Vertragsverhandlungen wie ein Dritter gegenüber dem Vorstand seine Interessen durchzusetzen. Er darf dabei aber nicht unzulässig von der ihm über Hauptversammlung und Aufsichtsrat zustehenden faktischen Macht Gebrauch machen, sondern muß sich in seiner Rolle als Mehrheitsaktionär an die zwingende Zuständigkeitsordnung halten[162]. In der im Zusammenhang mit §§ 311 ff. gebräuchlichen Terminologie bedeutet das, daß der Eigenwille und das Integritätsinteresse einer Gesellschaft auch gegenüber einer Beeinflussung durch einen Mehrheitsaktionär vollständig geschützt sind[163], obwohl dieser die gleichen faktischen Einflußnahmemöglichkeiten hat wie herrschende Unternehmen. Auch vermögensneutrale Einflußnahmen auf den Vorstand einer Aktiengesellschaft sind einem Mehrheitsaktionär also eigentlich untersagt, selbst wenn er im Aufsichtsrat der Gesellschaft vertreten ist.

Anders gestaltet sich insoweit zunächst die von §§ 311 ff. selbst getroffene Regelung, die den Eigenwillen der abhängigen Gesellschaft als solchen gar nicht und deren Integritätsinteresse nur teilweise schützt. Es ist dem herrschenden Unternehmen also durch §§ 311 ff. nicht verboten, die abhängige Gesellschaft vermögensneutral zu beeinflussen und dabei von seinen faktischen Einflußnahmemöglichkeiten über Aufsichtsrat und Hauptversammlung Gebrauch zu machen[164]. Daß das herrschende Unternehmen auch im Ergebnis von dieser Regelung betroffen ist, § 311 insoweit also die allgemeine Zuständigkeitsordnung

---

[159] Wiedemann, Unternehmensgruppe, S. 7; Lutter, FS Westermann, S. 360; Emmerich/Sonnenschein/Habersack, KonzernR, S. 11.

[160] Wiesner, in MünchHdB-AG, § 19, Rn. 18; Schneider, BB 1981, S. 251; Ballerstedt, DB 1957, S. 840.

[161] Zwar ist dem zwingenden Charakter der Zuständigkeitsordnung wertend kein so großes Gewicht einzuräumen, daß er nicht gegenüber anderen gesetzlichen Wertungen zurücktreten müßte (dazu vgl. Ballerstedt, DB 1957, S. 840; Würdinger, 42. DJT 1957, F 14 ff.; beide in Auseinandersetzung mit den rechtspolitischen Stellungnahmen von Fischer, AcP 154 (1955), S. 204 ff.; ähnlich wohl auch Dreger, Gläubigerschutz, S. 37: „Zuständigkeitsordnung ist ein formales Erfordernis“). Eine gesetzliche Wertung zugunsten der Einflußnahme von Mehrheitsaktionären, die nicht Unternehmen iSd §§ 291 ff. sind, besteht aber gerade nicht.

[162] Emmerich/Sonnenschein/Habersack, KonzernR, S. 11 f.; Geßler, FS W. Schmidt, S. 249 (Einflußnahme außerhalb der Zuständigkeitsordnung ist „gesetzwidriger Zustand“).

[163] So ausdrücklich Strohn, Verfassung, S. 97; vgl. auch Mülbert, ZHR 163 (1999), S. 24 f.

[164] Daß § 311 speziell diese Einflußnahme-Formen regelt, ergibt sich schon aus der BegrRegE, in Kropff, AktG, S. 373. § 311 normiert sein Verbot aber eben nur für den Fall, daß von diesen Einflußnahme-Möglichkeiten zum Nachteil der abhängigen Gesellschaft Gebrauch gemacht wird.

verdrängt, ergibt sich aus den bereits zum Verhältnis des § 311 zu den §§ 93 I, 116 gemachten Ausführungen. Denn wenn Vorstand und Aufsichtsrat im Rahmen der §§ 311 ff. schon einer nachteiligen Einflußnahme des herrschenden Unternehmens folgen dürfen, und insoweit also jedenfalls auch die allgemeine Zuständigkeitsordnung der §§ 76 I, 111 IV S. 1, 119 I verdrängt wird, dann muß dies erst recht bei einer vermögensneutralen Beeinflussung gelten[165]. Auch die Erlaubnis zur vermögensneutralen Nutzung der faktischen Einflußnahmemöglichkeiten stellt also eine rechtliche Privilegierung des herrschenden Unternehmens dar[166].

dd) §§ 57, 58, 60, 62

Die Vorschriften der §§ 57, 58, 60, 62 verbieten zum Zwecke der Kapitalerhaltung die Einlagenrückgewähr an Aktionäre außerhalb des Gewinnverwendungsbeschlusses der Hauptversammlung. Darunter fallen auch verdeckte Gewinnausschüttungen, also Geschäfte, bei denen zugunsten eines Aktionärs ein objektives Mißverhältnis zwischen Leistung und Gegenleistung besteht[167]. Entsprechende Verträge sind nichtig, erbrachte Leistungen nach § 62 zurückzugewähren[168]. Damit ist es nicht vereinbar, daß das herrschende Unternehmen mit der abhängigen Gesellschaft zunächst ein für diese nachteiliges Geschäft abschließt und den Nachteil erst später ausgleicht. Es besteht also ein Normwiderspruch zwischen §§ 57, 58, 60, 62 und der Regelung des § 311 II[169]. Zwar würde § 311 II durch die gleichzeitige Anwendung der §§ 57, 58, 60, 62 nicht vollkommen funktionslos, da er immer noch dann volle Wirkung entfalten würde, wenn mit dem für die abhängige Gesellschaft nachteiligen Geschäft nicht zugleich ein Vorteil für das herrschende Unternehmen verbunden ist[170]. Auch hier ist aber offensichtlich, daß § 311 II nicht auf diese verbleibenden Fälle beschränkt sein sollte[171]. Denn gerade der eigene Vorteil wird ganz regelmäßig das Motiv für die Einflußnahme des herrschenden Unternehmens sein. § 311 II muß §§ 57, 58, 60, 62 also verdrängen, um seinen sachlichen Anwendungsbereich zu behalten[172].

---

165 Mülbert, Aktiengesellschaft, S. 282.

166 Daß darin, daß das herrschende Unternehmen überhaupt beeinflussen darf, bereits eine Privilegierung liegt, betont etwa Hommelhoff, Konzernleitungspflicht, S. 125.

167 Vgl. Hüffer, AktG, § 57, Rn. 7 ff.

168 Hüffer, AktG, § 57, Rn. 23, 25 mwN.

169 Strohn, Verfassung, S. 24 ff.; vgl. auch Kropff, in MüKo-AktG, § 311, Rn. 318 f.

170 Vgl. Cahn, Kapitalerhaltung, S. 65.

171 So ausdrücklich auch Kropff, in MüKo-AktG, § 311, Rn. 331.

172 So im Ergebnis auch: Emmerich/Sonnenschein/Habersack, KonzernR, S. 398 f.; Kropff, in MüKo-AktG, § 311, Rn. 326 ff.; Koppensteiner, in KölnKomm-AktG, § 311, Rn. 107; Hüffer, AktG, § 311, Rn. 49; Strohn, Verfassung, S. 179 ff.; Reinhardt/Schultz, GesellschaftsR, S. 264, Rn. 642; Rehbinder, Konzernaußenrecht, S. 236; *ablehnend*: Cahn, Kapitalerhaltung, S.

ee) Die allgemeine Treuepflicht der Aktionäre

Neuerdings wird eine bedeutende Privilegierungsfunktion des § 311 auch in dessen Vorrang vor der allgemeinen Treuepflicht der Aktionäre gesehen[173]. Auch die Aktionäre einer Aktiengesellschaft trifft nämlich eine Treuepflicht gegenüber den übrigen Aktionären sowie der Gesellschaft selbst[174]. Sollte diese Treuepflicht eine Nachteilszufügung mit zeitlich aufgeschobenem Ausgleich verbieten, könnte § 311 II insoweit tatsächlich ein Privileg darstellen. Dies soll hier jedoch nicht vertieft werden, da die vorliegenden Untersuchungen dazu dienen, die Teleologie der §§ 311 ff. zu bestimmen. Es ist aber zweifelhaft, ob die Zweckbestimmung gesetzlicher Vorschriften aus dem Jahre 1965 dadurch erfolgen kann, daß man sie in Verhältnis zu neuen und noch nicht eindeutig konkretisierten Rechtsentwicklungen setzt[175].

4. Zusammenfassende Bewertung

§ 311 verdrängt die allgemeinen Vorschriften und eröffnet dem herrschenden Unternehmen damit besondere Einflußnahmemöglichkeiten auf die abhängige Gesellschaft. Allein in der Verdrängung der anderen Vorschriften wird man die rechtliche Anerkennung des Beeinflussungspotentials sehen können. Um dieses Ergebnis abzusichern, soll jedoch der tiefere Grund für die rechtliche Anerkennung bestimmter Einflußnahmemöglichkeiten auch im Bereich faktischer Abhängigkeit entwickelt werden. Der Regelungskomplex der §§ 311 ff. ist also insgesamt mit Bezug auf die Frage zu charakterisieren, welche Interessenverwirklichung er dem herrschenden Unternehmen objektiv ermöglichen will. Ob das System der §§ 311 ff. einen ausreichenden Schutz der abhängigen Gesellschaft gewährleisten kann, bedarf hier hingegen keiner weiteren Erörterung[176]. Maßgeblich ist allein, wie es aus der Sicht des herrschenden Unternehmens zu beurteilen ist. Da vorliegend eine gesetzliche Wertung ermittelt werden soll, kommt es hier weniger auf die tatsächlichen als auf die rechtlichen Vorteile an. Deshalb wird auch der Erlaubnis einer vermögensneutralen Einflußnahme er-

---

64 ff.; Würdinger, in Großkomm-AktG, § 311, Anm. 5; Bälz, FS Raiser, S. 314 f.; wegen Verstoßes gegen europarechtliche Kapitalerhaltungsvorschriften auch Schön, FS Kropff, S. 300 (dagegen Habersack, in Emmerich/Habersack, AktienkonzernR, § 311, Rn. 82).

[173] Habersack, in Emmerich/Habersack, AktienkonzernR, § 311, Rn. 5. Zöllner, ZHR 162 (1998), S. 247 will die §§ 311 ff. demgegenüber gerade anhand der Treuepflichten auslegen; kritisch dazu Mülbert, ZHR 163 (1999), S. 26, Fn. 96, und Habersack, in Emmerich/Habersack, AktienkonzernR, § 311, Rn. 89.

[174] Kraft/Kreutz, GesellchaftsR, S. 52, 351; Zöllner, ZHR 162 (1998), S. 236 mwN.

[175] Ablehnend Kropff, in MüKo-AktG, § 311, Rn. 18.

[176] Einen knappen Überblick über die problematischen Punkte gibt Bälz, 40 Jahre BRD, S. 192.

hebliche Bedeutung beigemessen, obwohl sie sich in praxi angesichts der faktischen Möglichkeiten nicht bedeutend auswirken wird.
Selbstverständlich sind bei der Beurteilung auch die Verschärfungen im Auge zu behalten, die sich aus §§ 311 ff. für das herrschende Unternehmen ergeben. So erfassen §§ 311, 317 anders als § 117 auch fahrlässige Benachteiligungen[177], die Einfußnahme durch Ausübung des Stimmrechts in der Hauptversammlung sowie die Beeinflussung von Personen, die in § 117 I nicht genannt sind. Eine weitere Verschärfung ergibt sich aus der Präventivwirkung des Berichtssystems[178], das dem herrschenden Unternehmen eine unerkannte Benachteiligung erschwert. In Anbetracht dieser Verschärfungen wird man nicht sagen können, daß die Regelung der §§ 311 ff. für das herrschende Unternehmen insgesamt von Vorteil ist. Sie hat aber eben durchaus eine „Doppelwirkung", also neben der Schutz- auch eine Privilegierungsfunktion[179]. Letztere schafft dabei einen Zustand, der der unternehmerischen Nutzung der abhängigen Gesellschaft eher gerecht wird. Denn schon indem §§ 311 ff. eine vermögensneutrale Einflußnahme auf die abhängige Gesellschaft zulassen, ermöglichen sie einen dauerhaften Kontakt zwischen den verbundenen Unternehmen, der von der herrschenden Gesellschaft ausgeht. Es wird dem herrschenden Unternehmen ausdrücklich erlaubt, seine Interessen vorsichtig, also ohne Benachteiligung, über die abhängigen Gesellschaften zu verwirklichen. Es kann die Geschäftspolitik einer abhängigen Gesellschaft umfassend bestimmen, solange das für diese nicht nachteilig ist[180]. Dabei ist auch zu berücksichtigen, daß der Schutz des Integritätsinteresses der abhängigen Gesellschaft durch §§ 311 ff. teilweise aufgehoben wird[181], so daß – die Vermögensneutralität dieser Maßnahmen vorausgesetzt - in gewissem Umfang auch die strukturelle Einbindung einer Tochtergesellschaft möglich ist[182]. Vor allem aber können die rechtlichen Folgen einer Einflußnahme genau kalkuliert werden, da eine weitere Haftungspflicht durch die Gewährung eines ex-ante bestimmten Ausgleichs ausgeschlossen werden kann (§ 311 I HS. 2, II). Gerade dies ist wichtig, wenn man die abhängige Gesellschaft auf Dauer in die eigene wirtschaftliche Organisation einbauen will und es daher nicht bei einigen wenigen Einflußnahmen belassen kann[183]. Auch die Möglichkeit, den Nachteil mit irgendeinem Vorteil auszugleichen, ist eine „unternehmerisch wertvolle Frei-

---

[177] Ausführlich dazu vgl. oben 3. b) aa).
[178] Dazu vgl. oben 3. b) aa), S. 83, Fn. 148.
[179] Koppensteiner, in KölnKomm-AktG, Vorb. § 311, Rn. 3; Emmerich/Sonnenschein/Habersack, KonzernR, S. 392 f.
[180] Nach Mülbert, Aktiengesellschaft, S. 273, wird eine „Verlagerung des Entscheidungszentrums auf das herrschende Unternehmen zugelassen".
[181] Vgl. oben 3. b) cc).
[182] Auf die konkreten Grenzen einer strukturellen Einbindung kommt es hier nicht an, da eine solche zur Tochterkontrolle gerade nicht erforderlich ist.
[183] Auch Gansweid, Tochtergesellschaften, S. 174, erachtet es als Privileg des herrschenden Unternehmens, daß es nicht zum Ausgleich unvorhersehbarer Risiken verpflichtet ist.

heit“[184]. Denn dies erlaubt flexible Ausgleichsgestaltungen, die sich gut in die tochterbezogene unternehmerische Tätigkeit der herrschenden Gesellschaft einordnen lassen[185].

Abschließend läßt sich also festhalten, daß §§ 311 ff. ein herrschendes Unternehmen nicht unbedingt besser stellen als einen privaten Großaktionär, jedenfalls aber anders. Es erhält wirtschaftliche Möglichkeiten, die es als Unternehmer braucht (ein privater Großaktionär hingegen nicht), wird dafür aber auch mit einer anderen, teilweise strengeren Haftung belegt. Darin kommt zum Ausdruck, daß §§ 311 ff. neben dem Schutz der abhängigen Gesellschaft auch bezwecken, dem herrschenden Unternehmen mit der faktischen Unternehmensgruppe eine spezielle Wirtschaftsform zur Verfügung zu stellen[186]. Dieser allgemeine Zweck ist sachliche Grundlage dafür, daß § 311 bestimmte Einflußnahmemöglichkeiten im oben dargestellten Sinn rechtlich anerkennt. Rechtlich anerkannt sind aber eben (zunächst) nur diese Einflußnahmemöglichkeiten selbst. Das bedeutet, daß mit dieser rechtlichen Anerkennung der Einflußnahmemöglichkeiten noch nichts über eine daraus folgende normative Wirkung in anderen Bereichen als dem Verhältnis zu den dargestellten allgemeinen Vorschriften gesagt ist.

Die Beschränkung der unmittelbaren rechtlichen Anerkennung auf bestimmte Einflußnahmemöglichkeiten zeigt sich am Beispiel des Konzerns. Dieser wird in dezentraler Form durch die rechtlich anerkannten Einflußmittel möglich gemacht[187], ohne jedoch dadurch selbst rechtlich anerkannt zu werden. Von einer rechtlichen Anerkennung des Konzerns selbst könnte nämlich überhaupt nur die Rede sein, wenn er offensichtlicher Mittelpunkt der von §§ 311 ff. geschaffenen Einflußnahmemöglichkeiten wäre. Gerade dies ist jedoch nicht der Fall[188]. Zudem ist zu beachten, daß sich das herrschende Unternehmen die rechtliche Anerkennung seiner Einflußnahmemöglichkeiten nicht dadurch „verdienen“ muß, daß es die einheitliche Leitung aufnimmt. Die Vorschriften der §§ 311 ff., also auch ihre Privilegierungen, greifen unabhängig davon bereits bei schlichter Abhängigkeit ein. Nur dieses Ergebnis ist auch mit dem Befund vereinbar, daß eine einheitliche Leitung der Tochtergesellschaft deren Interessen häufig im besonderen Maße gefährdet[189].

---

[184] Beuthien, DB 1969, S. 1783 f.

[185] Zu einer solchen Gestaltung im Bereich der Tochterkontrolle vgl. unten II. 2. a) bb) bbb), S. 105 ff.

[186] So grundsätzlich bereits Mülbert, ZHR 163 (1999), S. 27 f., 30 f., der sogar ein Primat des Organisationsaspekts annimmt und die schutzrechtliche Komponente der §§ 311 ff. als Konsequenz daraus deutet.

[187] Hommelhoff, Konzernleitungspflicht, S. 139; Mecke, Konzernstruktur, S. 33 f.; Mülbert, Aktiengesellschaft, S. 50.

[188] Dazu, daß die Zulassung punktueller Einflußnahmen mit einer einheitlichen Leitung in keinem zwingenden Zusammenhang steht, vgl. oben 1.

[189] Dazu vgl. oben 1.

Auch das von §§ 311 ff. intendierte wirtschaftliche Instrument läßt sich als organisatorische Einheit bezeichnen, wenn man einen eigenen und weiten Organisationsbegriff zu Grunde legt[190]. Als Erklärung sei hier etwa auf die Zulassung vermögensneutraler Weisungen verwiesen, die in gewissem Umfang eine Verlagerung des Entscheidungszentrums auf das herrschende Unternehmen erlauben. Auch diese Organisation enthält zudem rechtliche Verknüpfungen zwischen den beteiligten Unternehmen, läßt sich insoweit also auch als rechtliche Einheit beschreiben[191]. Schon die Verdrängung der allgemeinen Vorschriften durch § 311 räumt dem herrschenden Unternehmen nämlich eine rechtliche Sonderstellung ein. Zudem ist zu berücksichtigen, daß etwa der Abhängigkeitsbericht auch Informationsrechte der abhängigen Gesellschaft gegenüber dem herrschenden Unternehmen begründet[192]. Ein umgekehrter Informationsfluß wird durch § 294 III HGB rechtlich normiert. Die rechtliche Einheit im eben dargestellten Sinne hat natürlich nichts mit Rechtssubjektivität zu tun.

II. Rechtliche Anerkennung des Tochterkontrollbedürfnisses in §§ 311 ff.

Daß §§ 311 ff. gewisse Einflußnahmemöglichkeiten des herrschenden Unternehmens auch in der faktischen Unternehmensgruppe rechtlich anerkennen, macht eine Rechtsfortbildung zugunsten einer Tochterkontrolle durch das herrschende Unternehmen zwar grundsätzlich möglich. Es bedarf aber noch eines ausführlichen Zwischenschritts, der beim Vertrags- und Eingliederungskonzern angesichts der weitgehenden Befugnisse des herrschenden Unternehmens aus §§ 308, 323 in wenigen Sätzen vollzogen werden konnte[193]. Dabei geht es um die Frage, ob aus der rechtlichen Anerkennung bestimmter Einflußmittel eine normative Wirkung speziell zugunsten der Tochterkontrolle abgeleitet werden kann. Die rechtliche Anerkennung der Einflußmittel stellt zwar auch bei §§ 311 ff. ein gesetzliches Werturteil dar. Eine andere Frage ist aber, ob und vor allem in welchem Umfang daraus eine normative Wirkung in anderen Bereichen folgt, die über die Verdrängung der allgemeinen Vorschriften selbst hinausgeht. Schließlich könnten die Grenzen der §§ 311 ff. und ihres Schutzzwecks so eng

---

[190] Zu diesem Organisationsbegriff vgl. oben 1. Abschnitt, I. 1., S. 50 f. Ob §§ 311 ff. konzernorganisatorische Ansätze bzw. Ansätze zu einer Konzernverfassung enthalten, ist umstritten: Dafür haben sich etwa Kropff, DB 1967, S. 2208; ders., in MüKo-AktG, § 311, Rn. 20, 275 ff.; Emmerich/Sonnenschein/Habersack, KonzernR, S. 8; Habersack, in Emmerich/Habersack, AktienkonzernR, § 311, Rn. 2, 77, 87; Mülbert, ZHR 163 (1999), S. 24, 26 ausgesprochen; *ablehnend* dagegen etwa Bälz, 40 Jahre BRD, S. 234; Timm, ZHR 153 (1989), S. 60.

[191] Vgl. Kropff, in MüKo-AktG, § 311, Rn. 275 ff.

[192] Kropff, in MüKo-AktG, § 311, Rn. 20, 300; Krieger, in MünchHdB-AG, § 69, Rn. 21; vgl. auch Koppensteiner, in KölnKomm-AktG, § 311, Rn. 101.

[193] Vgl. oben 1. Abschnitt, I. 1., S. 47 ff.

sein, daß es im wesentlichen bei den von diesen selbst getroffenen Privilegierungen bleiben müßte[194]. Die rechtliche Anerkennung eines begrifflich bestimmten Tochterkontrollbedürfnisses soll aber gerade eine normative Wirkung in anderen Regelungsbereichen zur Folge haben. Sie wäre nämlich durch den Bezug auf die Tochterkontrolle sachlich konkreter und damit weitergehend als die bloße Anerkennung bestimmter Einflußnahmemöglichkeiten selbst. Das gesetzlich anerkannte Interesse des Mutterunternehmens an der Überwachung der Tochtergesellschaften wäre im Rahmen anderer Vorschriften zu berücksichtigen. Daß §§ 311 ff. auch das Tochterkontrollbedürfnis der herrschenden Aktiengesellschaft rechtlich anerkennen, muß also noch näher begründet werden.

1. Erste Fixierung der rechtlichen Anerkennung des Tochterkontrollbedürfnisses

Die Ableitung der rechtlichen Anerkennung des Tochterkontrollbedürfnisses aus §§ 311 ff. findet ihre erste Schwierigkeit darin, daß die Tochterkontrolle als Zweck dieser Vorschriften bislang nicht diskutiert wurde. Anders als bei der einheitlichen Leitung (§ 18) gibt das Gesetz insoweit noch nicht einmal einen begrifflichen Anknüpfungspunkt vor[195]. Hier ist aber zu beachten, daß die privilegierenden Elemente der §§ 311 ff. aus historischer Sicht auf einem „Kompromiß" beruhen[196]. Den Gesetzesverfassern schwebte zwar der einheitlich geleitete Konzern vor, doch ist man diesem allenfalls entgegengekommen, hat ihn aber nicht zum eigentlichen Konzept der §§ 311 ff. gemacht. Daher kann die normative Stoßrichtung der durch §§ 311 ff. rechtlich anerkannten Einflußnahmemöglichkeiten im einzelnen gar nicht bekannt sein und ist deshalb in besonderem Maße für eine objektive Festlegung offen. Daß sich deshalb das Tochterkontrollbedürfnis sinnvoll als durch §§ 311 ff. rechtlich anerkanntes Interesse definieren läßt, soll hier in einem ersten Überblick nachgewiesen werden. Später folgt eine Bestätigung dieses Ergebnisses anhand einer genauen Analyse der §§ 311 ff. (vgl. unter 2.) und ihrer Regelungswirkung (vgl. 3.).

[194] Emmerich/Sonnenschein/Habersack, KonzernR, S. 9 lehnen jedenfalls die Möglichkeit ab, aus §§ 311 ff. eine Konzernorganisation mit eigenen Konzernorganen zu entwickeln.

[195] Dies gilt zwar auch für §§ 291 ff., 319 ff. Dort konnte die rechtliche Lösung der Tochterkontrolle aber eindeutig in den weitergehenden Möglichkeiten der §§ 308, 323 aufgehen. Es mußte daher nicht besonderes Gewicht speziell auf die normative Einbindung der Tochterkontrolle gelegt werden.

[196] Vgl. oben I. 1., S. 67 f.

§§ 311 ff. erkennen gewisse Einflußnahmemöglichkeiten des herrschenden Unternehmens auf seine Tochtergesellschaften rechtlich an und setzen damit eine gesetzliche Wertung. Als tieferliegender Grund dieser Anerkennung wurde bereits die „Zur-Verfügung-Stellung" eines entsprechenden wirtschaftlichen Instruments genannt. Dieser Zweck ist allerdings zu abstrakt, um daraus unmittelbare rechtliche Folgerungen für das Problem der Tochterkontrolle ziehen zu können. Er bedarf also einer erheblichen Konkretisierung. Angesichts der Tatsache, daß aus einigen Privilegierungsmomenten in §§ 311 ff. weitgehende Schlußfolgerungen für so ein konkretes Problem wie die Tochterkontrolle gezogen werden sollen, stellt sich die Frage nach der methodischen Zulässigkeit eines solchen Vorgehens. Entscheidend für die positive Beantwortung dieser Frage ist das „Suchbild" der (teleologischen) Einheit der Rechtsordnung bzw. der teleologischen Einheit einer einzelnen Kodifikation[197], hier die des Aktiengesetzes. Um Wertungswidersprüche und damit Ungleichbehandlungen zu vermeiden, müssen bei der Rechtsanwendung nicht nur die einzelnen gesetzlichen Vorschriften, sondern auch die unterschiedlichen gesetzlichen Wertungen innerhalb einer Kodifikation ergründet und – so weit wie möglich - zum Ausgleich gebracht werden[198]. Das Bundesverfassungsgericht hat die „Einheit der Verfassung als eines logisch-teleologischen Sinngebildes" als das „vornehmste Interpretationsprinzip" für das Grundgesetz bezeichnet[199]. Es versteht sich von selbst, daß eine solche teleologische Ordnung nur hergestellt werden kann, wenn die einzelnen gesetzlichen Wertungen vollständig ausgeleuchtet werden. Die primär gesetzten Zwecke sind in all ihren Konsequenzen „zu Ende zu denken"[200]. Schon um den gesetzlichen Wertungen des Aktiengesetzes ausreichend Geltung zu verschaffen, ist jeder Zweck der §§ 291 ff. also konsequent fortzuentwickeln. Dieses Fortdenken findet seine Grenze erst dann, wenn die juristischen Denkmechanismen eine Weiterentwicklung nicht mehr zulassen.

Damit kommt man nahtlos zu der Frage, *wie* der Zweck einer gesetzlichen Regelung methodengerecht zu konkretisieren ist. Bezüglich der Tochterkontrolle scheint hier problematisch zu sein, daß diese als begrifflich fixierter Zweck der

---

197 Vgl. Rüthers, Rechtstheorie, Rn. 744 ff., 774 ff.; Kramer, Methodenlehre, S. 65 ff.; Zippelius, Rechtsphilosophie, S. 255, spricht auch von der „teleologischen Transparenz der Rechtsordnung"; vgl. auch Engisch, Einheit, S. 32 ff., 62 f.

198 Rüthers, Rechtstheorie, Rn. 754; Kramer, Methodenlehre, S. 71; Zippelius, Rechtsphilosophie, S. 255 f., 266.

199 BverfGE 19, 206, 220.

200 Canaris, Systemdenken, S. 46; Larenz/Canaris, Methodenlehre, S. 153; Rüthers, Rechtstheorie, Rn. 719, tritt für das strenge Fortdenken speziell des Regelungszwecks des Gesetzgebers ein. BVerfGE 60, 16, 40, leitet aus Art. 3 I GG die Notwendigkeit der Folgerichtigkeit gesetzlicher Wertungen ab.

§§ 311 ff. bislang nicht bekannt ist. Auch läßt sich die von der leitungsmotivierten Kontrolle separierte gefahrenerkennende Kontrolle nicht aus einem anderen, dem Gesetz bekannten Begriff ableiten. All dies ist aber zumindest aus methodischer Sicht völlig unschädlich, da eine solche begriffliche Deduktion im Rahmen des juristischen Denkansatzes gerade nicht erforderlich ist. Das juristische Denken ist überwiegend teleologisch, also zweckgerichtet und wertend; die formale Logik ist lediglich technisches Rüstzeug dieses gedanklichen Vorgangs[201]. Das ergibt sich schon daraus, daß das juristische Denken ganz grundlegend auf keinem – für formale Logik erforderlichen – Begriff, sondern einem Wert, nämlich der Gerechtigkeit, basiert[202]. Bei den einzelnen Stufen der wertenden Weiterentwicklung eines Gesetzeszwecks sind häufig neue und eigenständige Wertungen vorzunehmen[203]. Es liegt auf der Hand, daß auch diese teleologischen Wertungen weitgehend mit den sonstigen methodischen Mitteln der Rechtsanwendung (Wortlaut, systematischer Zusammenhang, Entstehungsgeschichte) zu treffen sind[204]. Solange sich die Fortentwicklung eines gesetzlichen Zwecks also im Rahmen dieser juristischen Methodik bewegt, ist sie zulässig. Dies gilt auch für die Ableitung der normativen Wirkung des Tochterkontrollbedürfnisses aus der rechtlichen Anerkennung einzelner Einflußnahmemöglichkeiten in §§ 311 ff.

Damit verbleibt allein die Notwendigkeit, sich noch einmal vom Ergebnis her der Möglichkeit zu versichern, ein normatives Prinzip herauszuarbeiten, das dem Gesetzgeber selbst nicht klar vor Augen gestanden hat. Die objektive Auslegungstheorie hat damit kein Problem, da es gerade ihre Grundaussage ist, daß die Bedeutung einer Rechtsnorm über den Regelungswillen des Gesetzgebers hinausgehen kann[205]. Aber auch wenn man den Willen des Gesetzgebers verstärkt in den Vordergrund hebt, kommt man nicht umhin, diesen fortzuentwickeln, wenn der Gesetzgeber ihn nur sehr abstrakt oder unklar geäußert hat[206]. Genau dies ist aber im vorliegenden Zusammenhang der Fall, da sich die Entstehungsgeschichte der §§ 311 ff. nicht eindeutig auflösen läßt, soweit es um die privilegierenden Momente dieser Vorschriften geht. Diese stellen einen histori-

---

[201] Canaris, Systemdenken, S. 21 ff., 41, 45 f.; umfassend: Larenz/Canaris, Methodenlehre, S. 36 ff., insb. S. 45 ff.; vgl. auch Zippelius, Rechtsphilosophie, S. 249 ff.

[202] Vgl. Egon Schneider, Logik für Juristen, § 1, II., S. 5.

[203] Canaris, Systemdenken, S. 57.

[204] BGHZ 49, 221, 223; Rüthers, Rechtstheorie, Rn. 725; Zippelius, Rechtsphilosophie, S. 266 f.

[205] Larenz/Canaris, Methodenlehre, S. 138. Dementsprechend betonen Larenz/Canaris, aaO, S. 154, daß für objektiv-teleologische Kriterien ohne Belang sei, ob „sich der Gesetzgeber ihrer Bedeutung für die von ihm geschaffene Regelung immer bewußt gewesen ist". Speziell zum Rechtsprinzip vgl. Larenz/Canaris, aaO, S. 157.

[206] Vgl. Rüthers, Rechtstheorie, Rn. 951 i.V.m. Rn. 859 f., 871; Rn. 719; Engisch, Einführung, S. 93.

schen Kompromiß dar[207]. Auch mit einer subjektiv ausgerichteten Auslegungstheorie ist also die hier in Frage stehende Ableitung aus §§ 311 ff. vereinbar. Ohnehin hat die Rechtsanwendung einen pragmatischen Umgang mit den angesprochenen Auslegungstheorien zu pflegen, der beide Positionen verbindet[208].

b) Die grundsätzliche Bedeutung des Tochterkontrollbedürfnisses im Bereich faktischer Abhängigkeit

Als allgemeiner Privilegierungszweck der §§ 311 ff. wurde beschrieben, dem herrschenden Unternehmen auch die faktische Unternehmensgruppe als wirtschaftliches Instrument zur Verfügung zu stellen. Vor diesem Hintergrund drängt sich die Überwachung der Tochtergesellschaften als Mittelpunkt der rechtlich anerkannten Einflußnahmemöglichkeiten geradezu auf. Denn zunächst ist es als Mindeststandard einer wirtschaftlichen Organisation anzusehen, daß derjenige, dem diese zur Verfügung gestellt wird, die einzelnen Komponenten zumindest in ausreichender Form im Auge behalten kann und auch behält. Egal, ob das herrschende Unternehmen die Tochtergesellschaften einheitlich leiten will oder nicht, muß es zumindest über das dortige Geschehen informiert sein. Nur dann kann es nämlich wirtschaftliche Fehlentwicklungen in der Tochtergesellschaft entdecken, deren Auswirkungen auf die eigene Gesellschaft beurteilen und ihnen durch entsprechende Maßnahmen begegnen[209]. Daß die Beseitigung einer wirtschaftlichen Schieflage einer Tochtergesellschaft immer auch im Interesse des Mutterunternehmens liegt, ist offensichtlich und gilt allgemein. In den oben[210] erarbeiteten Gefährdungskonstellationen kann darüber hinaus ein qualifiziertes Tochterkontrollbedürfnis bestehen[211].
Desweiteren zeichnet sich eine Überwachung dadurch aus, daß sie überwiegend lediglich beobachtet, in den Geschäftsfluß und damit die Selbständigkeit der abhängigen Gesellschaft also nur selten und dann zur Korrektur wirtschaftlicher

---

[207] Vgl. oben I. 1., S. 67 f.
[208] Kramer, Methodenlehre, S. 101; BGHZ 49, 221, 223 erachtet den „objektivierten Willen des Gesetzgebers" als maßgeblich.
[209] Vgl. zur Bedeutung eines Risikomanagements auch Hommelhoff/Mattheus, BfuP 2000, S. 217 f.
[210] Vgl. oben 1. Teil, I. 2., S. 8 ff.
[211] Für die Begründung der rechtlichen Anerkennung des Tochterkontrollbedürfnisses ist das Vorliegen eines qualifizierten Tochterkontrollbedürfnisses nicht erforderlich. Deshalb ist an dieser Stelle auch unproblematisch, daß ein besonderes Tochterkontrollbedürfnis im faktischen Bereich mitunter erst durch ein Verhalten des herrschenden Unternehmens entsteht. Wäre es dagegen auf das besondere Tochterkontrollbedürfnis angekommen, wäre weiterer Argumentationsbedarf entstanden, da die Erweiterung der Kontrollrechte des herrschenden Unternehmens auf Umstände hätte gestützt werden müssen, die dieses selbst herbeigeführt hat.

Fehlentwicklungen eingreift[212]. Dabei ist auch zu beachten, daß es sich bei den angesprochenen Korrekturmaßnahmen nicht um die Konzernintegration der abhängigen Gesellschaft handeln muß. Es können auch allein oder überwiegend am Interesse der abhängigen Gesellschaft orientierte Eingriffe genügen, die die dortigen wirtschaftlichen Schwierigkeiten beseitigen. Schon damit kann nämlich auch dem herrschenden Unternehmen in erheblichem Umfang geholfen sein. Aber auch wenn eine weitergehende Ausrichtung auf das herrschende Unternehmen erforderlich sein sollte, die ebenfalls nach §§ 311 ff. zulässig sein kann, bereitet die Kontrolle diese eben nur vor. Sie ist daher ein besonders *subtiles Mittel der Herrschaftsausübung*, was ganz grundsätzlich im Einklang mit der besonderen Bedeutung des Schutzes der abhängigen Gesellschaft bei §§ 311 ff. steht.

Resümiert man die vorherigen Überlegungen, so wird offenbar, daß die Kontrolle durch das herrschende Unternehmen für die abhängige Gesellschaft und deren Aktionäre und Gläubiger häufig sogar von Vorteil sein kann[213]. Hier ist vor allem an die Möglichkeit zu denken, daß das Mutterunternehmen aufgrund seiner eigenen Überwachungstätigkeit Fehlentwicklungen in der abhängigen Gesellschaft aufdeckt und den glücklos handelnden Vorstand daraufhin in die richtige Richtung drängt. Daß sich das herrschende Unternehmen nach der Aufdeckung der Fehlentwicklungen der abhängigen Gesellschaft annimmt, wird in der Regel für diese auch dann günstig sein, wenn eine enge Anbindung an das herrschende Unternehmen erfolgt. Denn schließlich kommt bei erheblichen wirtschaftlichen Schwierigkeiten letztlich jede Hilfe recht.

Schon diese Überlegungen haben gezeigt, daß die Tochterkontrolle nicht nur aus der Sicht des Mutterunternehmens ein bedeutendes Interesse ist, sondern sich auch mit der Selbständigkeit der Tochtergesellschaft gut zu vertragen scheint. Dennoch ist gerade der letzte Punkt noch im einzelnen zu verifizieren (vgl. 2. und 3.). Vor allem darf man die aus einer Kontrolle folgenden Vorteile für die abhängige Gesellschaft als Argument für die rechtliche Anerkennung des Tochterkontrollbedürfnisses nicht überbetonen. Das gesetzliche Kontrollorgan der abhängigen Gesellschaft ist ihr Aufsichtsrat, nicht das herrschende Unternehmen[214]. Diese Einschränkung ändert selbstverständlich nicht den ersten Gesamteindruck, daß sich das Tochterkontrollbedürfnis gut in die Regelung der §§ 311 ff. einbetten läßt.

---

[212] Im einzelnen zur Vereinbarkeit der Tochterkontrolle mit §§ 311 ff. vgl. unter 2.

[213] Vgl. Kropff, in MüKo-AktG, § 311, Rn. 237, 284, 288, 303, 310; Wolframm, Mitteilungspflichten, S. 48 ff.

[214] Dazu, daß es einer Kontrolle durch den Vorstand des herrschenden Unternehmens nicht entgegensteht, daß auch die abhängige Gesellschaft einen Aufsichtsrat hat, vgl. unten 3. Teil, 1. Abschnitt, II. 1. f), S. 147.

c) Die Berücksichtigung des Tochterkontrollbedürfnisses in anderen Vorschriften

Ein Blick auf die Vorschriften des § 90 I S. 2 HS. 2, 90 III S. 1 sowie des § 91 II bestätigt, daß die Überwachung von Tochtergesellschaften durch Vorstand und Aufsichtsrat dem Aktiengesetz nicht unbekannt ist. Daß § 90 I S. 2 HS. 2, 90 III S. 1 im eigentlichen Sinne keine konzernrechtlichen Vorschriften enthält[215], steht dieser Wertung – wie man zunächst meinen könnte – nicht entgegen, sondern bestätigt sie sogar. Denn obwohl er die unternehmerische Relevanz von abhängigen Gesellschaften[216] noch nicht umfassend berücksichtigt, erkennt er schon ihre erhebliche Bedeutung auch für die Überwachungstätigkeit des Aufsichtsrats. Indem dabei auf den erheblichen Einfluß der Tochtergesellschaft auf die Lage des herrschenden Unternehmens abgestellt wird, wird sehr grob auch die Bedeutung des gefahrenerkennenden Tochterkontrollbedürfnisses umfaßt.
Ein wenig versteckt läßt sich auch § 91 II eine noch recht junge Aussage zur Kontrolle von abhängigen Gesellschaften, diesmal durch den Vorstand der herrschenden Aktiengesellschaft, entnehmen. Zwar werden die abhängigen Gesellschaften dort nicht ausdrücklich erwähnt, doch ergibt sich aus den Gesetzesmaterialien, daß sie der Vorstand bei entsprechender Gefährlichkeit für den Fortbestand der herrschenden Gesellschaft in sein Überwachungssystem mit einbeziehen muß. Nach der Begründung zum Regierungsentwurf ist nämlich bei Mutterunternehmen im Sinne des § 290 HGB „die Überwachungs- und Organisationspflicht im Rahmen der bestehenden gesellschaftsrechtlichen Möglichkeiten konzernweit zu verstehen, sofern von Tochtergesellschaften den Fortbestand der Gesellschaft gefährdende Entwicklungen ausgehen können“[217]. Mit dieser Formulierung wird also im wesentlichen das besondere gefahrenerkennende Tochterkontrollbedürfnis umrissen. Dabei ist zu beachten, daß das Bestehen eines Mutter-Tochterverhältnisses nach § 290 II HGB nicht voraussetzt, daß eine einheitliche Leitung ausgeübt wird[218]. Deshalb erfaßt § 91 II, indem die Gesetzesbegründung auf § 290 HGB Bezug nimmt, eben auch bloße Abhängigkeitsverhältnisse, die auf Stimmenmehrheit beruhen (§ 290 II Nr. 1 HGB).

2. Die Tochterkontrolle im Rahmen der §§ 311 ff.

Von einer rechtlichen Anerkennung des Tochterkontrollbedürfnisses durch §§ 311 ff. kann nur dann ausgegangen werden, wenn diese Vorschriften eine

[215] Dazu vgl. oben 1. Teil, II. 4. a) aa), S. 28 ff.
[216] § 90 I S. 2 und § 90 III S. 1 sprechen von verbundenen Unternehmen, beziehen also gemäß § 15 auch schlichte Abhängigkeitsverhältnisse mit ein.
[217] BT-Drucksache, 1997, 13/9712, S. 15.
[218] Vgl. oben 1. Teil, I. 2. d), S. 15.

Überwachung der Tochtergesellschaften überhaupt sachgemäß zulassen. Es ist sogar erforderlich, daß die Kontrolle der abhängigen Gesellschaften nach §§ 311 ff. in einer Weise möglich ist, die sie als einen Mittelpunkt der privilegierenden Momente erscheinen läßt. Im Vordergrund der Kontrolle steht die Informationsbeschaffung von der abhängigen Gesellschaft. Damit ist von wesentlicher Bedeutung, daß sich die benötigten Informationen weitgehend nach §§ 311 ff. einholen lassen (siehe unter a). Desweiteren wird sich zeigen, daß §§ 311 ff. sogar ausreichende Möglichkeiten gewähren, um erkannte Gefahren zu korrigieren (vgl. b).
Vorab ist noch auf folgendes hinzuweisen: Wenn die abhängige Gesellschaft das herrschende Unternehmen informiert, kostet sie das jedenfalls Arbeitszeit und damit Geld. Schon aus diesen Gründen ist die Veranlassung zur Erteilung von Informationen immer nachteilig[219]. Hinzukommen können weitere Kosten, wenn für die Berichterstattung besondere Vorkehrungen zu treffen sind, oder die Informationen für die Zwecke der Tochterkontrolle aufbereitet werden müssen. Diese Nachteile lassen sich aber unproblematisch mit Geld ausgleichen. Sie bleiben daher bei der folgenden Untersuchung außer Betracht.
Ebensowenig ist eine Auseinandersetzung mit den Grenzen der Einflußnahme erforderlich, die sich aus dem Schutz des Kernbereichs des Integritätsinteresses sowie der Funktionsfähigkeit der §§ 311 ff. ergeben[220]. Denn konzernintegrative Maßnahmen sind zur Kontrolle nicht notwendig, so daß die genannten Grenzen durch eine solche Überwachung jedenfalls nicht tangiert werden.

a) Die Informationsbeschaffung

Ob eine Informationsbeschaffung gemäß §§ 311 ff. möglich ist, hängt davon ab, ob die Weitergabe einer Information nachteilig ist, und wenn ja, ob sich die Nachteiligkeit in einer Weise ausgleichen läßt, die die Kontrolle nicht zu sehr erschwert[221]. Für die Möglichkeit einer ausreichenden Kontrolle nach §§ 311 ff. spricht grundsätzlich, daß eine Informationsbeschaffung von der abhängigen Gesellschaft durch Eingriffe möglich ist, die nicht tief in deren Selbständigkeit eingreifen. Dies steht im Einklang mit dem System der §§ 311 ff., das auf einzelne Einflußnahmen ausgerichtet ist. Letztlich entscheidend ist aber eine inhaltliche Untersuchung der Informationsweitergabe auf ihre Nachteiligkeit. Hier wird sich zeigen, daß sich Informationsverlangen an eine Tochtergesellschaft in genügendem Umfang durch §§ 311 ff. legalisieren lassen.

---

[219] Vgl. Uelner, Sanierung, S. 53 ff.; Semler, Leitung und Überwachung, Rn. 314.
[220] Zu diesen Grenzen der Einflußnahme vgl. oben I. 2. b), S. 74 f.
[221] Da hier nur die Regelung der §§ 311 ff. selbst untersucht werden soll, bleibt die Vorschrift des § 93 I S. 2 bei der Beurteilung des Informationsflusses zunächst außer Betracht (zu § 93 I S. 2 vgl. unter 3.).

aa) Informationsweitergabe als Nachteil iSd § 311

Damit eine Informationsweitergabe als Nachteil iSd § 311 I zu qualifizieren ist, muß sie bei einer ex-ante Betrachtung die Vermögens- oder Ertragslage der abhängigen Gesellschaft beeinträchtigen oder gefährden. Die Literatur beschränkt sich hier – soweit Stellungnahmen überhaupt vorhanden sind – im wesentlichen auf die bloße Feststellung, daß die Weitergabe einer Information ein Nachteil sein[222] bzw. grundsätzlich kein Nachteil sein könne[223]. Allerdings hat *Lutter* an einer etwas verdeckten Stelle auf die „*Verwertbarkeit*" einer Information als Kriterium der Nachteiligkeit hingewiesen[224]. Dies ist ein Ansatz, der hier entscheidende Bedeutung hat. Dessen grundsätzlicher Gedanke ist, daß der abhängigen Gesellschaft aus der Weitergabe einer Information überhaupt nur eine Vermögenseinbuße entstehen kann, wenn das herrschende Unternehmen diese auf Kosten der abhängigen Gesellschaft ausnutzt. Das setzt in der Regel voraus, daß die Information überhaupt einer Verwendung zugänglich ist, die den wirtschaftlichen Erfolg eines Unternehmens fördert. Nun dann nämlich kann der Verlust dieser Verwendungsmöglichkeit für die abhängige Gesellschaft nachteilig sein. Dies wird etwa bei Erfindungen oder Verfahrenskenntnissen anzunehmen sein[225]. Aber auch allgemeinere Beispiele sind denkbar, wie die Preisgabe des Kundenstammes der abhängigen Gesellschaft, den ein anderes, in der ähnlichen Branche tätiges Unternehmen zur Abwerbung benutzen kann. Auch können detaillierte Informationen über geplante Projekte der abhängigen Gesellschaft ausgenutzt werden, um diese Projekte selbst durchzuführen[226]; das kann zur Folge haben, daß die abhängige Gesellschaft sie nicht mehr verwirklichen kann. Die Verwertbarkeit von Informationen ist damit Angelpunkt für ihre Beurteilung im Rahmen der §§ 311 ff.

aaa) Die grundsätzliche vermögensmäßige Neutralität unverwertbarer Informationen

Ist die wirtschaftliche Nutzung einer Information aus Gründen unmöglich, die in der Information selbst liegen, ist die Information also *nicht verwertbar*, kann ihre Weitergabe die Vermögenslage der abhängigen Gesellschaft grundsätzlich

---

[222] Hoffmann-Becking, ZHR 159 (1995), S. 337; Schneider, FS Kropff, S. 282; Kropff, in MüKo-AktG, § 311, Rn. 304; Krieger, in Holding-Handbuch, Rn. E 18.

[223] Semler, Überwachungsaufgabe, S. 124; ders., Leitung und Überwachung, Rn. 314.

[224] Lutter, Information, S. 152, Fn. 14.

[225] Lutter, Information, S. 152, Fn. 14.

[226] Die letzten Beispiele setzen natürlich voraus, daß im konkreten Fall kein Wettbewerbsverbot des herrschenden Unternehmens besteht (dazu vgl. Habersack, in Emmerich/Habersack, AktienkonzernR, Vor§ 311, Rn. 7 f.).

noch nicht einmal gefährden. Auch ein unabhängiger Geschäftsleiter dürfte sie daher weitergeben[227]. Die Weitergabe solcher Informationen ist daher nicht nachteilig. Hier ist zunächst an die Weiterleitung solcher Informationen zu denken, die Auskunft über die allgemeine wirtschaftliche Situation der abhängigen Gesellschaft geben. Denn wie bei der Darstellung dieser Informationen bereits bewußt mit Blick auf die hiesigen Überlegungen herausgearbeitet wurde, handelt es sich dabei um rechnerische Größen, also im wesentlichen um Zahlenangaben[228]. Solche Daten haben aber über die Beurteilung der Wirtschaftslage der abhängigen Gesellschaft hinaus keinen Erkenntniswert. Sie lassen sich daher auch nicht unternehmerisch ausnutzen. Auch die Erteilung von Informationen über die eigenen Angestellten wird für die abhängige Gesellschaft in der Regel nicht nachteilig sein. Denn auch wenn eine solche Auskunftserteilung wegen des Persönlichkeitsrechts der Arbeitnehmer problematisch sein sollte[229], so tangiert sie jedenfalls nicht die Vermögenslage der abhängigen Gesellschaft[230]. Damit ergibt sich, daß sich die zur Tochterkontrolle grundsätzlich erforderlichen Informationen[231] im Rahmen der §§ 311 ff. schon deshalb einholen lassen, weil sie nicht verwertbar sind und ihre Weitergabe daher nicht nachteilig ist.

Zweifel an der Vermögensneutralität wirtschaftlicher Daten entstehen, wenn man nicht die einzelnen Daten als solche, sondern deren Kumulation zu einem Gesamtbild der wirtschaftlichen Situation der abhängigen Gesellschaft in den Vordergrund stellt. Insbesondere wenn sich diese negativ darstellt, kann die Veröffentlichung Anleger abschrecken und daher nachteilig sein. Dabei ist jedoch zu beachten, daß vorliegend nur die Weitergabe an ein verbundenes Unternehmen, nicht die gesamte Öffentlichkeit in Frage steht. Allein daß das herrschende Unternehmen die wirtschaftliche Situation der Tochtergesellschaft kennt, ist jedoch nicht nachteilig. Seine Beziehungen zu der abhängigen Gesellschaft sind nämlich ganz anders geprägt als die gegenwärtiger oder potentieller Kleinanleger. Steht ausnahmsweise zu befürchten, daß das herrschende Unternehmen seine Kenntnisse über die wirtschaftliche Gesamtsituation der abhängigen Gesellschaft mit nachteiligen Folgen für diese veröffentlichen wird, kommt

---

[227] Hier wird nur die Informationserteilung im System der §§ 311 ff. untersucht, um speziell den Zweck dieser Vorschriften genauer zu bestimmen. Deshalb bleibt § 93 I S. 2 hier außer Betracht (dazu vgl. unter 3.).

[228] Vgl. oben 1. Teil, I. 3. a), S. 17 f.

[229] Dazu vgl. unten 3. Teil, 1. Abschnitt, I. 1., c) bb), S. 132 ff.

[230] Selbstverständlich handelt es sich hier nur um grundsätzliche Aussagen. So ist durchaus denkbar, daß das herrschende Unternehmen sich über die Mitarbeiter der Tochtergesellschaft informiert, um diese abzuwerben. Dann kann die Auskunftserteilung über die Mitarbeiter durchaus nachteilig sein.

[231] Zur erheblichen Bedeutung der Wirtschaftsdaten und der personenbezogenen Auskünfte für die Tochterkontrolle vgl. oben 1. Teil, I. 3., S. 17 ff.

ein Ausgleich nach den Grundsätzen zu den verwertbaren Informationen in Betracht[232]. Die Veröffentlichung ist dann mit einer Verwertung gleichzusetzen.

bbb) Die Nachteiligkeit der Weiterleitung verwertbarer Informationen zu Kontrollzwecken

Vor allem in Krisensituationen, aber auch sonst, wenn zu Kontrollzwecken die Geschäftspolitik der abhängigen Gesellschaft genauer unter die Lupe genommen werden soll, kann eine Weiterleitung *verwertbarer Informationen* erforderlich sein. So könnte ein Auskunftsverlangen über geplante Projekte der Beurteilung der wirtschaftlichen Zukunft der Tochtergesellschaft dienen. Die Kenntnis des Kundenstamms der Tochtergesellschaft mag es dem herrschenden Unternehmen im Einzelfall ermöglichen, deren Marktstellung besser einzuschätzen. In diesen Fällen würden also verwertbare Informationen zu Kontrollzwecken verlangt, d.h. (angeblich) ohne die Absicht, diese unternehmerisch und damit auf Kosten der abhängigen Gesellschaft auszunutzen. Das wirft die Frage auf, ob die Weitergabe einer Information zu solchen (angeblichen) Kontrollzwecken die Vermögenslage der abhängigen Gesellschaft überhaupt besonders gefährdet, insbesondere wenn das herrschende Unternehmen allgemein als zuverlässig anzusehen ist. Konkret ist fraglich, ob unter diesen Voraussetzungen die Gefahr einer Informationsverwertung groß genug ist, um eine Gefährdung der Vermögenslage der abhängigen Gesellschaft und damit die Nachteiligkeit der Auskunftserteilung zu begründen. Nach den allgemeinen Grundsätzen der §§ 311 ff. ist das zu bejahen. Denn auch wenn die Verwertungsgefahr angesichts der Kontrollmotive des herrschenden Unternehmens gering ist, würde ein unabhängiger Geschäftsleiter die fraglichen Informationen nicht weitergeben. Das ergibt sich daraus, daß er keinen positiven Grund hätte, daß Risiko einer Verwertung durch das herrschende Unternehmen einzugehen. Denn die Weitergabe der Informationen bringt der abhängigen Gesellschaft keinen konkreten vermögensmäßigen Vorteil. Insbesondere ist der allgemeine Vorteil, durch das herrschende Unternehmen kontrolliert zu werden, nicht bestimmt genug, um die Nachteiligkeit iSd § 311 zu beseitigen[233]. Ob das herrschende Unternehmen die Informationen dann später wirklich ausnutzt, ist für das Vorliegen eines Nachteils unerheblich. Auf die Realisierung des Risikos kann es nicht mehr ankommen, da in diesem selbst bereits der Nachteil liegt. Ebenfalls unerheblich ist es, wenn sich die konkreten nachteiligen Folgen im Falle einer Verwertung noch nicht absehen lassen. Zwar kann man nur dann auch das Risiko genauer quantifizieren. Die Quantifi-

[232] Dazu siehe sogleich unter bb).
[233] Kropff, in MüKo-AktG, § 311, Rn. 237; Habersack, in Emmerich/Habersack, AktienkonzernR, § 311, Rn. 62; zum passiven Konzerneffekt vgl. auch Koppensteiner, in KölnKomm-AktG, § 311, Rn. 72.

zierbarkeit des Nachteils zum Zeitpunkt der Vornahme der Maßnahme ist für dessen Vorliegen aber gerade nicht erforderlich[234]. Allein die Annahme einer Nachteiligkeit der Weiterleitung einer verwertbaren Information ist auch sachgerecht. Jedenfalls gewährleistet sein muß nämlich, daß das herrschende Unternehmen zum Schadensersatz verpflichtet ist, wenn es die Informationen entgegen seinem Versprechen auf Kosten der abhängigen Gesellschaft ausnutzt. Würde man aber die Weitergabe einer verwertbaren Information nicht als nachteilig einstufen, wäre § 317 nicht einschlägig. Zudem ist § 117 schon grundsätzlich nicht neben § 311 anwendbar[235].

ccc) Die Beseitigung der Verwertbarkeit von Informationen

Am Rande sei hier noch auf die Möglichkeit hingewiesen, eigentlich verwertbare Informationen so aufzubereiten (zu kaschieren), daß sie nur zu Kontrollzwecken brauchbar sind, sich aber gerade nicht ausnutzen lassen. Als Beispiel mag hier dienen, daß die abhängige Gesellschaft Unterlagen an das herrschende Unternehmen weitergibt, die nachweisen, daß sie sich in konkreten Vertragsverhandlungen befindet. Die Namen und genauen Daten der Vertragspartner, die möglicherweise potentielle Kunden des herrschenden Unternehmens sind, können in diesen Unterlagen „geschwärzt“ werden. Das herrschende Unternehmen kann dann zwar erkennen, daß die abhängige Gesellschaft konkrete Projekte in Aussicht hat, kann sich aber nicht an die Kunden wenden, um diese abzuwerben. Selbstverständlich kommt es für die Sachgemäßheit solcher Verfahren erheblich auf den Einzelfall an. Sie können aber jedenfalls im Rahmen einer regelmäßigen Berichterstattung an das herrschende Unternehmen brauchbar sein, da sie eine unbedachtere und damit schnellere Berichterstattung ermöglichen[236].

bb) Ausgleich des Nachteils bei Weiterleitung verwertbarer Informationen

Da die Weiterleitung von verwertbaren Informationen immer nachteilig ist, auch wenn sie nur zu Kontrollzwecken erfolgt, darf das herrschende Unternehmen die abhängige Gesellschaft dazu nur veranlassen, wenn es den durch die Weiterleitung entstehenden Nachteil ausgleicht. Im folgenden ist also zu untersuchen, ob ein Nachteilsausgleich im Falle der Weitergabe einer verwertbaren Information

---

[234] Kropff, in MüKo-AktG, § 311, Rn. 138; Krieger, in MünchHdB-AG, § 69, Rn. 70; Habersack, in Emmerich/Habersack, AktienkonzernR, § 311, Rn. 39, 43; Koppensteiner, in Köln-Komm-AktG, § 311, Rn. 31, 52, 58; *andere Ansicht* noch Baumbach/Hueck-AktG, § 311, Rn. 8.
[235] Vgl. oben I., 3. b) aa), S. 81 ff.
[236] Vgl. unten 3. Teil, 1. Abschnitt, I. 3. a) bb), S. 137 f.

in Betracht kommt, der den Informationsfluß nicht übermäßig belastet und damit dem Kontrollzweck des Informationsverlangens gerecht wird. Als Nachteil wurde das Risiko festgemacht, daß die herrschende Gesellschaft die Information verwertet und damit die Vermögenslage der abhängigen Gesellschaft beeinträchtigt. Da sich für die mögliche Vermögensschädigung ex ante zumindest immer eine Höchstgrenze ermitteln lassen wird, könnte ein Nachteilsausgleich dadurch erfolgen, daß das herrschende Unternehmen vorab einen entsprechend hohen Betrag an die abhängige Gesellschaft zahlt. Dies ist jedoch ein für Kontrollzwecke völlig unbrauchbarer Weg. Die Kompensation muß also unmittelbar am nachteilsbegründenden Verwertungsrisiko ansetzen. Da sich dieses als solches nicht vermögensmäßig bewerten läßt, müssen die Regeln zum Ausgleich nicht quantifizierbarer Nachteile zur Anwendung kommen. Grundsätzlich können nicht quantifizierbare Nachteile nicht ausgeglichen werden, eben weil sich der auf den Nachteil bezogene Ausgleich wertmäßig in der Regel nur bestimmen läßt, wenn man die Höhe des Nachteils selbst kennt. Veranlassungen zu nicht quantifizierbaren Nachteilen sind daher grundsätzlich rechtswidrig und ziehen ohne weiteres die Schadensersatzpflicht aus § 317 nach sich[237]. Freilich gilt dies nicht uneingeschränkt. Die beiden Ausnahmen, die hier gemacht werden, ermöglichen die Weitergabe auch verwertbarer Informationen in einer kontrollgerechten Weise.

aaa) Sehr interessant ist insoweit zunächst, daß unter bestimmten Voraussetzungen die vertragliche Verpflichtung des herrschenden Unternehmens, in Zukunft aus einer riskanten Maßnahme resultierende Verluste auszugleichen, als zulässiger Ausgleich des in dem Risiko liegenden nicht quantifizierbaren Nachteils angesehen wird[238]. Dementsprechend bietet sich nämlich die Möglichkeit, daß sich das herrschende Unternehmen verpflichtet, im Falle einer Verwertung der erlangten Information die daraus entstehenden Vermögenseinbußen der abhängigen Gesellschaft zu kompensieren. Unter Kontrollgesichtspunkten ist dies eine äußerst sachgemäße Alternative, da sie für das herrschende Unternehmen keine Kosten oder sonstigen Leistungspflichten verursacht, solange es nur eine Verwertung unterläßt. Fraglich ist jedoch, ob sie wirklich auch gesetzeskonform ist. Im folgenden ist also die Möglichkeit, ein nachteilsbegründendes Risiko durch eine vertragliche Ausgleichspflicht auszugleichen, nach allgemeinen Grundsät-

---

[237] Koppensteiner, in KölnKomm-AktG, § 311, Rn. 58; Habersack, in Emmerich/Habersack, AktienkonzernR, § 311, Rn. 43; Krieger, in MünchHdB-AG, § 69, Rn. 76.

[238] Krieger, in MünchHdB-AG, § 69, Rn. 76; Koppensteiner, in KölnKomm-AktG, § 311, Rn. 86 ff.; Neuhaus, DB 1971, S. 1194; Müller, ZGR 1977, S. 16 f.; Habersack, in Emmerich/Habersack, AktienkonzernR, § 311, Rn. 66; Kropff, in MüKo-AktG, § 311, Rn. 211, 241; Hommelhoff, Konzernleitungspflicht, S. 128, Fn. 71; Gansweid, Tochtergesellschaften, S. 170, 173.

zen der §§ 311 ff. zu verifizieren. Dabei ist der von oben bekannte Gedanke zu berücksichtigen, daß die konkrete Ausgestaltung der §§ 311 ff. durch eine am Schutzzweck orientierte systematische und historische Auslegung zu erfolgen hat[239]. Denn auch hier wäre es widersprüchlich, wollte man die Anerkennung von Kontroll-Interessen des herrschenden Unternehmens mit dem Bestehen einer gesetzlichen Regelung begründen, die man ihrerseits schon unter Berücksichtigung dieser Interessen ausgelegt hat.

Daß das herrschende Unternehmen den Nachteilsausgleich nicht sofort vornimmt, sondern sich zu einer späteren Kompensationsleistung verpflichtet, ist nach § 311 II ausdrücklich möglich. Problematisch an der vorliegend untersuchten Konstellation ist aber, daß sich die genaue Höhe der Leistungspflicht noch nicht direkt, sondern erst zu einem späteren Zeitpunkt bestimmen läßt. Im Falle der Weitergabe einer verwertbaren Information ist dieser Zeitpunkt derjenige, in dem die wirtschaftlich nachteiligen Folgen der Informationsverwertung für die abhängige Gesellschaft feststehen. Damit scheint aber die ex-ante-Bestimmung des Ausgleichs gerade nicht möglich. Daß dieser Schein trügt, wird deutlich, wenn man genau beachtet, daß der Nachteil gerade in dem Risiko und nicht in dessen späterer Verwirklichung liegt. Es muß daher auch nur dieses ex-ante ausgeglichen werden. Gerade das geschieht aber durch eine vertragliche Verpflichtung, die das Risiko durch entsprechende Sicherungen bereits zum Zeitpunkt seiner Entstehung vollständig eliminiert[240]. Auch der Geschäftsleiter einer unabhängigen Gesellschaft dürfte eine auf diese Weise gesicherte Information weitergeben, selbst wenn eigentlich ein Verwertungsrisiko bestand. Denn wegen der Absicherung ist die Verwertung nun gerade nicht mehr riskant. Der Schutzzweck des § 311 ist unter diesen Voraussetzungen also vollständig gewahrt. Zudem wird das Erfordernis der zeitlichen Bestimmung des Nachteilsausgleichs (§ 311 II S. 1: „wann“) durch die genannte vertragliche Verpflichtung erfüllt. Der Begriff „wann“ ist nämlich so weit, daß er alle nach zivilrechtlichen Grundsätzen möglichen Zeitbestimmungen erfaßt. Der Zeitpunkt muß daher nicht nach dem Kalender bestimmt, sondern kann auch durch eine Bedingung gemäß § 158 I BGB festgelegt werden[241]. Bedingung ist vorliegend die Verwertung der Information durch das herrschende Unternehmen. Schließlich läßt sich auch die Notwendigkeit zur ausreichenden Konkretisierung der vertraglich eingeräumten Vorteile gemäß § 311 II S. 1 („durch welche Vorteile“)[242] in dem hier interessierenden Fall der Weitergabe einer verwertbaren Information ohne große Probleme einhalten. Denn weil die konkrete Leistungspflicht im Falle der Ver-

[239] Vgl. I. 2., S. 69 f.

[240] Vgl. Koppensteiner, in KölnKomm-AktG, § 311, Rn. 87; Kropff, in MüKo-AktG, § 311, Rn. 241; Neuhaus, DB 1971, S. 1194.

[241] Koppensteiner, in KölnKomm-AktG, § 311, Rn. 83; Neuhaus, DB 1971, S. 1194; Hüffer, AktG, § 311, Rn. 47; Habersack, in Emmerich/Habersack, AktienkonzernR, § 311, Rn. 73.

[242] Krieger, in MünchHdB-AG, § 69, Rn. 77; Kropff, in MüKo-AktG, § 311, Rn. 235, 238.

wertung durch das herrschende Unternehmen entsteht, hängt ihr späterer Eintritt immer allein von dessen Willen ab. Es kann dem herrschenden Unternehmen daher ohne weiteres zugemutet werden, sich zum geldmäßigen Ausgleich der maximal zu erwartenden Schädigung der abhängigen Gesellschaft zu verpflichten. Diese Verpflichtung ist jedenfalls ein ausreichend konkretisierter Vorteil, der das mit der Weiterleitung der Information verbundene Verwertungsrisiko kompensiert.

Im einzelnen ergibt sich damit folgender Informationsfluß: Verlangt das herrschende Unternehmen die Weiterleitung einer verwertbaren Information, muß deren wirtschaftliche Bedeutung für die abhängige Gesellschaft beziffert werden. Ist das nicht möglich, ist der maximale Schaden im Falle einer Verwertung zu ermitteln. Zumindest dieser müßte sich immer vorhersehen lassen[243], auch wenn er im Einzelfall sehr hoch zu veranschlagen ist. Sodann muß sich das herrschende Unternehmen verpflichten, den ermittelten Betrag an die abhängige Gesellschaft zu zahlen, wenn es die Information auf deren Kosten verwerten sollte. Zwar muß diese Verpflichtung wegen § 311 II erst bis zum Ende des Geschäftsjahres eingegangen werden. Man wird den Vorstand der abhängigen Gesellschaft aber nach § 93 als verpflichtet ansehen müssen, bereits zum Zeitpunkt der Informationserteilung das grundsätzliche Anerkenntnis einer Ausgleichspflicht durch das herrschende Unternehmen einzuholen[244]. Außerdem muß der Vorstand der abhängigen Gesellschaft prüfen, ob das herrschende Unternehmen später finanziell überhaupt in der Lage sein wird, den durch eine Verwertung entstehenden Nachteil auszugleichen[245]. Ist das nicht der Fall, darf die Information auch nicht erteilt werden. Die Zahlungsfähigkeit wird sich hier allerdings deshalb gut abschätzen lassen, weil nur ein relativ kurzer Zeitraum überblickt werden muß. Die Verwertung (z.B. einer Erfindung) wird nämlich in der Regel nur dann schädlich sein, wenn sie bald, also vor Verwirklichung durch die abhängige Gesellschaft erfolgt.

bbb) Die eben dargestellte Ausgleichsmöglichkeit hat für das herrschende Unternehmen den Vorteil, daß es zu keiner Leistung verpflichtet ist, solange es nur

---

[243] Umstritten ist die Möglichkeit einer späteren Quantifizierung von strukturverändernden Maßnahmen. Ablehnend stehen dem gegenüber: Hommelhoff, Konzernleitungspflicht, S. 127 f.; Habersack, in Emmerich/Habersack, AktienkonzernR, § 311, Rn. 66; demgegenüber für die Möglichkeit einer Quantifizierung im Einzelfall: Koppensteiner, in KölnKomm-AktG, § 311, Rn. 86, 88; Krieger, in MünchHdB-AG, § 69, Rn. 76.

[244] Vgl. Strohn, Verfassung, S. 185 f.; Kropff, in MüKo-AktG, § 311, Rn. 336; Paehler, Zulässigkeit, S. 91.

[245] Da sich die Zahlungsfähigkeit eines Vertragspartners niemals mit Sicherheit vorhersagen läßt, genügt hier, daß mit der Solvenz des herrschenden Unternehmens bei normalem Geschäftsverlauf zu rechnen ist (vgl. Kropff, in MüKo-AktG, § 311, Rn. 334, aber auch Rn. 40, 228, 329).

die Information nicht verwertet. Die Kontroll-Aktivität erfolgt also kostenneutral. Allerdings stößt der Ausgleich durch eine Verpflichtung zur späteren Kompensation dann auf Schwierigkeiten, wenn sich nicht mit ausreichender Gewißheit feststellen läßt, daß das herrschende Unternehmen im Falle einer Verwertung zum Ausgleich in der Lage sein wird. Auch in diesen Fällen ist aber ein Ausgleich möglich, der den Kontrollzwecken des herrschenden Unternehmens gerecht wird. Er stützt sich auf die anerkannte Möglichkeit, nicht quantifizierbare Nachteile durch ebenfalls nicht bezifferbare Vorteile auszugleichen[246]. Diese Kompensation verlangt, daß der abhängigen Gesellschaft Chancen eingeräumt werden, die das nachteilskonstitutive Risiko der veranlaßten Maßnahme vollständig aufwiegen. Ein solcher Ausgleich ist als zulässig anzusehen, weil und wenn auch der Geschäftsführer einer unabhängigen Gesellschaft unter den genannten Voraussetzungen die Maßnahme ergreifen dürfte. Da sich nur dann die Kompensation sachgerecht begründen läßt, ist allerdings eine inhaltliche Verbindung zwischen Nachteil und Vorteil, ein „innerer Zusammenhang“ erforderlich[247].

Die hier insoweit untersuchten Informationen sind sehr spezifischer Art. Zunächst müssen sie nämlich überhaupt verwertbar sein, was nur dann der Fall ist, wenn sie eine erhebliche inhaltliche Komponente haben. Zudem muß ihre Verwertung durch das herrschende Unternehmen solch große Vermögenseinbußen bei der abhängigen Gesellschaft erwarten lassen, daß sie nicht mehr von der Wirtschaftskraft des herrschenden Unternehmens gedeckt wären. Solch spezielle Informationen wird das herrschende Unternehmen zu Kontrollzwecken nur im Ausnahmefall anfordern, nämlich dann, wenn sich die abhängige Gesellschaft in einer erheblichen Krise befindet. Das herrschende Unternehmen benötigt die entsprechenden Informationen dann vor allem dazu, um eine hilfreiche Einflußnahme auf die abhängige Gesellschaft vorzubereiten. Da eine solche Einflußnahme aber auch im Interesse der abhängigen Gesellschaft ist, kann ein Ausgleich der nachteiligen Informationserteilung dadurch erfolgen, daß sich das herrschende Unternehmen in ausreichender Form zu einer Unterstützung der abhängigen Gesellschaft verpflichtet[248]. Wenn die Hilfe des herrschenden Unternehmens nämlich für die abhängige Gesellschaft die Chance verspricht, aus ihren Schwierigkeiten befreit zu werden, kann sich ihr Vorstand auch zur Weitergabe der zur Hilfe erforderlichen Informationen entscheiden. Mitunter erlaubt man der abhängigen Geschäftsleitung in Krisensituationen sogar die Vornahme

[246] Vgl. Strohn, Verfassung, S. 91 f.; Koppensteiner, in KölnKomm-AktG, § 311, Rn. 67; Kropff, in MüKo-AktG, § 311, Rn. 235, 241; Habersack, in Emmerich/Habersack, AktienkonzernR, § 311, Rn. 64; Krieger, in MünchHdB-AG, § 69, Rn. 76.

[247] Kropff, in MüKo-AktG, § 311, Rn. 241.

[248] Diese konkrete Hilfeleistung darf nicht mit dem zum Ausgleich unzureichenden passiven Konzerneffekt verwechselt werden, der sich allgemein aus der Kontrolle durch das herrschende Unternehmen ergibt.

von Maßnahmen, die mit unkalkulierbaren Risiken verbunden sind, wenn sie zugleich die Chance auf eine Sanierung versprechen[249]. Da zudem die Wahrscheinlichkeit einer Verwertung der Informationen durch ein zur Hilfeleistung verpflichtetes Unternehmen äußerst gering ist, muß die Unterstützungspflicht keinen außerordentlichen Umfang annehmen, um kompensatorisch zu wirken. Die Hilfe muß daher nicht immer finanzieller Natur sein, sondern wird sich mitunter auch in der Übernahme von Beratungsaufgaben erschöpfen können. Hier kommt dem herrschenden Unternehmen die bedeutende Freiheit zugute, den Nachteil mit irgendeinem Vorteil ausgleichen zu können. Denn es kann sich als Ausgleich zu einer Tätigkeit verpflichten, die es aus eigenem Interesse ohnehin vornehmen will. Selbst wenn man dem herrschenden Unternehmen bei der eben dargestellten Ausgleichsmöglichkeit nicht quantifizierbarer Nachteile die zeitliche Streckung des Vorteilsausgleichs nach § 311 II verwehren möchte[250], stellt dies im vorliegenden Zusammenhang kein Hindernis dar. Weil das herrschende Unternehmen nämlich gerade eine baldige Sanierung der abhängigen Gesellschaft vorantreiben will, wird es sich auch direkt zu einer entsprechenden Hilfe verpflichten können.

b) Die Reaktion auf eine erfolgte Gefahrenerkennung

Es hat sich gezeigt, daß die Kontrolle der allgemeinen wirtschaftlichen Entwicklung der Tochtergesellschaften nach §§ 311 ff. ohne Probleme möglich ist. Entsprechendes gilt im wesentlichen auch für die Beobachtung von deren personellen Ressourcen. Allein eine intensive Überwachung von deren gegenwärtiger und geplanter Geschäftspolitik kann (nicht muß) die Anforderungen von Informationen erforderlich machen, deren Weiterleitung nachteilig ist. Häufig wird sich diese Nachteiligkeit aber durch eine vertragliche Kompensationspflicht im Falle der Verwertung ausgleichen lassen. Sollte das ausnahmsweise nicht möglich sein, so bleibt immer noch die Möglichkeit, der abhängigen Gesellschaft als Ausgleich des Informationsverlangens eine Sanierungshilfe zuzusagen. Beides wird auch dem Kontrollzweck voll gerecht. Schon deshalb kann die Tochterkontrolle als ein Mittelpunkt der rechtlich anerkannten Einflußnahmemöglichkeiten angesehen werden.
Dieser Eindruck verstärkt sich noch dadurch, daß §§ 311 ff. dem herrschenden Unternehmen in erheblichem Umfang erlauben, auf erkannte Gefahren in der Tochtergesellschaft zu reagieren. Soweit das herrschende Unternehmen lediglich die wirtschaftliche Situation der Tochtergesellschaft selbst korrigieren will, was vor allem als erste Reaktion häufig genügen wird, sind entsprechende Eingriffe

[249] Strohn, Verfassung, S. 76 f.
[250] So Strohn, Verfassung, S. 92; ablehnend: Kropff, in MüKo-AktG, § 311, Rn. 241.

nämlich niemals nachteilig. Dies gilt selbst dann, wenn sie umfassend erfolgen und der Vorstand der abhängigen Gesellschaft selbst gerne andere Maßnahmen ergreifen würde. Durch §§ 311 ff. wird nämlich eben nur das Vermögen, nicht aber der Eigenwille der abhängigen Gesellschaft geschützt. Das Vermögensinteresse der abhängigen Gesellschaft wird jedoch eindeutig gewahrt, wenn ihre wirtschaftliche Situation korrigiert wird. Aber auch wenn das herrschende Unternehmen Rückschlagsgefahren verhindern will, die erst aus der Bedeutung der Tochtergesellschaft für das herrschende Unternehmen entstehen, hat es weitgehende Möglichkeiten. Denn §§ 311 ff. lassen jedenfalls eine behutsame Ausrichtung der Tochtergesellschaft auf das herrschende Unternehmen zu. Grundlage ihrer Privilegierungen ist es gerade, dem herrschenden Unternehmen die unternehmerische Anbindung der Tochtergesellschaft an den eigenen Geschäftsbetrieb zu erlauben. Auch insoweit erweitern sich die Möglichkeiten der Muttergesellschaft dadurch, daß die abhängige Gesellschaft schon in wirtschaftlichen Schwierigkeiten steckt.

3. Die Verdrängung der Geheimhaltungsinteressen der abhängigen Gesellschaft (§ 93 I S. 2) durch §§ 311 ff.

Mittlerweile wurden zahlreiche Gesichtspunkte dafür aufgezeigt, daß §§ 311 ff. das Tochterkontrollbedürfnis der Obergesellschaft rechtlich anerkennen wollen. Neben entsprechenden Hinweisen im Gesetz selbst sind dies vor allem die existentielle Bedeutung einer Tochterkontrolle für das Mutterunternehmen sowie deren wertende und formelle Vereinbarkeit mit §§ 311 ff. Noch nicht ausreichend berücksichtigt wurden allerdings die auf Seiten der abhängigen Gesellschaft von einer Tochterkontrolle betroffenen Geheimhaltungsinteressen, die einen besonderen Schutz in § 93 I S. 2 erfahren. Vor allem wegen § 93 I S. 2 genügt es nicht, daß eine Tochterkontrolle nach Maßgabe der §§ 311 ff. möglich ist. Erforderlich ist auch, daß diese Vorschriften die Überwachung der Tochtergesellschaften abschließend regeln wollen, die Norm des § 93 I S. 2 also verdrängen. Nur dann fügt sich die Tochterkontrolle vollständig in den durch §§ 311 ff. gesteuerten Interessenausgleich zwischen herrschendem und abhängigem Unternehmen ein. Dieser abschließende Ausgleich aller beteiligten Interessen ist daher erforderlich, damit von einer rechtlichen Anerkennung des Tochterkontrollbedürfnisses durch die konzernrechtlichen Vorschriften ausgegangen werden kann.

Daß §§ 311 ff. die Vorschrift des § 93 I S. 2 verdrängen, läßt sich zwar nicht logisch-systematisch begründen. Denn auch bei Anwendung des § 93 I S. 2 liefe die Regelung des § 311 sicherlich nicht leer. Auf diese strenge Begründung der Spezialität ist man hier aber nicht mehr angewiesen, da mittlerweile geklärt ist, daß §§ 311 ff. auch eine Privilegierungsfunktion zugunsten des herrschenden

Unternehmens haben. Die Verdrängung des § 93 I S. 2 läßt sich daher auch damit begründen, daß sein Zweck durch §§ 311 ff. erfüllt oder durch deren Privilegierungsfunktion aufgehoben wird. Wie sich sogleich zeigen wird, sind beide Alternativen entscheidend.

Unabhängig von seiner genauen dogmatischen Einordnung[251] hat § 93 I S. 2 sicherlich die Aufgabe, eine aus der Veröffentlichung von Informationen entstehende Vermögensschädigung der Gesellschaft abzuwenden[252]. Viele Informationen sind gerade deshalb als Geheimnis einzustufen, um eine Verwertung auf Kosten der Gesellschaft zu verhindern. Nun enthalten §§ 311 ff. aber speziell für den Vermögensschutz der abhängigen Gesellschaft eine Sonderregelung, die etwa die Vorschriften der §§ 117, 93 in weiten Bereichen verdrängt. Dies spricht dafür, daß §§ 311 ff. auch die vermögensschützende Komponente des § 93 I S. 2 verdrängen. Andererseits wird § 93 durch §§ 311 ff. nicht vollständig außer Funktion gesetzt. Deshalb wäre es zunächst durchaus denkbar, daß im Rahmen der verbleibenden Anwendbarkeit des § 93 I auch § 93 I S. 2 eine eigenständige Funktion behalten müßte. Daß dies nicht der Fall ist, ergibt sich daraus, daß die Anwendung des § 93 I S. 2 nicht erforderlich ist, um den durch §§ 311 ff. gewährten Vermögensschutz der abhängigen Gesellschaft zu optimieren[253]. Nur für eine solche, auf das Ausgleichssystem der §§ 311 ff. bezogene Festlegung der Vorstandspflichten ist aber eine weitere Anwendung des § 93 I S. 1 neben §§ 311 ff. notwendig[254]. Ansonsten sind §§ 311 ff. für den Vermögensschutz der abhängigen Gesellschaft lex specialis gegenüber § 93. Ein von §§ 311 ff. unabhängiges, absolutes Verbot der Weiterleitung von Geheimnissen und vertraulichen Angaben macht aus vermögensschützender Sicht keinen Sinn. Die vermögensschützende Funktion des § 93 I S. 2 wird also durch die Sonderregelung der §§ 311 ff. übernommen und damit verdrängt.

Vor allem wenn man § 93 I S. 2 als Präzisierung der organschaftlichen Treuepflicht des Vorstands versteht[255], läßt sich seine Funktion nicht allein in einem Vermögensschutz sehen, der dem der §§ 311 ff. vergleichbar ist. Das bedeutet, daß es Geheimnisse iSd § 93 I S. 2 gibt, die nicht auf Kosten der abhängigen Gesellschaft verwertet werden können und deren Weitergabe daher nicht nachteilig iSd § 311 ist[256]. Zwar wird in der Regel auch die Weiterleitung sol-

---

[251] Dazu vgl. Hopt, in Großkomm-AktG, § 93, Rn. 187 mwN.

[252] Dieser Aspekt wird in besonderem Maße etwa von Witte, Prüfungsbericht, S. 164 ff. betont.

[253] Daß das durch § 93 verstärkte Ausgleichssystem der §§ 311 ff. auch bei der Weiterleitung verwertbarer Geheimnisse zum Schutz der abhängigen Gesellschaft geeignet ist, wurde bereits dargestellt.

[254] Vgl. Geßler, FS Westermann, S. 155 ff.; Strohn, Verfassung, S. 183 ff; Emmerich/Sonnenschein/Habersack, KonzernR, S. 413 f.; Koppensteiner, in KölnKomm-AktG, § 311, Rn. 91 ff.

[255] Hüffer, AktG, § 93, Rn. 6 mwN; Hopt, in Großkomm-AktG, § 93, Rn. 187.

[256] Andere Ansicht wohl Lutter, Information, S. 50.

cher Geheimnisse, deren Offenbarung lediglich immaterielle Schäden für die Gesellschaft zur Folge haben kann[257] (z.B. Rufschädigung), noch als nachteilig iSd § 311 einzustufen sein. Etwas anderes gilt aber jedenfalls für den Vertraulichkeitsschutz von Stimmabgaben und Stellungnahmen von Vorstands- und Aufsichtsratsmitgliedern bei den Sitzungen ihrer Organe. Auch solche Umstände sind als geheim iSd § 93 I S. 2 einzustufen, weil ansonsten ein vertrauensvoller und unbefangener Willensbildungsprozeß innerhalb des Vorstands oder des Aufsichtsrats nicht möglich wäre[258]. Dagegen wird eine Vermögensschädigung der Gesellschaft bei der Weiterleitung solcher Informationen grundsätzlich nicht zu befürchten sein. Auch dieser Geheimnisschutz des § 93 I S. 2, der nicht vermögensbezogen ist, wird durch die Sonderregelung der §§ 311 ff. verdrängt. Grund dafür ist, daß diese Vorschriften das herrschende Unternehmen auch dadurch privilegieren, daß sie den Schutz des Eigenwillens der abhängigen Gesellschaft gegenüber der Muttergesellschaft aufheben[259]. Wenn aber schon der Willensbildungsprozeß insgesamt nicht mehr zwingend bei der abhängigen Gesellschaft erfolgen muß, dann wird man ihn auch nicht informell abschotten müssen, wenn er doch dort statt findet. Das herrschende Unternehmen, das den Willensbildungsprozeß im Rahmen der §§ 311 ff. an sich ziehen darf, darf ihn auch bei der abhängigen Gesellschaft selbst beobachten. Die nicht vermögensschützende Komponente des § 93 I S. 2 wird also durch die Privilegierungsfunktion der §§ 311 ff. aufgehoben.

Abschließend kann daher festgehalten werden, daß von einer Verdrängung des § 93 I S. 2 ausgegangen werden kann, weil dessen Zwecksetzung vollständig von der Schutz- und Privilegierungsfunktion der §§ 311 ff. erfaßt wird. Die Verdrängung des § 93 I S. 2 gilt wegen ihrer Ableitung unmittelbar aus §§ 311 ff. bei allen abhängigen Gesellschaften, nicht etwa nur bei faktisch konzernierten i.S.d. § 18 I[260]. Praktisch hat sie zur Folge, daß die Vorstandsmitglieder der abhängigen Gesellschaft nicht gegen § 93 I S. 2 verstoßen, wenn sie dem herrschenden Unternehmen Geheimnisse und vertrauliche Angaben mitteilen[261]. Ein

---

[257] Hefermehl, in G/H/E/K-AktG, § 93, Rn. 16.

[258] BGHZ 64, 325, 332; Hopt, in Großkomm-AktG, § 93, Rn. 190 f.; Mertens, in KölnKomm-AktG, § 116, Rn. 49.

[259] Vgl. oben I. 3. b) cc), S. 85 ff.

[260] Damit steht die hier entwickelte Lösung teilweise im Widerspruch zur herrschenden Literatur, wonach § 93 I S. 2 zwar nicht auf faktisch konzernierte Tochterunternehmen anwendbar sein soll, wohl aber auf schlicht abhängige Gesellschaften (so Mertens, in KölnKomm-AktG, § 116, Rn. 39; Kropff, in MüKo-AktG, § 311, Rn. 301; Lutter, Information, S. 50, 152 f.; Hoffmann-Becking, FS Rowedder, S. 167; Krieger, in MünchHdB-AG, § 69, Rn. 23). So wie hier aber Götz, ZGR 1998, S. 527 f.

[261] Ob im Ergebnis auch der Aufsichtsrat der abhängigen Gesellschaft von sich aus an das herrschende Unternehmen berichten darf, kann hier noch nicht geklärt werden (vgl. dazu unten 3. Teil, 1. Abschnitt, I. 1. b., S. 128 ff.). Im vorliegenden Zusammenhang ist diese spezielle Frage jedoch ohne Bedeutung.

weiterer Schutz der abhängigen Gesellschaft kann dadurch erreicht werden, daß die Organmitglieder der Obergesellschaft analog §§ 93 I S. 2, 116 zur Verschwiegenheit auch über Angelegenheiten der Tochtergesellschaft verpflichtet werden.

4. Ergebnis: Normative Wirkung des Tochterkontrollbedürfnisses auch im Bereich faktischer Abhängigkeit

Anhand der ausführlich ermittelten Bedeutung und Umstände der Tochterkontrolle läßt sich die rechtliche Anerkennung des Tochterkontrollbedürfnisses durch §§ 311 ff. begründen. Auch im faktischen Bereich resultiert daraus eine normative Wirkung.

a) Die rechtliche Anerkennung des Tochterkontrollbedürfnisses

Es steht fest, daß §§ 311 ff. auch eine Berücksichtigung der Interessen des herrschenden Unternehmens enthalten, doch sind diese Interessen nicht klar definiert. Es entspricht der juristischen Methodik, diesen offenen Zweck wertend zu konkretisieren. Das Tochterkontrollbedürfnis kommt insoweit in Betracht, weil §§ 311 ff. eine weitgehende Kontrolle der Tochtergesellschaften ermöglichen und abschließend regeln. Sie räumen dem herrschenden Unternehmen also eine umfangreiche Tochterkontrollmacht ein. Desweiteren ist zu beachten, daß sich die Tochterkontrolle wegen ihrer großen Bedeutung für die Muttergesellschaft und ihrer geringen Beeinträchtigung der Tochtergesellschaften vorzüglich in die Grundsätze der §§ 311 ff. einordnen läßt. Schließlich geht auch das Gesetz in §§ 90 I S. 2 HS. 2, 90 III S. 1, 91 II von einer besonderen Relevanz der gefahrenerkennenden Tochterüberwachung aus. Das Tochterkontrollbedürfnis kann daher als Interesse angesehen werden, das durch §§ 311 ff. bewußt berücksichtigt wird. Es ist also auch im faktischen Bereich rechtlich anerkannt. Allerdings geht die rechtlich anerkannte Tochterkontrollmacht nicht so weit wie im Vertrags- und Eingliederungskonzern. Insbesondere besteht keine Berichtspflicht der Tochtergesellschaften.

b) Die normative Wirkung des Tochterkontrollbedürfnisses

Aus der rechtlichen Anerkennung des Tochterkontrollbedürfnisses folgt eine prinzipielle normative Wirkung. Die durch die rechtliche Anerkennung gesetzte Wertung ist also in anderen Normbereichen zu berücksichtigen. Ohne weiteres gilt dies für das verbundsinterne Verhältnis, also das Recht der Tochtergesellschaften. Entscheidende Bedeutung wird das Tochterkontrollbedürfnis dabei bei der Frage erlangen, ob § 131 IV S. 1 auf abhängige Gesellschaften anwendbar ist. Die normative Wirkung des Tochterkontrollbedürfnisses in der Binnenordnung wird sogleich noch näher konkretisiert. Hier ist lediglich noch kurz auf das bereits an anderer Stelle eingeführte Problem der schutzrechtlichen Prägung des Unternehmensbegriffs zurückzukommen. Dies stellt sich nämlich eben im Zusammenhang mit der normativen Wirkung eines Bedürfnisses der herrschenden Gesellschaft.

Daß es einer Rechtsfortbildung im Interesse des herrschenden Unternehmens nicht entgegensteht, daß der über die Anwendung der §§ 291 ff. entscheidende Begriff des Unternehmens schutzrechtlich ausgelegt wird, wurde bereits dargelegt[262]. Dies gilt entsprechend auch für §§ 311 ff., bedarf allerdings noch einer speziell auf diese Vorschriften bezogenen Erläuterung. Denn in der faktischen Unternehmensgruppe kann anders als im Vertrags- und Eingliederungskonzern nicht darauf verwiesen werden, daß die aus dem Tochterkontrollbedürfnis möglicherweise zu folgernden Privilegierungen offensichtlich hinter den unmittelbaren gesetzlichen Privilegierungen zurückstehen. Das ergibt sich schon daraus, daß die gesetzlichen Privilegierungen der §§ 311 ff. bei weitem nicht so weit gehen wie im Vertrags- und Eingliederungskonzern (§§ 308 I, 323 I). Hinzukommt, daß die obigen Ausführungen auf Modifizierungen der Binnenorganisation des herrschenden Unternehmens beschränkt werden konnten, wohingegen das aus §§ 311 ff. abgeleitete Tochterkontrollbedürfnis auch im verbundsinternen Verhältnis und damit „auf Kosten" der abhängigen Gesellschaft zur Geltung kommen soll[263]. Darin liegt aber für das herrschende Unternehmen eine Privilegierung, die größer als die bloße Modifizierung der eigenen Binnenordnung ist. Trotz dieser Besonderheiten ist es auch im faktischen Bereich gerechtfertigt, gerade herrschenden Unternehmen die Modifizierungen zuzugestehen, die aus der rechtlichen Anerkennung des Tochterkontrollbedürfnisses folgen. Zunächst gilt nämlich auch hier, daß schon §§ 311 ff. selbst eine Privilegierung des herrschenden Unternehmens schaffen und damit eine diesbezügliche Grundentscheidung treffen. Daß die eigenen Privilegien der §§ 311 ff. nicht deutlich weiter gehen als die abgeleiteten, ändert nichts daran, daß die Weiterentwicklung der Privilegierungsfunktion lediglich eine bestehende gesetzliche Wertung ausgestaltet. Jede Kritik daran ist eine rechtspolitische Kritik an den §§ 311 ff. Desweiteren ist auch bei der faktischen Unternehmensgruppe im Auge zu behalten, daß den Privilegierungen des herrschenden Unternehmens entsprechende Haftungsverschärfungen gegenüberstehen. Auch hier ist eine Ausgestaltung der Privilegierungsfunktion daher immer zugleich als Reaktion auf die Einbeziehung in das Gesamtsystem der §§ 311 ff. zu verstehen. Die normative Wirkung

---

[262] Vgl. oben 1. Abschnitt, I. 2., S. 49 ff.

[263] Konkret wird es dabei etwa um die Anwendbarkeit des § 131 IV S. 1 auf faktisch abhängige Gesellschaften gehen (vgl. unten 3. Teil, 1. Abschnitt, I. 1., S. 124 ff.).

des Tochterkontrollbedürfnisses wird genauso wie die sonstigen Vorteile der §§ 311 ff. durch die Haftungsverschärfungen kompensiert. Vor allem aber ist auch im Bereich faktischer Abhängigkeit die anderweitige wirtschaftliche Betätigung des Mehrheitsaktionärs, auf die der schutzrechtlich geprägte Unternehmensbegriff abstellt, ein sachgemäßes Auswahlkriterium für die Privilegierungsfunktion und deren Ausgestaltung. Mehrheitsaktionäre, die die Tochtergesellschaft als Instrument der eigenen wirtschaftlichen Tätigkeit nutzen und damit entsprechenden Koordinationsbedarf haben, sind in besonderem Maße auf detaillierte Überwachungsmöglichkeiten angewiesen. Der wirtschaftliche Zusammenbruch eines Teils der Unternehmensgruppe zieht diese nämlich insgesamt in Mitleidenschaft.

c) Unabhängigkeit der normativen Wirkung des Tochterkontrollbedürfnisses von des Existenz eines einheitlich geleiteten Konzerns

§§ 311 ff. knüpfen bereits an die schlichte Abhängigkeit an. Auch die privilegierenden Momente dieser Vorschriften greifen nicht erst dann ein, wenn die Tochtergesellschaften einheitlich geleitet werden. Deshalb besteht auch die rechtliche Anerkennung des Tochterkontrollbedürfnisses durch §§ 311 ff. unabhängig von der einheitlichen Leitung der abhängigen Unternehmen. Das Tochterkontrollbedürfnis entfaltet seine normative Wirkung in jeder faktischen Unternehmensgruppe. Es muß sich dabei nicht um einen Konzern iSd § 18 handeln. Das hat zur Folge, daß im weiteren Verlauf der Abhandlung der Existenz eines Konzerns für die konkreten Lösungen keine Bedeutung zukommen wird. Damit ist selbstverständlich keine Stellungnahme gegen die einheitliche Leitung der Unternehmensgruppe verbunden. Daß nicht von einer rechtlichen Anerkennung der einheitlichen Leitung ausgegangen wird, bedeutet keineswegs, daß deren Mißbilligung angenommen wird. Dementsprechend kann das herrschende Unternehmen die durch die normative Wirkung des Tochterkontrollbedürfnisses geschaffenen Möglichkeiten auch zur einheitlichen Leitung nutzen. Das ergibt sich daraus, daß das zugrundegelegte Bedürfnis nach einer gefahrenerkennenden Überwachung gegenständlich so weit ist, daß sich aus der inhaltlichen Bezugnahme auf die Gefahrenerkennung im verbundsinternen Verhältnis keine sachlichen Einschränkungen ergeben. Man kann die normative Wirkung allgemein dahin formulieren, daß dem herrschenden Unternehmen eine Überwachung der Tochtergesellschaften ermöglicht werden muß.

III. Binnenorganisation

Im Vertrags- und Eingliederungskonzern konnte nachgewiesen werden, daß es dem Willen der §§ 291 ff., 319 ff. entspricht, die Kontrolle der Tochtergesellschaften durch Vorstand und Aufsichtsrat prinzipiell nach den gleichen Maßstäben vorzunehmen wie die Kontrolle von eigenen Geschäftsbereichen. Ob dies auch im Bereich faktischer Abhängigkeit gilt, ist allerdings zweifelhaft. Hier bestehen nämlich nicht die gleichen Vorgaben, was zunächst darin zum Ausdruck kommt, daß §§ 311 ff. keine Berichtspflicht der abhängigen Gesellschaft normieren. Vor allem aber besteht bei faktischer Abhängigkeit keine den §§ 302 I, 322 I entsprechende Regelung, die eindeutig die Vergleichbarkeit des Gefährdungspotentials aufzeigen würde. Deshalb sind für die faktische Unternehmensgruppe genauere Untersuchungen vorzunehmen und auch im Ergebnis Einschränkungen zu machen. Auch hier liefert der Vergleich mit dem eigenen Unternehmen aber instruktive Vorgaben für die tochterbezogenen Überwachungspflichten der Mutterorgane.

1. Die Möglichkeit zur Kontrolle abhängiger Gesellschaften

Für eine prinzipielle Gleichbehandlung von Tochtergesellschaften und eigenen Geschäftsbereichen im Zusammenhang mit der gefahrenerkennenden Überwachung ist erforderlich, daß dem herrschenden Unternehmen über beide nachgeordneten Stellen grundsätzlich die gleichen Informationen zur Verfügung stehen. Beim Vertrags- und Eingliederungskonzern konnte das bereits damit begründet werden, daß dort Berichtspflichten der Tochtergesellschaften bestehen und daher die rechtlichen Umstände der Überwachung der nachgeordneten Stellen gleich sind. Dieser rechtliche „Beweis“ der Vergleichbarkeit der Kontrollmöglichkeiten ist im Bereich faktischer Abhängigkeit nicht möglich. Das System der §§ 311 ff. baut auf der Anerkennung faktischer Macht auf, normiert aber keine Berichtspflicht[264]. Strukturell ist die Überwachung von eigenen Geschäftsbereichen und abhängigen Gesellschaften daher wesensverschieden. Es läßt sich deshalb niemals mit Sicherheit ausschließen, daß ein Berichtsanspruch nicht ausnahmsweise den Informationsfluß erleichtert und daher die Überwachung eigener Geschäftsbereiche einfacher vollzogen werden kann. Für die Ermittlung einer prinzipiellen Aussage ist dies jedoch unschädlich, solange nachweisbar ist, daß die faktischen Möglichkeiten zumindest grundsätzlich eine Berichterstattung von abhängigen Gesellschaften sicher stellen, die der von eigenen Geschäftsbereichen vergleichbar ist. Sollten sie im Einzelfall nicht ausreichen,

---

[264] Ausführlich zum Fehlen einer Berichtspflicht vgl. unten 3. Teil, 1. Abschnitt, I. 2., S. 134 f.

stellt dies nicht die prinzipielle Vergleichbarkeit in Frage, sondern führt nur dazu, daß diese in der konkreten Situation nicht berücksichtigt werden kann.

Unproblematisch läßt sich zunächst begründen, daß §§ 311 ff. einen Informationsfluß ermöglichen wollen, der inhaltlich unbeschränkt ist und daher insoweit der Informationserteilung durch eigene Geschäftsbereiche vergleichbar ist. Denn §§ 311 ff. lassen die Weitergabe jedweder Informationen in kontrollgerechter Weise zu und verdrängen zudem § 93 I S. 2. Ob dies durch andere gesetzliche Wertungen (§ 131 IV S. 1, § 14 I Nr. 2 WpHG) wieder eingeschränkt wird, ist im vorliegenden Zusammenhang noch unerheblich. Denn es soll eben nur eine prinzipielle Aussage abgeleitet werden, die einen diesbezüglichen Willen der §§ 311 ff. zum Ausdruck bringt[265].

Aber auch für die Gewährleistung eines zuverlässigen Informationsflusses hat ein Berichterstattungsanspruch keine solche Bedeutung, daß sein Fehlen die typische Vergleichbarkeit von Tochtergesellschaften und eigenen Geschäftsbereichen im Sachgebiet der gefahrenerkennenden Kontrolle in Frage stellen würde. Zunächst ist offensichtlich, daß die gerichtliche Durchsetzbarkeit des Berichtsanspruchs in der Praxis der laufenden Überwachung keine Vorteile bringt. Seine Wirkungen auf den Informationsfluß resultieren daher ganz überwiegend daraus, daß die Angestellten Sanktionen vermeiden wollen, die ihnen aus der Verletzung ihrer Berichterstattungspflicht drohen. Aus dem Berichtsanspruch erwächst der Muttergesellschaft also ein Drohpotential gegenüber den untergeordneten Stellen, das diese zur informationellen Kooperation zwingt. Wären die fraglichen Personen nicht vertraglich gebundene Angestellte des herrschenden Unternehmens, würden sie auch dessen Weisungen zur Berichterstattung nicht nachkommen. Solche vertraglich vermittelten Einflußnahmemöglichkeiten sind aber entbehrlich, wenn ein anderweitiges Machtpotential gegenüber den untergeordneten Personen besteht. Dies ergibt sich gegenüber den Organwaltern abhängiger Gesellschaften aus den gesellschaftsrechtlich vermittelten faktischen Möglichkeiten des herrschenden Unternehmens, die ihre Grundlage in dessen personellen Kompetenzen aus §§ 84, 101 haben. Für die Zwangswirkung dieser faktischen Möglichkeiten ist das Schutzanliegen der §§ 311 ff. sinnbildlich. Bezüglich der Kontrolle der Tochtergesellschaften ist dabei von Bedeutung, daß einer darauf bezogenen Einflußnahme des Mutterunternehmens durch §§ 311 ff. im Ergebnis gerade keine rechtlichen Grenzen gezogen werden. Die faktische Macht der herrschenden Gesellschaft kann sich insoweit voll entfalten. Verlangt das herrschende Unternehmen vom Vorstand der abhängigen Gesellschaft die

---

[265] Deshalb genügt es hier, daß bereits solche, den Informationsfluß möglicherweise behindernde Vorschriften berücksichtigt wurden, die unmittelbar dem kontrollbezogenen Regelungsbereich der §§ 291 ff. zuzuordnen sind (§ 93 I S. 2). Dagegen ist für die Ermittlung des Zwecks der §§ 311 ff. unerheblich, welche Wertungen das Gesetz in anderen Zusammenhängen trifft (§ 131 IV S. 1, § 14 I Nr. 2 WpHG). Entsprechende Vorschriften werden erst bei der Frage relevant, inwieweit sich das hier entwickelte Prinzip im Ergebnis durchsetzt.

Einrichtung und kontinuierliche Durchführung eines Berichtssystems, wird er diesem Ansinnen nachkommen, um persönliche Nachteile zu vermeiden. Zudem ist es ihm eben gestattet, den diesbezüglichen Anweisungen des herrschenden Unternehmens Folge zu leisten. Hat er Zweifel an der Nachteiligkeit einer Auskunft, muß er in die oben beschriebenen Verhandlungen mit dem herrschenden Unternehmen eintreten[266]. Wie dort bereits herausgearbeitet wurde, birgt dies keine praktischen Probleme, die den Informationsfluß sachwidrig behindern. Die faktischen Möglichkeiten des herrschenden Unternehmens reichen also grundsätzlich aus, um einen zuverlässigen Informationsfluß von der abhängigen Gesellschaft zu gewährleisten[267].
Problematisch ist ein Informationsfluß in der Regel nur dann, wenn ein abhängiger Vorstand trotz des Drohpotentials des herrschenden Unternehmens die Berichterstattung nicht korrekt vornimmt. Gerade dann können aber die eben bereits angeführten personellen Kompetenzen Abhilfe schaffen. Dies soll hier noch einmal kurz vertieft werden. Für die Absetzung unkooperativer Vorstandsmitglieder der abhängigen Gesellschaft kommt es zunächst nicht darauf an, daß sie sich rechtlich mit der Behinderung des Informationsflusses begründen läßt. Da nämlich §§ 311 ff. die faktischen Einflußnahmemöglichkeiten des herrschenden Unternehmens anerkennen, kann auch vorliegend mit diesen argumentiert werden. Hier ist vor allem die Regelung des § 84 III S. 4 von Bedeutung, die in der Praxis dazu führt, daß auch eine unberechtigte Amtsenthebung in der Regel endgültig ist[268]. Desweiteren kann das herrschende Unternehmen dem Vorstand gemäß § 84 III S. 3 Alt. 3 in der Hauptversammlung das Vertrauen entziehen. Der darauf vom Aufsichtsrat vorgenommene Widerruf des Vorstandsmitglieds kann dann nur angegriffen werden, wenn sich die offensichtliche Unsachlichkeit des Vertrauensentzugs nachweisen läßt. Ein umgekehrter Weg zur Verbesserung der Kooperationsbereitschaft besteht darin, ein verläßliches Vorstandsmitglied neu zu wählen, welches dann den Informationsfluß in Gang hält. Da die Weitergabe von Informationen durch den Vorstand wie jede seiner Handlungen einen Geschäftsführungsakt für die abhängige Gesellschaft darstellt, ist § 77 I zwar grundsätzlich anwendbar. Zur rechtlichen Abrundung des Informationsflusses kann dem einzelnen Vorstandsmitglied aber nach § 77 I S. 2, II S. 1 zumindest für die Kontaktaufnahme mit dem herrschenden Unternehmen Einzelgeschäftsführungsbefugnis eingeräumt werden[269].

---

[266] Vgl. oben II. 2. a) bb), S. 102 ff.

[267] So etwa auch die Beurteilung von Götz, AG 1995, S. 350, oder Krieger, in Holding-Handbuch, Rn. E 17.

[268] Uelner, Sanierung, S. 78.

[269] Zur Einzelgeschäftsführungsbefugnis der Vorstandsmitglieder vgl. Mertens, in KölnKomm-AktG, § 77, Rn. 13. Bei der Weiterleitung von Informationen durch Aufsichtsratsmitglieder stellt sich ein entsprechendes organinternes Problem nicht, da tatsächliche Äußerungen nicht unter § 108 I fallen (Mertens, in KölnKomm-AktG, § 108, Rn. 11).

Bei der Begründung der Vergleichbarkeit der Berichterstattung durch eigene Angestellte und abhängige Gesellschaften wurde bislang hauptsächliches Gewicht auf die Beschreibung eines zuverlässigen Informationsflusses in der faktischen Unternehmensgruppe gelegt. Dabei darf nicht übersehen werden, daß auch die eigenen Angestellten nicht automatisch als uneingeschränkt zuverlässige Berichterstatter angesehen werden können, nur weil die ihnen gegenüber bestehenden Sanktionsmöglichkeiten vertraglich und nicht gesellschaftsrechtlich vermittelt sind. Maßgeblich für die Berichterstattung sind nicht die rechtlichen und strukturellen Umstände, sondern die persönliche Kooperationsbereitschaft der nachgeordneten Stellen. Ein ambitioniertes Vorstandsmitglied wird als „Angestellter" der Unternehmensgruppe ausführlich den Wünschen des herrschenden Unternehmens nachkommen, auch wenn es nicht deren Arbeitnehmer ist. Dagegen wird ein eigener Angestellter die Berichterstattung möglicherweise unsauber ausführen, wenn er sich ohnehin mit dem Gedanken trägt, das Unternehmen zu verlassen. Ebenso maßgeblich ist die Kompetenz der nachgeordneten Führungsstellen, die erforderlich ist, um das Geschehen in ihrem Verantwortungsbereich sachgemäß zu würdigen und dementsprechend korrekt darüber Bericht zu erstatten. Auch diese Fähigkeit hängt nicht von der rechtlichen Stellung des Berichtenden ab. Schließlich ist zu beachten, daß auch die Angestellten, die sich einer Berichterstattung verweigern, nicht schutzlos gestellt sind, sondern in erheblichem Umfang eine arbeitsrechtliche Absicherung erfahren. Auch ihre Auswechslung muß daher nicht einfacher möglich sein als die von Vorstandsmitgliedern abhängiger Unternehmen.
Als Ergebnis bleibt damit festzuhalten, daß zwar der Informationsfluß von der faktisch abhängigen Gesellschaft nicht immer reibungslos funktioniert, dies aber auch für eigene Geschäftsbereiche gilt. Zwischen der Berichterstattung durch eigene Geschäftsbereiche und durch faktisch abhängige Gesellschaften bestehen aus praktischer Sicht keine typischen Unterschiede.

2. Das vergleichbare Kontrollbedürfnis bezüglich der Tätigkeit von abhängigen Gesellschaften und eigenen Geschäftsbereichen

Eine grundsätzliche Gleichbehandlung von Tochtergesellschaften und eigenen Geschäftsbereichen im Zusammenhang mit der gefahrenerkennenden Kontrolle setzt voraus, daß die Aktivitäten der Tochtergesellschaften für das Mutterunternehmen ein vergleichbares Gefährdungspotential aufweisen wie die Tätigkeit eigener Geschäftsbereiche. Dann besteht nämlich auch ein vergleichbares Kontrollbedürfnis bezüglich dieser Geschäftsaktivitäten. Dies ist bei faktisch abhängigen Gesellschaften anders als im Vertrags- und Eingliederungskonzern jedenfalls nicht grundsätzlich der Fall, da die Muttergesellschaft in der Regel gerade nicht für die Verluste des Tochterunternehmens einstehen muß[270]. Dennoch lassen sich auch in einer faktischen Unternehmensgruppe Konstellationen ausmachen, in denen die Tätigkeit einer Tochtergesellschaft solche Rückwirkungen auf die Muttergesellschaft zeitigen kann, daß sie wie das Geschehen im eigenen Unternehmen überwacht werden muß. Auch gegenüber faktisch abhängigen Gesellschaften kann also ein besonderes (qualifiziertes) Tochterkontrollbedürfnis bestehen[271]. Dies bedarf allerdings einer genauen Erläuterung für unterschiedliche Konstellationen.

a) Patronatserklärungen

Wie bereits beim Vertragskonzern herausgearbeitet wurde, ist bei der Bewertung der Rückwirkungen aus einem einzelnen Geschäftsvorhaben im Zusammenhang mit der gefahrenerkennenden Kontrolle eine globale Betrachtungsweise zugrunde zu legen[272]. Für die Bestimmung des Überwachungsbedürfnisses von Vorstand und Aufsichtsrat kommt es danach nicht auf die unmittelbare Einstandspflicht für ein einzelnes Verlustgeschäft an. Entscheidend ist allein, ob das herrschende Unternehmen von den wirtschaftlichen Schwierigkeiten einer Tochtergesellschaft, die aus der negativen Weiterentwicklung einzelner Verlustgeschäfte entstehen können, in vollem Umfang betroffen sein kann. Dies kann auch in der faktischen Unternehmensgruppe jedenfalls dann anzunehmen sein, wenn die Muttergesellschaft harte Patronatserklärungen für die Tochterunternehmen abgegeben hat[273]. Dann ist sie nämlich rechtlich verpflichtet, eine wirtschaftliche Schieflage der Tochtergesellschaft durch Zuweisungen an diese auszugleichen. Nehmen die Patronatserklärungen einen entsprechenden Umfang an, kann diese Einstandspflicht so weit gehen, daß ihr Eintritt mit der gleichen Intensität vermieden werden muß wie eine Haftung für die Verluste im eigenen Unternehmen. Insoweit besteht eine ähnliche Situation wie im Vertragskonzern, wo bereits beschrieben wurde, daß für ein vergleichbares Bedürfnis zur laufenden Überwachung die vollständige Gleichheit der zu erwartenden Einstandspflichten

---

[270] Zur Außerachtlassung der analogen Anwendung des § 302 I im vorliegenden Zusammenhang vgl. oben 1. Teil, I. 2. f), S. 16. f

[271] Zum Begriff vgl. oben 1. Teil, I. 1., S. 7 f.

[272] Vgl. oben 1. Abschnitt, II. 3. b) bb), S. 61 ff.

[273] An anderer Stelle ist die Frage aufgeworfen worden, ob Durchschlagsrisiken, die das herrschende Unternehmen selbst geschaffen hat, einer Modifizierung der Gesetzeslage zugrunde gelegt werden können (vgl. oben II. 1. b., S. 95, Fn. 211 sowie bereits 1. Teil, I. 2. c., S. 12, Fn. 16). Dies ist im vorliegenden Zusammenhang problemlos möglich, da hier nur binnenorganisatorische Modifizierungen behandelt werden, die streng vom verbundsinternen Verhältnis getrennt wurden. Die Berücksichtigung vom herrschenden Unternehmen selbst geschaffener Durchschlagsrisiken kann daher nicht auf Kosten der abhängigen Gesellschaft gehen.

nicht erforderlich ist[274]. Die Abgabe von Patronatserklärungen kann also dazu führen, daß gegenüber faktisch abhängigen Gesellschaften ein vergleichbares Kontrollbedürfnis besteht wie gegenüber eigenen Geschäftsbereichen.

b) Beteiligungswert als erheblicher Teil des Vermögens der Muttergesellschaft

Neben der Abgabe von Patronatserklärungen kommt noch eine weitere grundsätzliche Konstellation in Betracht, in der gegenüber faktisch abhängigen Gesellschaften ein vergleichbares Kontrollbedürfnis wie gegenüber eigenen Geschäftsbereichen bestehen kann. Wie bereits mehrfach beschrieben wurde, ist für ein solches Überwachungsbedürfnis letztlich entscheidend, daß die Muttergesellschaft von den wirtschaftlichen Schwierigkeiten der Tochtergesellschaft ebenso in Mitleidenschaft gezogen werden kann wie durch entsprechende Verluste im eigenen Unternehmen. Dann muß nämlich bereits der Eintritt dieser erheblichen Schwierigkeiten durch eine vergleichbare Überwachung der laufenden Geschäfte verhindert werden. Daß die wirtschaftliche Schieflage einer faktisch abhängigen Gesellschaft grundsätzlich auf das Mutterunternehmen durchschlagen kann, beruht darauf, daß im Falle des Zusammenbruchs der Tochter ein vollständiger Verlust des Beteiligungswertes droht. Allein diese Gefahr ist zwar noch nicht mit den Risiken vergleichbar, die aus der Fehlentwicklung von eigenen Geschäftsbereichen resultieren. Denn insbesondere ändert sich nichts an dem grundsätzlichen Unterschied, daß das Mutterunternehmen rechtlich nicht für die Verluste ihrer Tochtergesellschaft einstehen muß. Selbst bei horrenden Verlusten der Tochtergesellschaft ist die Vermögenseinbuße des herrschenden Unternehmens daher immer auf den Wert der Beteiligung beschränkt.
Dieser Unterschied zu Verlusten im eigenen Unternehmen wird aber in Bezug auf die Notwendigkeit zur laufenden Überwachung relativiert, wenn der Verlust des Beteiligungswertes den Zusammenbruch des herrschenden Unternehmens erwarten läßt[275]. Dann ist das herrschende Unternehmen nämlich auch durch eine Fehlentwicklung in der Tochtergesellschaft in seiner Existenz bedroht. Es muß solche Entwicklungen daher durch eine entsprechende Überwachung, aber auch durch darüber hinausgehende Unterstützungsmaßnahmen bereits im Keim ersticken. In diesen Konstellationen kann das herrschende Unternehmen es sich gerade nicht erlauben, die Tochtergesellschaft in die Brüche gehen zu lassen, um dann von der Haftungstrennung zu profitieren. Deshalb reduziert die Haftungsabschirmung auch nicht das Bedürfnis, den Eintritt wirtschaftlicher Schwierigkeiten durch eine umfassende Überwachung zu verhindern. Insbesondere verblassen vor der Bedeutung der grundsätzlichen Existenzgefährdung die Ein-

274 Vgl. oben 1. Abschnitt, II. 3. b) bb), S. 62 f.
275 Zu entsprechenden Konstellationen vgl. oben 1. Teil, I. 2. a), S. 9 ff.

zelheiten ihrer möglichen Realisation, die bei einem Zusammenbruch der Tochtergesellschaft und entsprechenden Verlusten in eigenen Geschäftsbereichen durchaus unterschiedlich sein können. Für das Bedürfnis zur laufenden Überwachung kommt es nicht entscheidend darauf an, welche genaue Überschuldungshöhe den Zusammenbruch der Obergesellschaft letztlich herbeiführen könnte. So oder so muß er vermieden werden.
Daß die abstrakte Existenzgefährdung derart in den Vordergrund des Interesses gestellt werden kann, hat seinen Grund darin, daß vorliegend nur die ganz spezielle Funktion der laufenden Überwachung der Geschäftstätigkeit bestimmt wird. Keineswegs werden daher allgemein die Besonderheiten nivelliert, die aus der rechtlichen Selbständigkeit der betroffenen Tochtergesellschaften auch für die Pflichtenlage der Mutterorgane resultieren. Trotz des gleichen Kontrollbedürfnisses bestehen zunächst Leitungsunterschiede zwischen eigenen Geschäftsbereichen und den hier untersuchten Tochtergesellschaften (vgl. 3.). Aber auch speziell die Haftungstrennung kann beim Umgang mit den besonders kontrollbedürftigen Tochtergesellschaften berücksichtigt werden, nur eben nicht bei der laufenden Überwachung ihrer Geschäftstätigkeit. Bei solchen abhängigen Unternehmen wirkt sich die Haftungstrennung erst dann speziell auf das Bedürfnis zur Gefahrenbegrenzung aus, wenn ein wirtschaftlicher Zusammenbruch der Tochtergesellschaft nicht mehr abwendbar ist. Hier mögen sich nämlich im Einzelfall Wege bieten, den Einbruch des herrschenden Unternehmens für dessen Aktionäre und Gläubiger etwas verträglicher zu gestalten, als wenn die Verluste in gleicher Höhe im eigenen Unternehmen angefallen wären. Diese möglichen Unterschiede im Falle des Zusammenbruchs sind aber aus der Sicht des laufenden Überwachungsbedürfnisses in zu weiter Ferne, als daß sie bereits dort berücksichtigt werden könnten. Denn jedenfalls sind die Probleme des herrschenden Unternehmens auch beim Zusammenbruch einer hier behandelten Tochtergesellschaft so gravierend, daß sie ohne Einschränkung vermieden werden müssen.

c) Untrennbare wirtschaftliche Verflechtung

Eben wurde der Gedanke entwickelt, daß ein vergleichbares Überwachungsbedürfnis gegenüber Tochtergesellschaften wie gegenüber eigenen Geschäftsbereichen bestehen kann, wenn der Zusammenbruch des abhängigen Unternehmens die Existenz der Mutter gefährdet. Dabei wurde die Möglichkeit einer Existenzgefährdung mit der Bedeutung des Beteiligungswerts begründet. Selbstverständlich besteht ein entsprechendes Kontrollbedürfnis auch dann, wenn die Tochtergesellschaft aufgrund ihrer wirtschaftlichen Einbindung existentielle Bedeutung für die Muttergesellschaft hat[276]. Hier kommt es bedeutend auf den Einzelfall an.

3. Gebot zur gleichen Überwachung von faktisch abhängigen Gesellschaften und eigenen Geschäftsbereichen in einzelnen Unternehmensgruppen

Anders als im Vertrags- und Eingliederungskonzern ergibt sich zwar kein grundsätzliches Gebot zur gleichen Überwachung von faktisch abhängigen Gesellschaften und eigenen Geschäftsbereichen. Es konnte aber immerhin herausgearbeitet werden, daß auch in der faktischen Unternehmensgruppe Konstellationen denkbar sind, in denen neben dem vergleichbaren Informationsfluß auch ein vergleichbares Kontrollbedürfnis gegenüber den unterschiedlichen nachgeordneten Stellen besteht. Zumindest in diesen Fällen muß dann prinzipiell auch eine Überwachung der betroffenen Tochtergesellschaften erfolgen, die der Kontrolle eigener Geschäftsbereiche gleichkommt[277]. Das bedeutet, daß sich auch in diesen Konstellationen die Überwachungspflicht nach dem materiellen Geschehen richtet, nicht nach dem Ort seines Eintritts. Weil sich ein Gebot zur vergleichbaren Überwachung in der faktischen Unternehmensgruppe nicht grundsätzlich formulieren läßt, kommt es hier in besonderem Maße auf den Einzelfall an. Entscheidend ist eine Gesamtbetrachtung aller Tochtergesellschaften und aller eigenen Geschäftsbereiche des konkreten Unternehmens. Auch diese Betrachtung ist mit der gebotenen Sorgfalt von den Organen des herrschenden Unternehmens vorzunehmen.
Einer vergleichbaren Überwachungspflicht gegenüber bestimmten Tochtergesellschaften und eigenen Geschäftsbereichen steht nicht entgegen, daß in der faktischen Unternehmensgruppe für die Leitung dieser Stellen unterschiedliche Maßstäbe bestehen[278]. Außer der Beobachtung der Tochtergesellschaften ist im Zusammenhang mit der Überwachung nämlich allein die Reaktionsmöglichkeit auf erkannte Fehlentwicklungen von Bedeutung. Für eine ausreichende Korrektur genügt es aber, daß die Fehlentwicklungen selbst abgestellt werden können, was auch bei faktisch abhängigen Unternehmen ohne weiteres möglich ist[279]. Die umfassende und durchgehende Leitung einer Tochtergesellschaft nach den Maßstäben des Einzelunternehmens ist zur Bereinigung erkannter Gefahren dagegen nicht erforderlich. Leitungsbezogene Unterschiede stehen einer vergleichbaren Überwachung also nicht im Wege. Man kann das an die Organe der Muttergesellschaft gerichtete Handlungsgebot sogar ausdrücklich dahin pointie-

---

[276] Zu solchen Fällen vgl. oben 1. Teil, I. 2. e), S. 16.
[277] Zur Vergleichbarkeit von 100%igen Tochtergesellschaften und eigenen Geschäftsbereichen in einem dem vorliegenden ähnlichen Zusammenhang siehe Lutter, Information, S. 44 f.
[278] Zu den unterschiedlichen Leitungsansätzen vgl. oben 1. Teil, II. 4. b) bb) bbb), S. 39 ff.
[279] Vgl. oben II. 2. b), S. 107 f.

ren, daß sie die Überwachung bestimmter Tochtergesellschaften gegenüber der Überwachung eigener Geschäftsbereiche nicht schleifen lassen dürfen, obwohl die Leitungsintensität weniger weit geht.

4. Mehrstufig abhängige Aktiengesellschaften

Da die Vorschriften der §§ 311 ff. auch auf die mehrstufige Abhängigkeit anwendbar sind[280], gilt das eben entwickelte Gleichbehandlungsprinzip auch gegenüber Enkel- und Urenkelgesellschaften. Auch solche Gesellschaften sind demnach prinzipiell genauso zu überwachen wie eigene Geschäftsbereiche, wenn ihre wirtschaftliche Schieflage die Existenz des herrschenden Unternehmens bedroht[281]. Etwas anderes ergibt sich zumindest grundsätzlich auch nicht daraus, daß die Erweiterung ihres Überwachungsauftrags die Mutterorgane überfordern könnte[282]. Daß die Existenz von mehrstufig abhängigen Gesellschaften mehr Arbeit macht, darf nämlich nicht zu dem Schluß führen, ihr Gefährdungspotential unkontrolliert zu lassen. Wenn die Mutterorgane entsprechend riskantes Geschehen noch nicht einmal sachgemäß überwachen können, dürfen sie es gar nicht zulassen. Nicht die Überwachung, sondern die Geschäftstätigkeit des herrschenden Unternehmens wäre in solchen Fällen also zu reduzieren.
Allerdings darf nicht übersehen werden, daß die praktischen Auswirkungen des eben entwickelten Grundsatzes nicht so weitgehend sind, daß tatsächlich mit einer Überforderung der Mutterorgane gerechnet werden müßte. Daß nämlich das Geschehen in einer Enkelgesellschaft die Existenz des Mutterunternehmens gefährdet, was letztlich Voraussetzung für den hier entwickelten Überwachungsumfang ist, dürfte ein Ausnahmefall sein. Es müßte dann nämlich die Enkelgesellschaft die Existenz der Tochtergesellschaft und diese wiederum die Existenz des Mutterunternehmens gefährden. Außerdem wird man den Mutterorganen bei der Erfüllung ihrer entsprechenden Überwachungspflichten Zugeständnisse machen können. Insbesondere im Interesse einer übersichtlichen Leitungsstruktur werden sie sich bei der Kontrolle in großem Umfang auf ihre unmittelbaren Tochtergesellschaften verlassen können.

---

[280] Vgl. Habersack, in Emmerich/Habersack, AktienkonzernR, § 311, Rn. 17 ff.

[281] Nach Martens, ZHR 159 (1995), S. 578 f., 582, muß auch bei mehrstufiger Abhängigkeit für die Überwachungspflicht des Aufsichtsrats das Gefährdungspotential der einzelnen Gesellschaften und nicht die Konzernhierarchie maßgeblich sein.

[282] Zu entsprechenden Bedenken vgl. Drygala, Diskussionsbericht, ZGR 1998, S. 547.

3. Teil. Die Modifizierung der Zuständigkeiten von Vorstand und Aufsichtsrat der Muttergesellschaft anhand des normativen Tochterkontrollbedürfnisses

Resümiert man die bisherigen Untersuchungen, so verbleibt allein die Aufgabe, die gesetzliche Regelung so weit wie möglich den erarbeiteten prinzipiellen Aussagen zur Tochterkontrolle anzupassen. Es sind abschließende Ergebnisse zum Umfang der verbundsweiten Überwachungspflicht von Vorstand und Aufsichtsrat und den ihnen zur Verfügung stehenden Kontrollmöglichkeiten zu entwickeln. Die größeren rechtlichen Probleme werden sich dabei beim Aufsichtsrat stellen. Dennoch wird der Vorstand vorab behandelt, da dessen Tätigkeit Voraussetzung für die verbundsdimensionale Kontrollfunktion des Aufsichtsrats ist. Insbesondere wird im Rahmen der Vorstandsüberwachung der verbundsinterne Informationsfluß dargestellt, da dieser auf Seiten des herrschenden Unternehmens eben durch den Vorstand als dessen gesetzlicher Vertreter in Gang gesetzt wird.

1. Abschnitt. Vorstand

Dem Vorstand obliegt die laufende Verwaltung der herrschenden Aktiengesellschaft und damit auch die Nutzung der Beteiligungsrechte an anderen Unternehmen. Selbst wenn der Vorstand die Tochtergesellschaften nicht einheitlich leitet, wird er in der Regel irgendeinen steuernden Einfluß auf diese ausüben müssen, der über eine bloße Überwachung hinausgeht[1]. Die Kontrolle der Tochtergesellschaften, die auf die Erkenntnis dortiger wirtschaftlicher Fehlentwicklungen gerichtet ist, ist daher immer nur ein Teilbereich der verbundsdimensionalen Tätigkeit des Vorstands. Zu dieser Kontrolle ist der Vorstand verpflichtet, um wirtschaftliche Rückwirkungen auf seine eigene Gesellschaft zu verhindern. Insbesondere wenn ein Konzern vorliegt, wird die gefahrenerkennende Überwachung in der leitungsmotivierten Kontrolle aufgehen, die dem Vorstand die zur einheitlichen Leitung erforderlichen Informationen verschafft. Die im folgenden zu konkretisierende gefahrenerkennende Tochterkontrollpflicht des Vorstands wird sich daher in der Regel mit anderen verbundsdimensionalen Funktionen des Vorstands überschneiden.
Dogmatisch ist die gefahrenerkennende Tochterkontrollpflicht des Vorstands in §§ 76 I, 93 I S. 1, aber auch in § 91 II zu verankern, da dessen Ausrichtung auf die Erkenntnis bestandsgefährdender Entwicklungen dem hier entwickelten An-

[1] Vgl. Rehbinder, ZHR 147 (1983), S. 468.

satz entspricht. Schon weil § 91 II eine Gesamtverantwortung des Vorstands begründet[2], aber auch weil es sich bei der Tochterüberwachung um eine Leitungsfunktion iSd § 76 I handelt, fällt die Kontrolle der Tochtergesellschaften in die gemeinsame Verantwortlichkeit der Vorstandsmitglieder[3].

I. Der verbundsinterne Informationsfluß

Als Vertretungsorgan fällt es in den Zuständigkeitsbereich des Vorstands, die zur Überwachung erforderlichen Informationen von den abhängigen Gesellschaften einzuholen. Große Teile des davon betroffenen verbundsinternen Informationsflusses wurden zwar bereits dargestellt. Dennoch sind vor allem im faktischen Bereich noch einige weitere Fragen offen. Aber auch die Rechtslage im Vertrags- und Eingliederungskonzern ist noch nicht vollständig geklärt und muß daher zumindest am Rande noch mitbehandelt werden.

1. Überwachungsspezifische Gegenkräfte aus dem Recht der abhängigen Aktiengesellschaft

Der Vorstand der Obergesellschaft ist bei der Informationsbeschaffung von den abhängigen Gesellschaften häufig auf die Mitwirkung der Organe der Tochtergesellschaften angewiesen. Ein ausreichender Informationsfluß zwischen der Muttergesellschaft und dem Tochterunternehmen setzt also zunächst voraus, daß die Mutter die Organe der Tochtergesellschaft zu einer Informationserteilung veranlassen darf, und es diesen Organen gestattet ist, der Veranlassung Folge zu leisten. Die wesentlichen Fragen wurden hier zwar bereits erörtert. Zu nennen sind insoweit vor allem die Beurteilung der Nachteiligkeit von Auskünften gemäß § 311 sowie die Verdrängung der durch § 93 I S. 2 geschützten Geheimhaltungsinteressen der untergeordneten Gesellschaften. Es gibt aber noch andere „überwachungsspezifische Gegenkräfte“[4] im Recht der abhängigen Gesellschaft. Diese sind nun zu behandeln.

a) Die Verdrängung des § 131 IV S. 1 in der Unternehmensgruppe

Auch § 131 IV S. 1 kann den Informationsfluß an das herrschende Unternehmen behindern, weil damit gerechnet werden müßte, daß eine weitergeleitete Information auch der Hauptversammlung und damit möglicherweise der Konkurrenz

[2] Hoffmann-Becking, ZGR 1998, S. 513.
[3] Götz, ZGR 1998, S. 535.
[4] In Anlehnung an Hommelhoff, Konzernleitungspflicht, S. 109.

bekannt gemacht werden müßte[5]. Jedenfalls im Vertrags- und Eingliederungskonzern stellt § 131 IV S. 1 jedoch kein Hindernis dar. Im Vertragskonzern läßt sich seine Verdrängung mit den gleichen Argumenten begründen wie die des § 93 I S. 2[6]. Nach Auskunftserteilung an das herrschende Unternehmen gemäß § 308 I besteht also kein Nachfolgeauskunftsanspruch der übrigen Aktionäre der Tochtergesellschaft[7]. Bei einer Eingliederung stellt sich die Frage nach der Anwendbarkeit des § 131 IV S. 1 gar nicht, da die Mitaktionäre, denen ein Folgeauskunftsanspruch zustehen könnte, gemäß § 320a aus der abhängigen Gesellschaft ausscheiden.

Für die faktische Unternehmensgruppe ist die Rechtslage zu § 131 IV S. 1 dagegen etwas komplizierter. Insbesondere die konzernbezogene Argumentation der herrschenden Literatur wirft eigene Schwierigkeiten auf. Auch hier können allerdings einige unproblematische Fälle vorab ausgeklammert werden. Dies betrifft zunächst solche Informationen, die das herrschende Unternehmen gemäß § 294 III S. 2 HGB zur Aufstellung des Konzernabschlusses erhält. Mittlerweile bestimmt § 131 IV S. 3 ausdrücklich, daß § 131 IV S. 1 in diesen Fällen nicht anwendbar ist[8]. Desweiteren lösen Auskünfte des Vorstands der abhängigen Gesellschaft an deren Aufsichtsrat (§ 90) auch dann keine Nochfolgeauskunftspflicht gemäß § 131 IV S. 1 aus, wenn sich im Aufsichtsrat Vertreter des herrschenden Unternehmens befinden[9]. Hier steht nämlich die Organstellung der entsprechenden Personen im Vordergrund. Außerdem würde eine Nachfolgeauskunftspflicht in diesen Fällen auf ein Verbot entsprechender Doppelmandate im Konzern hinauslaufen[10]. Die grundsätzliche Zulässigkeit personeller Verflechtungen zwischen dem herrschenden Unternehmen und der abhängigen Gesellschaft steht aber nicht mehr zur Debatte[11]. Aus dem gleichen Grund ist ein Auskunftsrecht der Aktionäre gemäß § 131 IV S. 1 nach einer Berichterstattung einzelner Vorstandsmitglieder an den mit Vertretern des herrschenden Unternehmens besetzten Gesamtvorstand abzulehnen[12].

---

[5] Zu dieser Problematik vgl. oben 1. Teil, III. 1., S. 43.

[6] Dazu vgl. oben 2. Teil, 1. Abschnitt, I. 1., S. 49.

[7] Barz, in Großkomm-AktG, § 131, Anm. 27; Seifert, AG 1967, S. 3; Hoffmann-Becking, FS Rowedder, S. 167; Koppensteiner, in KölnKomm-AktG, § 312, Rn. 5 aE; Duden, FS von Caemmerer, S. 504; Hüffer, AktG, § 131, Rn. 38; Ebenroth, Auskunftsrecht, S. 100; Eckardt, in G/H/E/K-AktG, § 131, Rn. 147.

[8] Die Nichtanwendbarkeit des § 131 IV S. 1 auf den Anspruch aus § 290 III HGB wurde bereits vor Einfügung des § 131 IV S. 3 vertreten (vgl. etwa Kropff, DB 1967, S. 2205).

[9] Decher, ZHR 158 (1994), S. 479; Koppensteiner, in KölnKomm-AktG, § 312, Rn. 5; Strohn, Verfassung, S. 161 f.

[10] Vgl. Strohn, Verfassung, S. 161 f.; Hommelhoff, ZGR 1996, S. 162.

[11] Vgl. Habersack, in Emmerich/Habersack, AktienkonzernR, § 311, Rn. 28, und Hüffer, AktG, § 311, Rn. 22 f. zu speziellen Folgeproblemen.

[12] Decher, ZHR 158 (1994), S. 479 f.; Strohn, Verfassung, S. 161 f.

Von den eben dargestellten Fällen streng zu unterscheiden ist allerdings das - sogleich zu behandelnde - Folgeproblem, ob § 131 IV S. 1 anwendbar ist, wenn die Vertreter des herrschenden Unternehmens die erlangten Informationen in den Bereich der Obergesellschaft tragen und dort verbreiten. Es ist insgesamt noch fraglich, ob nach direkten Auskünften einer faktisch abhängigen Gesellschaft an das herrschende Unternehmen eine Auskunftspflicht nach § 131 IV S. 1 besteht. Bevor dieses Problem mit der normativen Wirkung des Tochterkontrollbedürfnisses gelöst wird, soll die Literatur dargestellt werden, die sich bei der Verdrängung des § 131 IV S. 1 auf die Zulässigkeit des einheitlich geleiteten Konzerns stützt.

aa) Die Argumentation der herrschenden Literatur mit der Zulässigkeit des faktischen Konzerns in der Kritik

Gelegentlich wird rein begrifflich argumentiert, ein herrschendes Unternehmen im Konzern erhalte die Auskunft zur einheitlichen Leitung und nicht als Aktionär, so daß § 131 IV S. 1 schon gar nicht erfüllt sei[13]. Demgegenüber setzt die übrige Literatur tiefer an. Die Diskussion zur Anwendung des § 131 IV S.1 in der faktischen Unternehmensgruppe rankt dabei im wesentlichen um die Zulassung des faktischen Konzerns iSd § 18. Dementsprechend will man § 131 IV S. 1 nicht nur bei Auskünften an einen Mehrheitsaktionär[14], sondern auch bei schlichter Abhängigkeit ganz normal anwenden[15]. Dagegen soll § 131 IV S. 1 in einem faktischen Konzern iSd § 18 I auf Informationen, die die Tochter an die Mutter weitergibt, nicht anwendbar sein, jedenfalls soweit es sich um Informationen handelt, die für eine sachgemäße Konzernleitung erforderlich sind[16]. Grund dafür sei, daß die einheitliche Leitung der Unternehmensgruppe durch die An-

---

[13] Seifert, AG 1967, S. 3; Ebenroth, Auskunftsrecht, S. 101.

[14] Kropff, DB 1967, S. 2204; Hoffmann-Becking, FS Rowedder, S. 166 f.; Duden, FS von Caemmerer, S. 507 f.; Barz, in Großkomm-AktG, § 131, Anm. 27; Seifert, AG 1967, S. 4; Ebenroth, Auskunftsrecht, S. 98; *andere Ansicht*: Janberg, AG 1965, S. 193.

[15] Kropff, in MüKo-AktG, § 311, Rn. 307; Hopt, in Großkomm-AktG, § 93, Rn. 214; Krieger, in MünchHdB-AG, § 69, Rn. 23; Hoffmann-Becking, FS Rowedder, S. 168; Duden, FS von Caemmerer, S. 506 f.; Hüffer, AktG, § 131, Rn. 38; Habersack, in Emmerich/Habersack, AktienkonzernR, § 312, Rn. 5; Kort, ZGR 1987, S. 60; *andere Ansicht*: Götz, ZGR 1998, S. 527 f.; Werner, AG 1967, S. 122, 123; Barz, in Großkomm-AktG, § 131, Anm. 27.

[16] Hoffmann-Becking, FS Rowedder, S. 167; Kropff, DB 1967, S. 2205; Werner, AG 1967, S. 122, 123; Krieger, in MünchHdB-AG, § 69, Rn. 23; ders., in Holding-Handbuch, Rn. E 17; Scheffler, DB 1994, S. 798; Duden, FS von Caemmerer, S. 505 f.; Hüffer, AktG, § 131, Rn. 38; Barz, in Großkomm-AktG, § 131, Anm. 27; Decher, ZHR 158 (1994), S. 483; Habersack, in Emmerich/Habersack, AktienkonzernR, § 312, Rn. 5.

wendung des § 131 IV S. 1 konterkariert würde, was angesichts der Zulässigkeit des faktischen Konzerns nicht in Betracht komme[17].
Die bloß begriffliche Unterscheidung zwischen Unternehmen und Aktionär ist angesichts des Umstandes, daß die einheitliche Leitung ganz überwiegend beteiligungsvermittelt ist, „zu subtil", um allein tragfähig zu sein[18]. Aber auch die materielle Argumentation kann nicht überzeugen, selbst wenn man davon ausgeht, daß §§ 311 ff. eine einheitliche Leitung zumindest dulden wollen. Denn zunächst ist zu beachten, daß eine einheitliche Leitung der Unternehmensgruppe durch die Anwendung des § 131 IV S. 1 zwar erschwert, aber nicht völlig unmöglich würde. Ein Normwiderspruch zwischen §§ 311 ff. und § 131 IV S. 1 besteht also selbst dann nicht, wenn §§ 311 ff. eine einheitliche Leitung zumindest hinnehmen wollen[19]. Daher käme überhaupt nur die Existenz eines Wertungswiderspruchs in Betracht. Die Begründung der herrschenden Meinung könnte also nur überzeugen, wenn §§ 311 ff. die einheitliche Leitung rechtlich anerkennen würden. Eine bloße Duldung der einheitlichen Leitung genügt zur Verdrängung des § 131 IV S. 1 jedenfalls nicht[20]. Damit setzt das Gesetz nämlich keine hier erforderliche positive Wertung. Da aber – wie oben ausführlich dargestellt – das Aktiengesetz die einheitliche Leitung gerade nicht rechtlich anerkennt, läßt sich unter Berufung auf diese auch nicht die Nichtanwendung des § 131 IV S. 1 im faktischen Konzern begründen[21].

bb) Verdrängung des § 131 IV S. 1 durch die normative Wirkung des Tochterkontrollbedürfnisses und damit im gesamten Bereich faktischer Abhängigkeit

§ 131 IV S.1 ist Ausprägung des Gleichbehandlungsgrundsatzes der Aktionäre. Er ist deshalb nicht anwendbar, wenn die Einbeziehung des herrschenden Unternehmens in das Sondersystem der §§ 311 ff. einen ausreichenden Grund für eine Ungleichbehandlung darstellt[22]. Ein solcher sachlicher Grund zu Ungleichbehandlung liegt darin, daß durch §§ 311 ff. ein besonderes Kontrollinteresse des herrschenden Unternehmens rechtlich anerkannt wird. Damit unterscheidet sich der Unternehmensaktionär von den übrigen Gesellschaftern. Zudem ist

---

[17] Hoffmann-Becking, FS Rowedder, S. 167; Kropff, DB 1967, S. 2205; Werner, AG 1967, S. 122, 123; Duden, FS von Caemmerer, S. 505 f.; Hüffer, AktG, § 131, Rn. 38; Zöllner, in KölnKomm-AktG, § 131, Rn. 69; Habersack, in Emmerich/Habersack, AktienkonzernR, § 312, Rn. 5.
[18] Koppensteiner, in KölnKomm-AktG, § 312, Rn. 5; vgl. auch Decher, ZHR 158 (1994), S. 481, wonach es jedenfalls einer „materiellen Wertung" bedarf.
[19] Zum Verhältnis von §§ 311 ff. und § 131 IV S. 1 vgl. auch Strohn, Verfassung, S. 34 f.
[20] So aber ausdrücklich Hoffmann-Becking, FS Rowedder, S. 167.
[21] So auch Strohn, Verfassung, S. 189 ff.; Koppensteiner, in KölnKomm-AktG, § 312, Rn. 5; Kort, ZGR 1987, S. 59 f.
[22] Decher, ZHR 158 (1994), S. 483 f.; vgl. auch Kropff, in MüKo-AktG, § 311, Rn. 306.

§ 131 IV S. 1 eindeutig durch die Umsetzung des Tochterkontrollbedürfnisses betroffen, da diese einen reibungslosen und inhaltlich uneingeschränkten Informationsfluß an das herrschende Unternehmen voraussetzt. Der Nichtanwendung des § 131 IV S. 1 steht auch kein Umkehrschluß aus § 131 IV S. 3 entgegen. Diese Vorschrift hat nur klarstellende Funktion, auch wenn die Gesetzesverfasser selbst dies übersehen haben; sie stellt also keine Ausnahmeregelung dar[23]. Deshalb ist § 131 IV S. 1 auf faktisch abhängige Gesellschaften nicht anwendbar, ohne daß es auf das Vorliegen eines Konzernverhältnisses ankommt[24]. Auch an sonstige sachliche Voraussetzungen ist die Verdrängung des § 131 IV S. 1 in der faktischen Unternehmensgruppe nicht gebunden. Zwar wurde sie mit dem Bedürfnis des herrschenden Unternehmens nach einer gefahrenerkennenden Kontrolle begründet. Da dies aber nach einem uneingeschränkten Informationsfluß verlangt, ergibt sich daraus keine sachliche Beschränkung auf bestimmte Informationen oder Intentionen[25].

b) Die Einschränkung der Verschwiegenheitspflicht der Aufsichtsratsmitglieder von faktisch abhängigen Gesellschaften nach §§ 93 I S. 2, 116

Zwar ist § 93 I S. 2 auf den Vorstand faktisch abhängiger Gesellschaften nicht anwendbar, was wegen der sinngemäßen Verweisung in § 116 grundsätzlich auch für eine entsprechende Einschränkung der Verschwiegenheitspflicht der Aufsichtsratsmitglieder spricht[26]. Ob Aufsichtsratsmitglieder aber wirklich auch im Bereich faktischer Abhängigkeit[27] ohne Einschaltung des Vorstands Informationen an das herrschende Unternehmen weitergeben dürfen, ist fraglich. Gegen diese Befugnis wird eingewandt, daß zur Außenvertretung gegenüber dem herrschenden Unternehmen nur der Vorstand, nicht aber der Aufsichtsrat berufen sei. Deshalb habe dieser auch über die Weitergabe von Informationen zu ent-

---

[23] Hoffmann-Becking, FS Rowedder, S. 168 f.; Decher, ZHR 158 (1994), S. 485 f.; Hüffer, AktG, § 131, Rn. 39aE; Habersack, in Emmerich/Habersack, AktienkonzernR, § 312, Rn. 5; Semler, Leitung und Überwachung, Rn. 311.

[24] So bereits Götz, ZGR 1998, S. 527 f.; möglicherweise auch Decher, ZHR 158 (1994), S. 483 ff.

[25] Zu diesem Gesichtspunkt vgl. bereits oben 2. Teil, 2. Abschnitt, II. 4. c), S. 113.

[26] Eine mit der Behandlung des § 93 I S. 2 korrespondierende Aufhebung der Verschwiegenheitspflicht der Aufsichtsratsmitglieder im faktischen Konzern vertreten etwa Mertens, in KölnKomm-AktG, § 116, Rn. 39 und Hommelhoff, ZGR 1996, S. 162.

[27] Im Vertrags- und Eingliederungskonzern scheint man in diesem Zusammenhang keine besonderen Probleme zu sehen. Das ergibt sich zwar nicht aus § 308 I, da dieser nur ein Weisungsrecht gegenüber dem Vorstand der abhängigen Gesellschaft begründet. Entscheidend dürfte aber sein, daß zum Schutz der abhängigen Gesellschaft im Vertrags- und Eingliederungskonzern §§ 302 ff., 322 eingreifen, die unabhängig von einer Mitwirkung des Vorstands der abhängigen Gesellschaft funktionieren.

scheiden[28]. Zudem wird geltend gemacht, daß der Vorstand in den genannten Fällen seiner Verantwortung nicht nachkommen könne, die ihm im Zusammenhang mit §§ 311 ff. seiner Gesellschaft gegenüber obliegt. Konkret geht es dabei vor allem um die Pflicht des Vorstands, die Nachteiligkeit von veranlaßten Maßnahmen zu prüfen[29]. Schließlich scheinen auch §§ 394, 395 gegen ein allgemeines Recht von Aufsichtsratsmitgliedern zur Berichterstattung an herrschende Unternehmen zu sprechen, die allerdings auch eine bloß klarstellende Funktion haben könnten.

Zwar ist eine Mitwirkung des Aufsichtsrats der abhängigen Gesellschaft für einen ausreichenden Informationsfluß an das herrschende Unternehmen in der Regel nicht erforderlich, da mit dem Vorstand ein Berichterstatter bereit steht. Dennoch kann es im Einzelfall den Informationsaustausch beschleunigen und damit optimieren, wenn auch der Aufsichtsrat das herrschende Unternehmen unmittelbar unterrichten darf. Eine entsprechende Einschränkung der Verschwiegenheitspflicht von Aufsichtsratsmitgliedern diente also der Befriedigung des Tochterkontrollbedürfnisses des herrschenden Unternehmens, wie es durch §§ 311 ff. rechtlich anerkannt ist. Sie ist daher so weit wie möglich vorzunehmen. Andererseits kann sich die normative Wirkung des Tochterkontrollbedürfnisses wegen ihrer Ableitung aus §§ 311 ff. nur so weit entfalten, wie zugleich der von diesen Vorschriften beabsichtigte Schutz der abhängigen Gesellschaft gewährleistet ist. Daraus ergibt sich, daß genau zu untersuchen ist, in welchem Umfang eine Berichterstattung auch über Geheimnisse durch den Aufsichtsrat zugelassen werden kann, ohne daß der Schutz der abhängigen Gesellschaft beeinträchtigt wird. Damit treten §§ 93 I S. 2, 116 auch beim Aufsichtsrat zurück. Dessen Verhalten ist allein an den Vorschriften der §§ 311 ff. zu messen, deren Anwendungsbereich nicht auf den Vorstand der abhängigen Gesellschaft beschränkt ist.

Die Lösung ist durch eine genaue Bestimmung der Sorgfaltspflichten des Aufsichtsrats zu finden. Dagegen ist ein absolutes Verbot der Weitergabe von Geheimnissen nach dem Regelungssystem der §§ 311 ff. nicht erforderlich und daher mit der normativen Wirkung zugunsten einer Tochterkontrolle nicht vereinbar. Es ist nämlich zu beachten, daß auch die Mitwirkungspflicht des Vorstands bei der Bestimmung der Nachteiligkeit von Maßnahmen kein Garant für einen Schutz der abhängigen Gesellschaft ist. Auch der Vorstand muß und kann sich lediglich im Rahmen der gebotenen Sorgfalt halten. Daß er eine Maßnahme sorgfaltsgemäß als vermögensneutral beurteilt, heißt nicht, daß sie sich im Ergebnis nicht doch zu Lasten der abhängigen Gesellschaft auswirken kann. Ein strengerer Maßstab ist daher auch beim Aufsichtsrat nicht anzulegen. Ein wesentlicher Unterschied zwischen Vorstand und Aufsichtsrat entsteht erst da-

---

[28] Schmidt-Aßmann/Ulmer, BB 1988, Beilage 13, S. 5; Kropff, in MüKo-AktG, § 311, Rn. 301.

[29] Götz, ZGR 1998, S. 536; Uelner, Sanierung, S. 58 ff.

durch, daß der Aufsichtsrat selbst nicht über einen Ausgleich des Nachteils verhandeln und daher die Ausgleichsbereitschaft des herrschenden Unternehmens mitunter nur unzulänglich einschätzen kann. Auch ist es ihm bei entsprechenden Zweifeln nicht möglich, einen Ausgleich unmittelbar zu vereinbaren. Schließlich mag es ihm im Einzelfall auch nicht in gleicher Weise wie dem Vorstand möglich sein, bereits die Nachteiligkeit einer Maßnahme zu beurteilen. Diese Besonderheiten zwingen aber nicht dazu, die abhängige Gesellschaft durch die absolute Aufrechterhaltung der Verschwiegenheitspflicht des Aufsichtsrats zu schützen, sondern nur zu einer spezifischen Bestimmung der Sorgfaltspflichten der Aufsichtsratsmitglieder. Im einzelnen gilt dabei folgendes:
Zunächst darf der Aufsichtsrat jedenfalls solche Geheimnisse weitergeben, die nicht verwertbar und damit vermögensneutral sind[30]. Nachteile können der abhängigen Gesellschaft aus der Weiterleitung solcher Informationen nämlich nicht entstehen. Außerdem ist davon auszugehen, daß der Aufsichtsrat die Verwertbarkeit von Informationen in der Regel genauso gut beurteilen kann wie der Vorstand, da dabei lediglich die Information selbst bewertet werden muß. Auch wenn die Weiterleitung der Information nachteilig ist, darf der Aufsichtsrat sie vornehmen, wenn er von der Ausgleichsbereitschaft und der Ausgleichsfähigkeit des herrschenden Unternehmens ausgehen kann. Er hat dabei allerdings genauer als der Vorstand zu überdenken, ob ihm eine entsprechende Beurteilung überhaupt möglich ist. Daß der Aufsichtsrat selbst nicht mit dem herrschenden Unternehmen über den Ausgleich verhandeln kann, ist wegen § 311 II unerheblich. Diese Vorschrift erlaubt nämlich auch noch einen späteren Ausgleich, den das herrschende Unternehmen dann mit dem Vorstand der Tochtergesellschaft vereinbaren muß. Deshalb hat der Aufsichtsrat den Vorstand zum gegebenen Zeitpunkt auf die Weitergabe der Information hinzuweisen. Eindeutig beschränkt ist die Weitergabe von Informationen durch den Aufsichtsrat allerdings in den Fällen, in denen solche Verluste für die abhängige Gesellschaft zu befürchten sind, daß schon bei der Vornahme der Informationserteilung ein rechtsverbindliches Anerkenntnis der Nachteiligkeit durch das herrschende Unternehmen einzuholen ist[31]. Einen rechtsverbindlichen Vertrag kann der Aufsichtsrat mit dem herrschenden Unternehmen nämlich nicht schließen. Dies ist nur dem Vertretungsorgan Vorstand möglich. Ein tatsächliches Anerkenntnis kann der Aufsichtsrat dagegen durchaus einholen.

[30] Zu diesen vgl. oben 2. Teil, 2. Abschnitt, II. 2. a) aa) aaa), S. 99 ff.

[31] Grundsätzlich wird man die Rechtsverbindlichkeit des Anerkenntnisses nicht verlangen müssen (so auch Kropff, in MüKo-AktG, § 311, Rn. 336, Fn. 600; andere Ansicht allerdings Strohn, Verfassung, S. 185 f.).

c) Überwachungsspezifische Gegenkräfte außerhalb des Gesellschaftsrechts

Nun sollen zwei Probleme behandelt werden, die den Informationsfluß nicht grundsätzlich beschränken, aber zumindest recht interessante Nebenaspekte darstellen. Dies ist zunächst das Verbot, einem anderen Insidertatsachen mitzuteilen (§ 14 I Nr. 2 WpHG). Es kann möglicherweise als Beschränkung des Informationsflusses von der Tochter- an die Muttergesellschaft relevant werden, wenn die Aktien der abhängigen Gesellschaft unter § 12 I Nr. 1 WpHG fallen. Ganz andere Fragen stellen sich, wenn ausnahmsweise ein Bedürfnis nach persönlichen Informationen über die Arbeitnehmer der abhängigen Gesellschaft besteht. Auch wenn man über die Bedeutung dieser speziellen Informationen für die Tochterkontrolle streiten kann, soll ihre Problematik kurz skizziert werden.

aa) § 14 I Nr. 2 WpHG

Auch das Kapitalmarktrecht könnte für den verbundsinternen Informationsfluß Bedeutung erlangen. Nach §§ 14 I Nr. 2, 13 I Nr. 1, 12 I Nr. 1 WpHG ist es Vorstands- und Aufsichtsratsmitgliedern börsennotierter oder zum Freiverkehr[32] zugelassener Aktiengesellschaften nämlich verboten, einem anderen eine Insidertatsache unbefugt mitzuteilen oder zugänglich zu machen. Zwar werden wegen der Erforderlichkeit einer Börsennotierung der (abhängigen) Aktiengesellschaft und der verlangten Kursrelevanz der Information (§ 13 I WpHG) nur wenige Berichtsvorgänge von einem abhängigen an ein herrschendes Unternehmen von § 14 I Nr. 2 WpHG erfaßt sein. In diesen Fällen stellt sich aber durchaus die Frage, ob eine solche Informationserteilung als unbefugt iSd 14 I Nr. 2 WpHG anzusehen ist.

Die Befugnis zur Weitergabe von Insidertatsachen gemäß § 14 I Nr. 2 WpHG ist durch eine Abwägung zu ermitteln, bei der der Zweck des Insiderrechts, die informationelle Chancengleichheit der Marktteilnehmer zu gewährleisten, den Interessen der übrigen Beteiligten gegenübergestellt wird[33]. Die im vorliegenden Zusammenhang zu berücksichtigenden Interessen der übrigen Beteiligten kommen in dem durch §§ 291 ff., 311 ff., 319 ff. rechtlich anerkannten Tochterkontrollbedürfnis des herrschenden Unternehmens zum Ausdruck. Es stehen sich damit zwei gesetzliche Wertungen gegenüber. Daß dabei dem Tochterkontrollbedürfnis der Vorrang gebührt, ergibt sich aus mehreren Gesichtspunkten. Zunächst würde eine Anwendung des § 14 I Nr. 2 WpHG auf abhängige Gesellschaften in das konzernrechtliche System eingreifen, das gegenüber dem allgemeinen Kapitalmarktschutz der §§ 12 ff. WpHG als speziellere Regelung anzu-

[32] Dazu zählen amtlicher und geregelter Markt inklusive des Neuen Markts (Claussen, Bankrecht, § 9, Rn. 98, Fn. 280).
[33] Assmann/Cramer, in Assmann/Schneider-WpHG, § 14, Rn. 48, 48d.

sehen ist. Es fällt nicht in den Funktionsbereich des Insiderrechts, durch einen Eingriff in den verbundsinternen Informationsfluß konzernrechtliche Aufgaben zu übernehmen[34]. Außerdem werden die Interessen der übrigen Marktteilnehmer nicht unangemessen beeinträchtigt, wenn § 14 I Nr. 2 WpHG auf die Berichterstattung von Tochtergesellschaften an herrschende Unternehmen nicht angewendet wird. Bei dieser Vorschrift handelt es sich nämlich nur um einen Vorfeldtatbestand des eigentlichen Handelsverbots aus § 14 I Nr. 1 WpHG. Die Zulassung der bloßen Informationsweitergabe stellt die Marktteilnehmer also keineswegs schutzlos. Hier ist auch zu berücksichtigen, daß das herrschende Unternehmen seinerseits zur Geheimhaltung verpflichtet ist[35]. Legt man schließlich eine globalere Betrachtung zugrunde, so ergibt sich, daß die Kapitalmarktteilnehmer in der Regel nicht darauf vertrauen werden, daß ihre Aktiengesellschaft nicht an das Mutterunternehmen Bericht erstattet. Vielmehr ist davon auszugehen, daß sie die Besonderheiten der Abhängigkeit von einem anderen Unternehmen bereits bei ihrer Anlageentscheidung berücksichtigt haben. All dies führt dazu, daß die Weitergabe von Informationen an ein herrschendes Unternehmen nicht unbefugt iSd § 14 I Nr. 2 WpHG ist.

bb) Die Berichterstattung über Arbeitnehmer der abhängigen Gesellschaft

Für eine sachgemäße Tochterkontrolle kann es unter Umständen erforderlich sein, sich Informationen über wichtige Mitarbeiter der Tochtergesellschaft zu verschaffen. Diese Aufgabe obliegt dem Vorstand als Vertretungsorgan des herrschenden Unternehmens. Soweit es um die Beurteilung der Vorstands- und Aufsichtsratsmitglieder der Tochtergesellschaft geht, stellen sich hier keine Probleme, da diese ohnehin nur unter Mitwirkung des herrschenden Unternehmens bestimmt werden können (§§ 101 I, 84 I). Fraglich ist aber, in welchem Umfang sich das herrschende Unternehmen Informationen über Arbeitnehmer abhängiger Gesellschaften verschaffen kann[36].
Arbeitsrechtlich ist umstritten, inwiefern ein Arbeitgeber Auskünfte über seine Angestellten *ohne deren Einwilligung* erteilen darf. Diskutiert wird dabei vor allem die Konstellation, daß ein potentieller neuer Arbeitgeber diese Informationen verlangt, weil ihm die Bewerbungsunterlagen allein nicht genügen[37]. Unmittelbar daran anknüpfend hat das Bundesarbeitsgericht ein Recht zur Auskunftserteilung aus der Sozialpartnerschaft der Arbeitgeber abgeleitet. Informationen dürften gegeben werden, wenn der Empfänger daran ein berechtigtes Interesse

---

[34] Assmann/Cramer, in Assmann/Schneider-WpHG, § 14, Rn. 54d.
[35] Assmann/Cramer, in Assmann/Schneider-WpHG, § 14, Rn. 48d.
[36] Zu Beispielen vgl. oben 1. Teil, I. 3. b), S. 18 f.
[37] Vgl. den Überblick über die Problemstellung bei Schulz, NZA 1990, S. 717 ff.

habe[38]. Angesichts der verstärkten Berücksichtigung des Persönlichkeitsrechts der Arbeitnehmer in der Rechtsprechung des Bundesarbeitsgerichts ist allerdings zweifelhaft, ob mit einer entsprechenden arbeitsgerichtlichen Beurteilung auch heute noch zu rechnen wäre[39]. Im vorliegenden Zusammenhang erscheint zudem fraglich, ob sich das herrschende Unternehmen überhaupt auf den skizzierten Begründungsansatz berufen könnte. Denn einerseits ist es zwar auch potentieller Arbeitgeber für die Mitarbeiter der abhängigen Gesellschaft, andererseits verlangt es die Informationen nicht im Zusammenhang mit dieser Funktion, sondern zur Tochterkontrolle; insbesondere beabsichtigt es nicht, den Arbeitnehmer einzustellen[40]. Die Literatur ist hinsichtlich der Bejahung eines Auskunftserteilungsrechts des Arbeitgebers ohne Zustimmung des Arbeitnehmers gespalten. Teilweise wird – insoweit dem Bundesarbeitsgericht folgend - ein Berichterstattungsrecht gegenüber solchen Personen angenommen, die ein berechtigtes Interesse an der Information haben[41]. Dabei wird mitunter auch die Möglichkeit betont, sich innerhalb eines Konzerns vertraglich zur Auskunftserteilung an verbundene Unternehmen zu verpflichten[42]. Der wohl überwiegende Teil der Literatur lehnt eine Auskunftsbefugnis ohne Einwilligung des Arbeitnehmers unter Berufung auf dessen allgemeines Persönlichkeitsrecht dagegen ab[43] oder läßt sie nur unter sehr engen Voraussetzungen zu[44].
Diese arbeitsrechtlichen Vorgaben, die hier nicht weiter vertieft werden sollen, müssen auch für die gefahrenerkennende Kontrolle gelten. Die normative Wirkung des Tochterkontrollbedürfnisses kann hier nämlich keine besondere Rechtsgestaltung begründen. Das Persönlichkeitsrecht des Arbeitnehmers überwiegt das Tochterkontrollbedürfnis sogar im Vertrags- und Eingliederungskonzern, weil die hier in Frage stehenden Informationen über Arbeitnehmer für die Tochterkontrolle eine nur periphere Bedeutung haben. Außerdem ist auch ohne eine Einschränkung des arbeitsrechtlichen Persönlichkeitsschutzes eine Beurteilung bedeutender Arbeitnehmer möglich, die den Tochterkontrollzwecken gerecht wird. So wird sich häufig eine Einwilligung der Arbeitnehmer einholen lassen, die bereits in den Arbeitsverträgen bedeutender Angestellter festgelegt werden kann. Außerdem wird man sich in der Regel auch ohne detaillierte persönliche Informationen ein Bild von der beruflichen Kompetenz eines Arbeit-

---

[38] BAG, DB 1958, 659; BAG, DB 1985, 2307, 2308.

[39] Dazu vgl. Müller-Glöge, in ErfurterKomm-ArbeitsR, § 630 BGB, Rn. 118.

[40] Dazu, daß eine mögliche Einstellung immer ein berechtigtes Interesse ist, vgl. BAG, DB 1958, 659.

[41] Schaub, Arbeitsrechts-Handbuch, § 147, 3., S. 1285 f.; Zöllner/Loritz, Arbeitsrecht, § 16 I. 2., S. 204.

[42] Schaub, Arbeitsrechts-Handbuch, § 147, 2., S. 1285; *ablehnend*: Schwerdtner, in MüKo-BGB, § 630, Rn. 67; Schulz, NZA 1990, S. 719.

[43] Schwerdtner, in MüKo-BGB, § 630, Rn. 69; Müller-Glöge, in ErfurterKomm-ArbeitsR, § 630 BGB, Rn. 118.

[44] Preis, in Staudinger-BGB, § 630, Rn. 85; wohl auch Schulz, NZA 1990, S. 719.

nehmers machen können. Insbesondere kann das herrschende Unternehmen eine allgemeine Beurteilung von Arbeitnehmern durch den Vorstand der abhängigen Gesellschaft einholen, die das Persönlichkeitsrecht der betroffenen Arbeitnehmer nicht verletzt.

2. Keine allgemeine gesetzliche Berichtspflicht der faktisch abhängigen Gesellschaft gegenüber dem herrschenden Unternehmen

Im Vertrags- und Eingliederungskonzern ist der Vorstand einer abhängigen Aktiengesellschaft nach §§ 308 I, 323 I verpflichtet, einem Auskunftsverlangen des herrschenden Unternehmens Folge zu leisten. Ganz anders ist die gesetzliche Ausgangslage in der faktischen Unternehmensgruppe. Das System der §§ 311 ff. baut auf einer faktischen Einflußnahme durch das herrschende Unternehmen auf. Auch die Privilegierungsfunktion dieser Vorschriften erlaubt nur die tatsächliche Beeinflussung, normiert aber kein Weisungsrecht des herrschenden Unternehmens. Dies wird schon bei einem Vergleich zwischen § 308 I und § 311 deutlich. Die abhängige Gesellschaft ist zur Befolgung der Weisungen also nicht verpflichtet[45]. Dementsprechend ist auch eine grundsätzliche Berichtspflicht der abhängigen Gesellschaft an das herrschende Unternehmen nicht normiert.

Eine gesetzliche Ausnahme macht allerdings § 294 III HGB. Danach haben auch in der faktischen Unternehmensgruppe alle Tochtergesellschaften iSd § 290 HGB dem herrschenden Unternehmen die Unterlagen zur Verfügung zu stellen, die für die Aufstellung des Konzernabschlusses notwendig sind, und die erforderlichen Aufklärungen und Nachweise zu geben. Diese Informationen müssen über die eigentlichen Anforderungen des § 294 III HGB hinaus außerdem so beschaffen sein, daß der Vorstand des herrschenden Unternehmens in der Hauptversammlung Auskünfte auch über die Lage der Unternehmen geben kann, die in den Konzernabschluß einbezogen sind (§ 337 IV AktG)[46]. Dagegen kann § 294 III HGB nicht zu einem allgemeinen Grundsatz für den Informationsfluß im Konzern fortentwickelt werden, wonach faktisch konzernabhängige Gesellschaften grundsätzlich zur Berichterstattung an das herrschende Unternehmen verpflichtet sind[47]. Diese Vorschrift ist eindeutig auf den Zusammen-

---

[45] Koppensteiner, in KölnKomm-AktG, § 311, Rn. 90; Kropff, in MüKo-AktG, § 311, Rn. 24, 281, 312; Hüffer, AktG, § 311, Rn. 48; Götz, ZGR 1990, S. 650; Habersack, in Emmerich/Habersack, AktienkonzernR, § 311, Rn. 77 f.; Krieger, in MünchHdB-AG, § 69, Rn. 20, 24.

[46] Götz, AG 1995, S. 349; Semler, Leitung und Überwachung, Rn. 299.

[47] Götz, AG 1995, S. 350; Hoffmann-Becking, ZHR 159 (1995), S. 337; Uelner, Sanierung, S. 61 f.; Krieger, in MünchHdB-AG, § 69, Rn. 23, Fn. 88; ders, in Holding-Handbuch, Rn. E 18; Lutter, Information, S. 51; Kort, ZGR 1987, S. 46, 58 ff.; Witte, Prüfungsbericht, S. 168; *an-*

hang der handelsrechtlichen Rechnungslegung beschränkt und hat einen diesbezüglichen Zweck. Auch das normativ wirkende Tochterkontrollbedürfnis kann eine Berichtspflicht nicht begründen, da es aus §§ 311 ff. resultiert, die eben nur faktische Einflußnahmemöglichkeiten rechtlich anerkennen, aber keine Folgepflicht normieren.

3. Besondere Gestaltungsmöglichkeiten der Berichterstattung von faktisch abhängigen Gesellschaften

Daß der Informationsfluß von Tochtergesellschaften in der faktischen Unternehmensgruppe keinen inhaltlichen Schranken unterliegt, steht mittlerweile auch im abschließenden Ergebnis fest. Für seine Effektivität ist aber genauso von Bedeutung, daß er von der abhängigen Gesellschaft ausreichend in Gang gehalten wird, diese also regelmäßig und unaufgefordert an das herrschende Unternehmen berichtet. Insbesondere muß gewährleistet sein, daß der Vorstand der Tochtergesellschaft dem herrschenden Unternehmen die Vornahme bedeutender Geschäfte mitteilt. All diese Erfordernisse lassen sich zwar schon dadurch einhalten, daß das herrschende Unternehmen der abhängigen Gesellschaft ein entsprechendes Verhalten nahelegt. Seine faktischen Einflußnahmemöglichkeiten sind insoweit ausreichend[48]. Dennoch sollen im folgenden besondere Gestaltungsmöglichkeiten einer Berichterstattung aufgezeigt werden, bei denen der faktische Informationsfluß rechtlich unterlegt wird. Diese Gestaltungsmöglichkeiten haben als solche praktische Bedeutung, ihre Darstellung hat aber auch einen allgemeinen dogmatischen Wert. Sie stehen nämlich sinnbildlich für die Zulässigkeit und Möglichkeit entsprechender faktischer Veranlassungen zur Berichterstattung.

a) Möglichkeiten zur vertraglichen Fixierung eines Berichtssystems

Auch wenn bei faktischer Abhängigkeit keine allgemeine Berichtspflicht normiert ist, so bestehen doch besondere Möglichkeiten zur rechtsgeschäftlichen Festlegung solcher Pflichten. Das ist Folge daraus, daß §§ 311 ff. die allgemeinen Vorschriften aufheben, die einer sachgemäßen Tochterkontrolle entgegenstehen. Der Fixierung einer Berichtspflicht in der Geschäftsordnung des Vorstands der abhängigen Gesellschaft[49], die nach § 77 II S. 1 von deren Aufsichts-

---

dere Ansicht aber Semler, Überwachungsaufgabe, S. 118 ff., 121; ders., Leitung und Überwachung, Rn. 300 ff.; vgl. auch Kropff, in MüKo-AktG, § 311, Rn. 299 (Berichtspflicht zum Zwecke der Konzernplanung).

[48] Vgl. bereits oben 2. Teil, 2. Abschnitt, III. 1., S. 114 ff.

[49] Zu einer solchen Regelung in einer abhängigen GmbH vgl. Schneider, BB 1986, S. 1996.

rat vorgenommen werden kann, steht es daher nicht entgegen, daß die Vorschriften der §§ 93 I S. 2, 116 durch die Geschäftsordnung eigentlich nicht abgemildert werden können[50]. Allerdings ist zweifelhaft, ob es dem Zweck einer Geschäftsordnung entspricht, sie als Instrument der Berichterstattung an das herrschende Unternehmen einzusetzen.
Sachgerechter erscheint die vertragliche Vereinbarung einer Berichterstattungspflicht. Verträge zwischen dem herrschenden Unternehmen und der abhängigen Gesellschaft sind zulässig, wenn sie für die abhängige Gesellschaft nicht nachteilig sind oder der Nachteil ausgeglichen wird (§ 311). Diese Grundsätze sind auch auf eine vertragliche Verpflichtung der abhängigen Gesellschaft zur Berichterstattung an das herrschende Unternehmen anzuwenden. Außerdem muß bei der Begründung von regelmäßigen Verhaltenspflichten beachtet werden, daß die vertragliche Bindung nicht die Eigenverantwortlichkeit des Vorstands der abhängigen Gesellschaft einschränken darf, die ihm durch §§ 311 ff. belassen wird. Es muß ihm uneingeschränkt möglich sein, die Folgen einer Veranlassung durch das herrschende Unternehmen zu prüfen und bei der Befürchtung von Nachteilen die Befolgung der Veranlassung zu verweigern[51].
Vor diesem Hintergrund sollen nun die Möglichkeiten zur vertraglichen Vereinbarung einer Berichterstattungspflicht an das herrschende Unternehmen untersucht werden. Dabei gilt im besonderen Maße, daß die vertraglichen Berichterstattungspflichten als solche wenig praktische Bedeutung haben. Maßgeblich ist vor allem die ihnen zugrundeliegende Zulässigkeit eines entsprechenden faktischen Informationsflusses. In der Praxis wird es nämlich auf den Abschluß entsprechender Verträge angesichts der faktischen Möglichkeiten nicht ankommen. Die folgenden Untersuchungen geben daher zusammenfassend Aufschluß über die bei der faktischen oder vertraglichen Einrichtung eines Berichtssystems zu beachtenden Umstände. Außerdem binden sie die an anderer Stelle durchgeführten Untersuchungen zum Informationsfluß gemäß §§ 311 ff.[52], die überwiegend dogmatisch ausgerichtet waren, noch einmal in ein praxisorientiertes Konzept ein.

aa) Vertragliche Pflicht zur regelmäßigen Weiterleitung der Wirtschaftsdaten

Es ist zulässig, wenn das herrschende Unternehmen auf einen Vertragsschluß drängt, wonach die abhängige Gesellschaft regelmäßig ihre allgemeinen Wirt-

---

[50] BGHZ 64, 325, 327 f.; Mertens, in KölnKomm-AktG, § 93, Rn. 77; Hopt, in Großkomm-AktG, § 93, Rn. 199.
[51] Nach Geßler, DB 1965, S. 1729, konnten §§ 311 ff. eine Folgepflicht gerade deshalb nicht vorsehen, weil der Vorstand der abhängigen Gesellschaft die Prüfungsmöglichkeit haben müsse, ob er der Weisung entsprechen könne.
[52] Vgl. oben 2. Teil, 2. Abschnitt, II. 2. a), S. 98 ff.

schaftsdaten weiterleiten muß. Diese sind nämlich nicht verwertbar, ihre Weitergabe also grundsätzlich nicht nachteilig[53]. Deshalb kann auch eine Verpflichtung zur Weiterleitung solcher Informationen nicht nachteilig sein. Ist bei Veröffentlichung der Daten ausnahmsweise eine Rufschädigung zu befürchten, kann ausdrücklich vereinbart werden, daß das herrschende Unternehmen die Wirtschaftslage der Tochter nicht publizieren darf und bei Zuwiderhandlung eine Vertragsstrafe leisten muß. Da entsprechende Strafbeträge im Verhältnis zum Vermögen des herrschenden Unternehmens nicht groß sind, kann der Vorstand der abhängigen Gesellschaft auf die diesbezügliche finanzielle Leistungsfähigkeit des herrschenden Unternehmens vertrauen. Außerdem kann man ein Kündigungsrecht vereinbaren, falls sich das herrschende Unternehmen als unzulässig erweisen sollte. Schließlich ist erforderlich, daß das herrschende Unternehmen die Zusatzkosten ausgleicht, die der abhängigen Gesellschaft durch die Berichterstattungspflicht entstehen.

bb) Vertragliche Pflicht zur Erteilung einer Vorabinformation vor wichtigen Geschäften

Der Vorstand der abhängigen Gesellschaft kann sich verpflichten, dem herrschenden Unternehmen eine „Vorabinformation“ vor der Vornahme wichtiger Geschäfte zukommen zu lassen, wenn diese Weiterleitung nicht nachteilig ist[54]. Daher kommt nur die Verpflichtung zu einer Berichterstattung in Betracht, die so allgemein ist, daß die Information nicht verwertbar ist[55]. Dies ist aber vollkommen ausreichend, da das herrschende Unternehmen durch die Vorabinformation auf einen potentiellen Informationsbedarf hingewiesen wird. Es hat dann die Möglichkeit, sich konkretere Informationen auf dem faktischen Verhandlungsweg zu besorgen.
Die Pflicht zur Erteilung einer Vorabinformation darf nicht mit der Vereinbarung eines Zustimmungsvorbehalts zugunsten des herrschenden Unternehmens verwechselt werden. Solche Vereinbarungen werden als unzulässig angesehen, weil der Vorstand damit gegen seine Organpflicht zur eigenverantwortlichen Leitung verstoße und außerdem aus dem Zustimmungsvorbehalt resultierende Nachteile nicht ex ante definierbar seien[56]. Vor allem der zweite Gesichtspunkt ist überzeugend, zumindest läßt er sich deutlicher fassen. Denn ein vollständiger

---

[53] Vgl. oben 2. Teil, 2. Abschnitt, II. 2. a) aa) aaa), S. 98 ff.
[54] Kropff, in MüKo-AktG, § 311, Rn. 288, will die Zusage einer Vorabinformation sogar dann zu lassen, wenn der Vorstand einer faktisch konzernierten (nicht bloß abhängigen) Gesellschaft sie „ohne überwiegenden Nachteil“ für seine Gesellschaft geben kann.
[55] Zu diesbezüglichen Möglichkeiten vgl. bereits oben 2. Teil, 2. Abschnitt, II. 2. a.) aa) ccc), S. 102.
[56] Kropff, in MüKo-AktG, § 311, Rn. 287.

Schutz der Autonomie der abhängigen Gesellschaft besteht wegen der Durchbrechung des Eigenwillenschutzes durch §§ 311 ff. gerade nicht, so daß auch der bloße Verweis auf § 76 I als Argument für die Unzulässigkeit von Zustimmungsvorbehalten nicht genügt. In der Tat sind solche Vorbehalte zugunsten des herrschenden Unternehmens aber nicht mit der dem Vorstand durch §§ 311 ff. belassenen Autonomie vereinbar. Diese erlaubt ihm nämlich keine Verpflichtung, deren möglichen Nachteile sich überhaupt nicht abschätzen lassen. Daß sich aber die Auswirkungen eines Zustimmungsvorbehalts nicht antizipieren lassen, ergibt sich schon daraus, daß bei seiner Vereinbarung die konkreten Geschäfte noch gar nicht bekannt sind, die seinetwegen unterbleiben könnten. Daß auch die Pflicht zur Erteilung einer Vorabinformationen häufig zu demselben Ergebnis führen wird wie ein Zustimmungsvorbehalt, weil das herrschende Unternehmen auf die Information hin seinen Einfluß geltend machen kann, stellt ihre Zulässigkeit nicht in Frage. Hier sind nämlich die grundlegenden rechtlichen Unterschiede im Auge zu behalten. Während ein Zustimmungsvorbehalt das System der §§ 311 ff. außer Kraft setzt, kann eine Vorabinformation lediglich zu einer Einflußnahme führen, auf die dann ihrerseits §§ 311 ff. Anwendung findet.

cc) Die informationelle Kooperation bei einer wirtschaftlichen Schieflage der Tochtergesellschaft

Das herrschende Unternehmen und die abhängige Gesellschaft werden zu einer „Schicksalsgemeinschaft“, wenn das herrschende Unternehmen seine gefahrenerkennende Kontrolle verschärft, nachdem es wirtschaftliche Fehlentwicklungen in der Tochtergesellschaft erkannt hat[57]. Die damit einhergehende Kooperation kann etwa eine Gesellschaft bürgerlichen Rechts begründen, deren gemeinsamer Zweck die wirtschaftliche Sicherung der abhängigen Gesellschaft ist. Der gesellschaftsvertragliche Beitrag der abhängigen Gesellschaft ist die Erteilung von Informationen, der des herrschenden Unternehmens die wirtschaftliche Unterstützung der Tochtergesellschaft. Daß solche Verträge wirksam sind, auch wenn die abhängige Gesellschaft ohne weitere Überprüfung verwertbare Informationen weiterleitet, ergibt sich daraus, daß diese nachteilige Weiterleitung durch die Aussicht auf Hilfe ausgeglichen wird[58]. Das Risiko, das in der Weiterleitung einer verwertbaren Information liegt, wird durch die Erwartung einer Unterstützung kompensiert. Solche Kooperationsverträge ermöglichen einen uneingeschränkten Informationsfluß selbst dann, wenn die finanzielle Situation des herr-

[57] Zum diesbezüglichen Interessengleichlauf von Mutter- und faktisch konzernierter Tochtergesellschaft vgl. Kropff, in MüKo-AktG, § 311, Rn. 284, 288, 303, 306, 310, 311, 313.
[58] Vgl. oben 2. Teil, 2. Abschnitt, II. 2. a) bb) bbb), S. 105 ff.

schenden Unternehmens aus dem Gleichgewicht geraten und seine Ausgleichsfähigkeit daher fraglich ist.

b) Die Entsendung von eigenen Vorstandsmitgliedern und Angestellten in den Vorstand oder Aufsichtsrat der Tochterunternehmen

Eine flexiblere und damit für das herrschende Unternehmen noch effektivere Kontrollmöglichkeit besteht darin, eigene Angestellte oder Vorstandsmitglieder über §§ 84 I, 101 I in die Organe der Tochtergesellschaft zu entsenden, die dann aus dem Recht der Obergesellschaft zur Berichterstattung an diese verpflichtet sind. Da man damit allerdings in den problematischen Bereich der Interessenbindung von Doppelmandatsträgern gelangt, ist die Zulässigkeit einer solchen Berichterstattung genau zu verifizieren. Ein Handeln von Doppelorganmitgliedern im Interesse der Obergesellschaft ist bedenklich, wenn es sich in den Organen der Tochtergesellschaft abspielt und mit deren Interessen kollidiert[59]. Bei einer solchen Interessenkollision haben die Funktionsträger immer den Bedürfnissen der abhängigen Gesellschaft den Vorrang zu geben, da sie in deren Organen handeln. Personen dürfen in ihrer Organfunktion nämlich keine Maßnahmen ergreifen, die den zu beachtenden Interessen ihrer Gesellschaft zuwiderlaufen. Ein Verstoß gegen die Interessen der eigenen Gesellschaft kann auch nicht dadurch gerechtfertigt werden, daß die betroffenen Organmitglieder damit ihrer Bindung an die Interessen eines anderen, hier des herrschenden Unternehmens, genügen wollen[60]. Von diesen Fällen einer Interessenkollision streng zu unterscheiden sind aber solche Entscheidungen von Doppelmandatsträgern, bei denen durch die Berücksichtigung der Interessen des herrschenden Unternehmens gar nicht gegen beachtliche Interessen der abhängigen Gesellschaft verstoßen wird. Solche Maßnahmen sind zulässig.
An einer Interessenkollision fehlt es zunächst dann, wenn die Berücksichtigung der Bedürfnisse des herrschenden Unternehmens mit der absoluten Autonomie der abhängigen Gesellschaft im Einklang steht. Davon kann ausgegangen werden, wenn die für das herrschende Unternehmen günstige Maßnahme ohnehin im Interesse der Tochter vorzunehmen wäre. Auf diesen Einklang der Entscheidung mit der absoluten Eigenständigkeit der Tochtergesellschaft ist das Fehlen einer Interessenkollision jedoch nicht beschränkt. Bei abhängigen Gesellschaften besteht nämlich gerade kein vollständiger, sondern ein durch §§ 311 ff. eingeschränkter Schutz ihres Eigeninteresses[61]. Handlungsmaßstab der Organe einer abhängigen Gesellschaft ist allein das vermögensmäßige Eigeninteresse so-

---

[59] Vgl. Hoffmann-Becking, ZHR 150 (1986), S. 574 ff.
[60] Vgl. BGH, NJW 1980, 1629, 1630; Hoffmann-Becking, ZHR 150 (1986), S. 576 f.; Krieger, in MünchHdB-AG, § 69, Rn. 25; Scheffler, DB 1994, S. 799.
[61] Vgl. oben 2. Teil, 2. Abschnitt, I. 3. b) cc), S. 85 ff.

wie ein gewisser Kernbereich des Integritätsinteresses ihrer Gesellschaft. Dagegen ist der Eigenwille der abhängigen Gesellschaft gegenüber dem herrschenden Unternehmen nicht geschützt. Deshalb dürfen die Organmitglieder der abhängigen Gesellschaft in den ihnen durch §§ 311 ff. gezogenen Grenzen auch die Interessen des herrschenden Unternehmens berücksichtigen[62], da sie damit gerade nicht gegen relevante Interessen der abhängigen Gesellschaft verstoßen. Wenn die Doppelorganwalter bei ihrer Tätigkeit in der abhängigen Gesellschaft aber in einem bestimmten Bereich die Interessen des herrschenden Unternehmens berücksichtigen dürfen, dann kann sich in diesem Bereich auch ihre Bindung aus dem Recht der Obergesellschaft entfalten. Als solche, d.h. ohne Kollision mit den geschützten Bedürfnissen der abhängigen Gesellschaft, ist die Bindung an die Interessen des herrschenden Unternehmens nämlich zulässig. Daß die Organmitglieder der abhängigen Gesellschaft keiner Instanz außerhalb ihrer Gesellschaft Einfluß auf ihr Handeln einräumen dürfen[63], trifft wegen des Verzichts auf den Schutz des Eigenwillens der abhängigen Gesellschaft eben nicht zu[64]. Außerdem wollen §§ 311 ff. durch die Beschränkung des Eigeninteresseschutzes der Tochtergesellschaft gerade Interessen des herrschenden Unternehmens, insbesondere sein Tochterkontrollbedürfnis, zur Geltung bringen. Die Doppelorganwalter sind also in dem von §§ 311 ff. gesetzten Rahmen zur Berücksichtigung der Interessen des herrschenden Unternehmens verpflichtet[65]. Konkret bedeutet dies, daß sie aus dem Recht der Obergesellschaft zur Vornahme solcher Maßnahmen in der abhängigen Gesellschaft verpflichtet sind, die im Interesse des herrschenden Unternehmens liegen und für die abhängige Gesellschaft nicht nachteilig sind oder deren Nachteiligkeit ausgeglichen werden kann[66].

Vor diesem Hintergrund läßt sich bezüglich der Tochterkontrolle eine klare Pflichtenlage der doppelten Organwalter entwickeln. Da das Tochterkontrollbedürfnis des herrschenden Unternehmens ein rechtlich anerkanntes Interesse ist, müssen die Doppelorganwalter auch dieses wahren, indem sie an das herrschende Unternehmen im Rahmen der von §§ 311 ff. gewährten Möglichkeiten Bericht erstatten. Zwar gelten hier für Vorstand und Aufsichtsrat im einzelnen unterschiedliche Maßstäbe[67], doch lassen sich einige Grundsätze zusammenfassen. Danach haben die fraglichen Organwalter bei Bestehen eines Informationsbedarfs seitens des herrschenden Unternehmens zunächst zu prüfen, ob die Weitergabe der Informationen nachteilig ist. Ist das nicht der Fall, dürfen sie sie

[62] Kropff, in MüKo-AktG, § 311, Rn. 275, 290, 313 f.; Mülbert, ZHR 163 (1999), S. 26.
[63] So Lutter, FS Fischer, S. 430.
[64] Götz, ZGR 1990, S. 653.
[65] So auch Götz, ZGR 1990, S. 651 f. (Vorstand), S. 653 f. (Aufsichtsrat); ders., ZGR 1998, S. 543; wohl auch Mertens, in KölnKomm-AktG, § 111, Rn. 75.
[66] Auch dazu vgl. Götz, ZGR 1990, S. 651 ff.
[67] Zum Vorstandsverhalten vgl. so eben unter a), zum Aufsichtsrat siehe oben I. 1. b), S. 128 ff.

nach dem Recht der Tochtergesellschaft ohne weiteres weiterleiten und sind deshalb nach dem Recht der Obergesellschaft dazu verpflichtet. Ist die Auskunftserteilung dagegen nachteilig, haben sie einen ausreichenden Ausgleich zu vermitteln und die Information dann weiterzuleiten. Bei der Prüfung, welche Art von Informationen gegeben ist und welcher Ausgleich in Betracht kommt, müssen sie sich allein an der Schutzfunktion zugunsten der abhängigen Gesellschaft orientieren, die ihnen durch §§ 311 ff. zugewiesen ist. Das wirkt sich im vorliegenden Zusammenhang nur auf die Modalitäten des Ausgleichs aus, stellt aber – da ein solcher Ausgleich immer möglich ist - den Informationsfluß nicht in Frage.

II. Gegenständlicher Umfang der verbundsdimensionalen Überwachungspflicht des Vorstands

Zum gegenwärtigen Stand der Abhandlung ist selbstverständlich, daß der gesamte Vorstand der herrschenden Aktiengesellschaft nach §§ 76 I, 91 II, 93 verpflichtet ist, das wirtschaftliche Geschehen in den Tochtergesellschaften auf Fehlentwicklungen hin zu überwachen, und sich die Intensität seiner Überwachung nach dem Gefährdungspotential der Tochtergesellschaften richten muß. Dagegen spielt die einheitliche Leitung der Tochtergesellschaften in diesem Zusammenhang keine Rolle[68], da sie zu keiner größeren Gefährlichkeit der Tochtergesellschaften führt, sondern allenfalls selbst Folge dieser Gefährlichkeit ist. Daß die Literatur sich teilweise mit einer Pflicht zur „Konzernkontrolle" begnügt[69], korrespondiert mit der unzutreffenden Ansicht, daß nur im Konzern die Vorschriften der §§ 93 I S. 2, 131 IV S. 1 verdrängt würden und deshalb nur dort ein ausreichender Informationsfluß gewährleistet sei. Allerdings schließt es die in dieser Abhandlung in den Vordergrund gestellte Maßgeblichkeit des Gefährdungspotentials nicht aus, daneben – bei Bestehen einer entsprechenden Leitungspflicht - auch eine weitergehende leitungsmotivierte Konzernkontrollpflicht des Vorstands anzunehmen. Im folgenden soll aber allein die gefahrenerkennende Kontrollfunktion des Vorstands genauer dargestellt werden. Dabei wird zwischen dem allgemeinen Inhalt der tochterbezogenen Überwachung (vgl. 1) und der notwendigen Kontrollintensität (vgl. 2) unterschieden.

[68] So auch Götz, ZGR 1998, S. 527, Fn. 8.

[69] Vgl. etwa Martens, FS Heinsius, S. 531; ders., ZHR 159 (1995), S. 569 f.; Krieger, in MünchHdB-AG, § 69, Rn. 21.

1. Einige Eckpunkte zu den Maßstäben und zum Verfahren der Tochterkontrolle

Angesichts der Vielgestaltigkeit der Probleme, die sich dem Vorstand im Unternehmen und in der Unternehmensgruppe stellen, lassen sich allgemeingültige Verhaltensanforderungen für die Vorstandstätigkeit nur schwer konkretisieren. Vorstand und Aufsichtsrat haben überwiegend anhand der Umstände des Einzelfalls über die sachgemäßen Mittel der Geschäftsführung zu entscheiden[70]. Auch für die Maßstäbe und das Verfahren der gefahrenerkennenden Kontrolle des Vorstands, die ohnehin immer in seiner weiteren Tätigkeit aufgehen wird, lassen sich daher nur einige Leitlinien formulieren.

a) Pflicht zur Aufstellung eines „Risikostrukturplans" der Unternehmensgruppe

Entscheidend für die hier untersuchte Kontrollpflicht des Vorstands ist das Gefährdungspotential, das einzelne Tochtergesellschaften für das herrschende Unternehmen haben. Dieses wird zum einen durch die Rückwirkungsmöglichkeiten auf das herrschende Unternehmen, zum anderen durch die konkrete wirtschaftliche Situation der Tochtergesellschaft bestimmt. Zunächst hat sich der Vorstand daher Klarheit über die diesbezüglichen Risikostrukturen des eigenen Unternehmens und der gesamten Unternehmensgruppe zu verschaffen und diese systematisch zu erfassen[71]. Als Ergebnis dieses Prozesses steht ihm ein „Risikostrukturplan" der Unternehmensgruppe zur Verfügung, an dem er seine weitere Kontrollaufgabe auszurichten hat. Besondere Bedeutung bei der Aufstellung des Risikostrukturplans hat die Frage, ob sich wirtschaftliche Fehlentwicklungen in der Tochtergesellschaft existenzgefährdend auf das Mutterunternehmen auswirken können. Bei beherrschungsvertraglich konzernierten und eingegliederten Gesellschaften ist das grundsätzlich der Fall. Bei faktisch abhängigen Gesellschaften fällt es in den Aufgabenbereich des Vorstands, das Vorliegen eines besonderen Tochterkontrollbedürfnisses festzustellen. Er hat dabei die – allerdings nicht abschließenden – Umstände zu beachten, die an anderer Stelle als Grundlage besonderer Rückwirkungen im Bereich faktischer Abhängigkeit ausgewiesen wurden[72]. Das besondere Tochterkontrollbedürfnis ergibt sich dann, wenn die Gefährlichkeit der Tochtergesellschaft derjenigen eigener Geschäftsbereiche gleichkommt.

---

[70] Semler, Leitung und Überwachung, Rn. 60; Martens, FS Fleck, S. 193.
[71] Vgl. Hommelhoff/Mattheus, BfuP 2000, S. 224.
[72] Vgl. oben 1. Teil, I. 2., S. 8 ff.

b) Die Pflicht zur Überwachung der allgemeinen wirtschaftlichen Situation der Tochtergesellschaft unter Aufstellung von Kennzahlen

Auf der Grundlage des Risikostrukturplans hat der Vorstand eine Überwachung der Geschäftstätigkeit der Tochtergesellschaften vorzunehmen. Dabei hat er zunächst die allgemeine wirtschaftliche Entwicklung der Tochtergesellschaften zu beobachten, da diese für die weitere Existenz der Tochtergesellschaften maßgeblich ist. Der Zusammenbruch einer Tochtergesellschaft muß wegen seiner negativen Rückwirkungen auf das Mutterunternehmen in jedem Fall vermieden werden. Der Vorstand der Muttergesellschaft muß also die wesentlichen wirtschaftlichen Rahmendaten der Tochtergesellschaft im Auge behalten. Entsprechende Informationen muß er sich beschaffen.

Eine weitergehende Frage ist, ob der Vorstand die notwendigen Informationen in einer bestimmten Weise aufbereiten lassen muß. Angesprochen ist damit die selektive Verdichtung des Informationsmaterials zu einzelnen Kennzahlen, wie sie den betriebswirtschaftlichen Controlling-Konzepten zu Grunde liegt[73]. Auch aus diesen Überlegungen könnte nämlich eine Rechtspflicht des Vorstands resultieren. Zwar bestehen gegen eine umfassende Transformation von betriebswirtschaftlichen Erkenntnissen in rechtsverbindliche Sorgfaltsmaßstäbe Bedenken, da die Unternehmenswirklichkeit sehr vielgestaltig ist, und dem Vorstand deshalb ein großer Ermessensspielraum verbleiben muß. Konkrete wirtschaftswissenschaftliche Erwägungen können aber ausnahmsweise über die Sorgfaltspflichten der §§ 93, 116 rechtsverbindlich werden, wenn ihre Einhaltung mit großer Wahrscheinlichkeit der Abwehr erheblicher Schäden für die Gesellschaft dient[74]. Die Verdichtung von wirtschaftlichen Informationen zu Kennzahlen ist ein überwiegend technischer Vorgang, der die unternehmerische Tätigkeit des Vorstands inhaltlich nicht prägt, sondern ihr als Werkzeug dient. Sie ist außerdem in hohem Maße geeignet, Risikolagen bei der abhängigen Gesellschaft schnell zu erkennen. Vor diesem Hintergrund wäre es sorgfaltswidrig, wenn der Vorstand von der Möglichkeit der Kennzahlenbildung keinen Gebrauch machen würde. Daher ist er verpflichtet, dafür Sorge zu tragen, daß in ausreichender Form zur Gefahrenerkennung geeignete Daten über Tochtergesellschaften gesammelt, in Kennzahlen zusammengefaßt und an ihn weitergeleitet werden[75].

Ob man dieses gefahrenerkennende Überwachungssystem noch als Controlling-Konzept bezeichnen kann, ist letztlich eine begriffliche Frage, die hier ohne Belang ist. Jedenfalls ist zu beachten, daß die eben entwickelte Pflicht zur Aufstel-

---

[73] Theisen, AG 1991, S. 264.

[74] Vgl. Feddersen, ZGR 1993, S. 115; Semler, ZGR 1983, S. 13; Lutter, AG 1991, S. 251; Kessler, AG 1993, S. 272; unklar Kallmeyer, ZGR 1993, S. 107.

[75] Zu den betriebswirtschaftlichen Einzelheiten dieser Kennzahlen vgl. Götz, ZGR 1998, S. 537 f.; zur Pflicht zur Einrichtung eines Beteiligungs-Controllings vgl. die unten in Fn. 80 Genannten.

lung von Kennzahlen ein spezielles Gewand hat. Die Einrichtung eines Controlling-Konzepts hat nämlich eigentlich einen viel umfassenderen Anspruch. Es geht ihm nicht (nur) um die Erkennung von Risiken, sondern um die positive und weitreichende Unterstützung der Unternehmens*führung* zur optimalen Erreichung der Unternehmensziele[76]. Es soll die Einhaltung der detaillierten Unternehmensplanung überwacht und deren Aufstellung für die Zukunft ermöglicht werden; das Controlling ist eine „zukunftsorientierte und koordinierende Steuerung“ des gesamten Unternehmensprozesses[77]. Dementsprechend wird auch dem Konzern-Controlling die Aufgabe zugewiesen, die Geschäftspolitik der einzelnen Konzerngesellschaften zu koordinieren und auf die Ziele des Gesamtkonzerns auszurichten[78]. Z.B. legt der Konzerncontroller mitunter auch die Konzernverrechnungspreise systematisch fest[79]. Solche leitungsbezogenen Verhaltensweisen sind aber aus der Sicht der gefahrenerkennenden Überwachungspflicht des Vorstands nicht erforderlich. Schon grundsätzlich bedarf es für die bloße Erkennung von wirtschaftlichen Fehlentwicklungen keiner konzernspezifischen Kennzahlen, sondern allein solcher, die auf die abhängige Gesellschaft selbst ausgerichtet sind. Von dieser Einschränkung unberührt bleibt eine weitergehende Verpflichtung zur Einrichtung eines Beteiligungs-Controllings, die sich aus einer Leitungspflicht des Vorstands ergeben kann[80].

c) Überwachung der speziellen Risiken für das Mutterunternehmen

Neben die eben entwickelte Überwachungspflicht tritt eine Pflicht zur Kontrolle der speziellen Durchschlagsrisiken für das herrschende Unternehmen, die sich in der allgemeinen wirtschaftlichen Situation der Tochtergesellschaft nicht widerspiegeln. Solche Risiken bestehen vor allem bei engen wirtschaftlichen Verflechtungen, deretwegen sich Fehler in der abhängigen Gesellschaft unmittelbar auf den eigenen Wirtschaftsbetrieb des herrschenden Unternehmens auswirken[81]. Als fiktives Beispiel sei eine Tochtergesellschaft genannt, die grundsätzlich selbständig werbend tätig ist, aber bezüglich bestimmter Elemente ihrer Produktionspalette als Zuliefererbetrieb für das Mutterunternehmen fungiert.

---

[76] Vgl. Wöhe, Betriebswirtschaftslehre, S. 234 ff.; zur Zuordnung des Controllings zur Unternehmensführung und nicht nur der Unternehmensüberwachung vgl. Theisen, AG 1991, S. 263 f.

[77] Scheffler, AG 1991, S. 256 ff.

[78] Scheffler, AG 1991, S. 258 ff.

[79] Dazu vgl. die kritische Beschreibung von Theisen, AG 1991, S. 266 ff.

[80] Eine Pflicht zur Einrichtung eines Beteiligungs-Controllings nehmen an: Götz, ZGR 1998, S. 537 f.; Semler, in Holding-Handbuch, Rn. D 92 ff.; Kropff, in MüKo-AktG, § 311, Rn. 309; Krieger, in Holding-Handbuch, Rn. E 26.

[81] Vgl. dazu bereits oben 1. Teil., I. 2. e), S. 16.

Hier hat der Muttervorstand auch zu überwachen, daß die Produktion dieser Elemente reibungslos funktioniert, da entsprechende Engpässe ansonsten den eigenen Betrieb blockieren könnten. Mit der Überwachung der wirtschaftlichen Situation der Tochtergesellschaft ist es insoweit nicht getan, weil sich Fehler in konkreten Geschäftsbereichen nicht sofort negativ in den wirtschaftlichen Daten einer Gesellschaft niederschlagen müssen. Es ist sogar denkbar, daß die für das herrschende Unternehmen bedeutenden Produkte für die wirtschaftliche Lage der abhängigen Gesellschaft nur eine untergeordnete Bedeutung haben, weil die abhängige Gesellschaft ihre eigentlichen Gewinne mit anderen Geschäften erzielt. In einer solchen Konstellation werden Probleme in den Produktionsbereichen, die für das herrschende Unternehmen wichtig sind, schon grundsätzlich nur in geringem Umfang die wirtschaftlichen Rahmendaten der Tochtergesellschaft verschlechtern. Eine Kontrolle, die allein auf diese Daten gerichtet ist, kann die genannten Risiken also nicht erfassen.

d) Inhaltliche Befassung mit der Geschäftstätigkeit der abhängigen Gesellschaft

In der bloßen Kontrolle der wirtschaftlichen Rahmendaten der abhängigen Gesellschaft liegt noch keine detaillierte inhaltliche Auseinandersetzung mit ihrer Geschäftstätigkeit. Auch diese hat der Vorstand je nach Gefährdungspotential mit unterschiedlicher Intensität vorzunehmen (zur Intensität der Kontrollpflicht vgl. unter 2.). Dabei kann er sich grundsätzlich damit begnügen, die Geschäftstätigkeit der abhängigen Gesellschaft zu beobachten und inhaltlich nachzuvollziehen. Es entspricht nämlich gerade dem Charakter der Unternehmensgruppe, der durch die rechtliche Selbständigkeit der Tochtergesellschaften geprägt ist, den Geschäftsleitern der abhängigen Unternehmen einen weitgehenden unternehmerischen Autonomiebereich zu belassen[82]. Der Muttervorstand muß daher erst dann positiv in die Geschicke der abhängigen Gesellschaft eingreifen, wenn deren Vorstand offensichtlich sein unternehmerisches Ermessen überschreitet. Entsprechendes gilt, wenn die wirtschaftlichen Rahmendaten der Tochtergesellschaft eine Fehlentwicklung andeuten. In solchen Fällen muß der Muttervorstand die Ursachen der Schieflage ermitteln und abstellen. Dann vermischt sich die Pflicht zur genaueren Untersuchung mit der damit im engen Zusammenhang stehenden Pflicht zur Reaktion auf erkannte Gefahren. In welchem Maße und mit welchen Mitteln der Vorstand sich in die Geschäftstätigkeit der Tochtergesellschaft einzuschalten hat, hängt vom Einzelfall ab. Die Intensität seiner detaillierten Kontroll- und Einflußnahmepflicht wird dabei auch wieder durch das Gefährdungspotential der abhängigen Gesellschaft geprägt. Sobald die zur Bereinigung der wirtschaftlichen Situation erforderlichen Maßnahmen ergriffen sind,

[82] Vgl. oben 1. Teil, II. 4. a) bb), S. 31 f., und b) bb) bbb), S. 39 ff.

kann der Vorstand wieder die ursprünglichen, mitunter sehr dezentralen Leitungsstrukturen herstellen.

e) Gewährleistung des Informationsflusses

Die bisherigen Überlegungen zu den Vorstandspflichten implizierten einen ausreichenden Informationsfluß von den Tochtergesellschaften an das herrschende Unternehmen und die Existenz eines genügenden Berichtssystems. Da sich diese Komponenten auch im Bereich faktischer Abhängigkeit fast immer herstellen lassen[83], sei hier nur knapp die diesbezügliche Pflicht des Vorstands angesprochen. Er muß einen ausreichenden Informationsfluß gewährleisten und die Tochtergesellschaften zur regelmäßigen und unaufgeforderten Berichterstattung an das herrschende Unternehmen veranlassen. Bestehen im Einzelfall Schranken, muß der Vorstand diese beseitigen. Dabei wird er sich in der Regel mit der intensiven Auseinandersetzung mit unkooperativen Vorstandsmitgliedern der abhängigen Gesellschaft begnügen können. Mitunter wird er sich aber auch von diesen trennen[84] und/oder eigene Vorstandsmitglieder in die Organe der abhängigen Gesellschaft entsenden müssen[85]. Der Abschluß eines Beherrschungsvertrages mit bislang faktisch abhängigen Gesellschaften ist im Rahmen der gefahrenerkennenden Kontrolle dagegen in der Regel kein angemessener Weg[86]. Denn zunächst ist nur schwer vorstellbar, daß der Abschluß eines solchen Vertrages allein zu Kontrollzwecken notwendig wird. Außerdem werden durch den Beherrschungsvertrag gerade neue Haftungsgefahren für das herrschende Unternehmen geschaffen, so daß sein Abschluß kontraproduktiv sein kann. Sollte sich also wirklich einmal der Informationsfluß nicht auf faktischem Wege und mittels personeller Umbesetzungen in Gang bringen lassen, so muß und kann der Vorstand dies grundsätzlich hinnehmen. Seine tochterbezogene Überwachungspflicht ist dann entsprechend reduziert.

---

[83] Vgl oben I. 3., S. 125 ff.

[84] Vgl. Semler, Leitung und Überwachung, Rn. 298; Krieger, in Holding-Handbuch, Rn. E 18; zu den entsprechenden Möglichkeiten vgl. oben 2. Teil, 2. Abschnitt, III. 1., S. 114 ff.

[85] Martens, ZHR 159 (1995), S. 570 ff.; Hommelhoff, ZGR 1996, S. 162; Krieger, in Holding-Handbuch, Rn. E 18; zu diesen Möglichkeiten vgl. oben I. 3. b), S. 139 ff.

[86] Dagegen sieht Krieger, in Holding-Handbuch, Rn. E 18, den Abschluß eines Beherrschungsvertrages als mitunter notwendiges Mittel zur Absicherung des Informationsflusses an.

f) Das Verhältnis der Kontrollpflicht des Muttervorstands zur Überwachungsaufgabe des Aufsichtsrats der Tochtergesellschaft

Die Pflicht des Muttervorstands zur Kontrolle der Geschäftsführung einer abhängigen Gesellschaft überschneidet sich mit der Überwachungsaufgabe von deren Aufsichtsrat. Dies führt aber weder zu einem „Leerlaufen" der Kontrollfunktion des Tochteraufsichtsrats[87], noch kann sich der Muttervorstand auf die Entsendung eigener Repräsentanten in den Tochteraufsichtsrat beschränken[88]. Beides ergibt sich schon daraus, daß die jeweilige Überwachungsfunktion unterschiedlichen Verantwortungsbereichen zuzurechnen ist. Der Vorstand der Obergesellschaft ist seiner Gesellschaft verpflichtet und muß immer die spezifischen Risiken im Auge behalten, die die Tochtergesellschaften für das Mutterunternehmen bergen. Dagegen ist der Tochteraufsichtsrat der abhängigen Gesellschaft verpflichtet und kein Diskussionsforum für die Probleme der Muttergesellschaft. Wegen der unterschiedlichen Verantwortlichkeiten kann sich weder der Vorstand des Mutterunternehmens ohne weiteres und vollständig auf den Aufsichtsrat der Tochter verlassen, noch der Aufsichtsrat der Tochter auf eine ausreichende Überwachung durch den Vorstand des herrschenden Unternehmens.

Daß der Vorstand des Mutterunternehmens sich in gewissen Fragen auf den Aufsichtsrat der Tochter verlassen darf, schließt seine Überwachungspflicht nicht aus, sondern kann eben nur Teil ihrer Erfüllung sein. Desweiteren ist auch die konkrete Überwachungstätigkeit von ganz anderen Elementen geprägt. Der Muttervorstand kann viel detaillierter und zeitlich umfassender kontrollieren als der Tochteraufsichtsrat, da er sich notfalls täglich mit einer Tochtergesellschaft befassen kann, während der Tochteraufsichtsrat nach § 110 III grundsätzlich nur vierteljährlich für eine Sitzung zusammentritt. Außerdem hat der Muttervorstand aufgrund seiner unternehmerischen Tätigkeit konkretere Reaktionsmöglichkeiten auf erkannte Gefahren, deren Einsatz er durch eine eigene Kontrolle vorbereiten muß. Umgekehrt wird auch dem Aufsichtsrat der Tochtergesellschaft seine allein in deren Interesse erfolgende Kontroll- und Beratungsfunktion[89] nicht dadurch abgenommen, daß ein anderes Unternehmen seinerseits eine Überwachung durchführt. Das ergibt sich schon daraus, daß es überhaupt nicht im Einflußbereich des Aufsichtsrats liegt, mit welcher Sorgfalt und nach welchen Maßstäben der Vorstand der herrschenden Gesellschaft seine Kontrolle vollzieht.

---

[87] Zu dieser Frage vgl. Drygala, Diskussionsbericht, ZGR 1998, S. 548.
[88] So auch Götz, ZGR 1998, S. 535.
[89] Grundsätzlich zur Beratungsfunktion des Aufsichtsrats vgl. unten 2. Abschnitt, I. 1., S. 152.

2. Intensität der Kontrollpflicht und Möglichkeiten der Delegation

Für die Frage, mit welcher Intensität der Vorstand die Überwachung der Tochtergesellschaften durchführen muß, läßt sich eine bedeutende, wenn auch abstrakte Vorgabe formulieren. Etwas genauer kann entwickelt werden, in welchem Umfang der Vorstand die Überwachungstätigkeit auf einzelne Mitglieder delegieren kann. Eine solche Delegationsbefugnis steht deshalb im unmittelbaren Zusammenhang mit der Intensität der Kontrollpflicht, weil sie dem Vorstand die Möglichkeit gibt, seiner eventuellen Überlastung[90] vorzubeugen.

a) Intensität der Kontrollpflicht, insbesondere bei Bestehen eines besonderen Tochterkontrollbedürfnisses

Selbstverständlich ist, daß der Vorstand die Intensität seiner Kontrolle am Gefährdungspotential der Tochtergesellschaft auszurichten hat, dessen Umfang aus den Möglichkeiten eines Risikodurchschlags auf das herrschende Unternehmen sowie der wirtschaftlichen Lage der einzelnen Tochtergesellschaft resultiert. Die Kontrolle ist umso intensiver durchzuführen, umso wahrscheinlicher eine Beeinträchtigung des herrschenden Unternehmens ist, wenn die Tochtergesellschaft in wirtschaftliche Schwierigkeiten geraten sollte. Ebenso muß der Kontrollumfang ausgeweitet werden, wenn wirtschaftliche Fehlentwicklungen bei der Tochtergesellschaft tatsächlich eintreten.
Im Vertrags- und Eingliederungskonzern besteht grundsätzlich ein besonderes Kontrollbedürfnis[91]. Das bedeutet, daß der Vorstand die Tochtergesellschaften mit der gleichen Effizienz überwachen muß wie eigene Geschäftsbereiche. Für die Verteilung der Kontrollintensität zwischen eingegliederten und beherrschungsvertraglich konzernierten Gesellschaften sowie eigenen Geschäftsbereichen ist nur das materielle Geschehen in diesen nachgeordneten Stellen maßgeblich. Entsprechendes gilt für die Überwachung faktisch abhängiger Gesellschaften, wenn diesen gegenüber im Einzelfall ein besonderes Tochterkontrollbedürfnis besteht. Ob das anzunehmen ist, hat der Vorstand durch eine Gesamtbetrachtung des Gefährdungspotentials des eigenen Unternehmens und der Unternehmensgruppe zu ermitteln[92]. Einer solchen vergleichbaren Überwachungspflicht steht nicht entgegen, daß die Leitungsdichte des Vorstands im eigenen Unternehmen in der Regel höher ist als in der Unternehmensgruppe[93]. Denn

[90] Zu entsprechenden Bedenken vgl. Drygala, Diskussionsbericht, ZGR 1998, S. 547.
[91] Vgl. oben 2. Teil, 1. Abschnitt, II. 3. c), S. 63 f.
[92] Zu den dabei zu beachtenden Maßstäben vgl. oben 2. Teil, 2. Abschnitt, III., 2. und 3., S. 117 ff.
[93] Vgl. oben 2. Teil, 2. Abschnitt, III., 3., S. 121 f.

auch gegenüber Tochtergesellschaften hat der Vorstand jedenfalls die Möglichkeit, ausreichende Korrekturmaßnahmen zu ergreifen.

b) Möglichkeit zur Delegation der Tochterkontrolle auf einzelne Vorstandsmitglieder

Weitere rechtliche Überlegungen im Zusammenhang mit der Kontrollintensität sind bezüglich der Frage erforderlich, inwieweit der Vorstand die Wahrnehmung seiner Kontrollaufgabe teilweise auf einzelne Vorstandsmitglieder und diesen zugewiesene Angestellte delegieren darf. Mit der Statuierung einer Gesamtverantwortung für die Tochterkontrolle[94] ist nämlich noch nicht die davon streng zu unterscheidende Frage beantwortet, in welchem Umfang dieser Gesamtverantwortung durch ein gemeinsames Vorstandshandeln nachzukommen ist. Allgemein grenzt man „originäre Führungsentscheidungen", die vom Gesamtvorstand zu treffen sind, von ihrer Vorbereitung und alltäglichen Durchführung ab, die auch einzelnen Vorstandsmitgliedern zugewiesen werden kann[95]. Dementsprechend läßt sich für die Tochterüberwachung der Grundsatz aufstellen, daß der Vorstand über die Einrichtung eines Überwachungssystems, das auf die einzelnen Tochtergesellschaften ausgerichtet ist, gemeinsam zu entscheiden hat, weitere Detailfunktionen aber delegieren darf[96]. Das Überwachungssystem beinhaltet den Risikostrukturplan, wird jedenfalls einige Maßstäbe für die Kontrolltätigkeit aufstellen müssen und in der Regel die Einrichtung eines Beteiligungs-Controllings enthalten. Die laufende Überprüfung der wirtschaftlichen Entwicklung der Tochtergesellschaften auf der Grundlage dieses Systems kann dann von einzelnen Vorstandsmitgliedern dirigiert und durchgeführt werden, die sich dabei ihrerseits von Angestellten unterstützen lassen können.
Fraglich ist aus rechtlicher Sicht insoweit nur noch, wann und wie bei einer solchen Gestaltung der laufenden Kontrolle ausnahmsweise der Gesamtvorstand in Aktion treten muß. Denn es ist klar, daß sich der Vorstand seiner Verantwortung zur gemeinsamen Vornahme der Tochterüberwachung nicht allein mit der einmaligen Einrichtung des Überwachungssystems entledigen kann. Für die Bestimmung der verbleibenden aktiven Gesamtverantwortlichkeit des Vorstands bei einer Delegation des Tagesgeschäfts an einzelne Vorstandsmitglieder hat *Martens*[97] in Anlehnung an § 90 I S. 1 Nr. 4 ein überzeugendes Konzept entwikkelt. Danach sind alle Vorstandsmitglieder verpflichtet, in ihrem Bereich anfallende Maßnahmen dem Gesamtvorstand zur Kenntnis zu bringen und zur Ent-

[94] Dazu vgl. in der Einleitung dieses 1. Abschnitts des 3. Teils, S. 123 f.
[95] Semler, Leitung und Überwachung, Rn. 22 ff.
[96] Götz, ZGR 1998, S. 535.
[97] FS Fleck, S. 197 ff.; zustimmend Mertens, in KölnKomm-AktG, § 77, Rn. 18; Wiesner, in MünchHdB-AG, § 22, Rn. 15.

scheidung vorzulegen, wenn sie für die wirtschaftliche Lage der Gesellschaft von erheblicher Bedeutung sein können. Zwar ist auch diese Formulierung im Einzelfall präzisierungsbedürftig. Anhand der aus §§ 291 ff. abgeleiteten Prinzipien zur Tochterkontrolle lassen sich jedoch rechtliche Vorgaben zumindest für den Fall machen, daß ein besonderes Tochterkontrollbedürfnis besteht. Dann gilt nämlich, daß das einzelne Vorstandsmitglied wichtige Geschäfte von besonders kontrollbedürftigen Tochtergesellschaften genauso weiterleiten muß wie entsprechende Geschäfte des eigenen Unternehmens. Dabei ist allerdings zu beachten, daß das Gleichbehandlungsgebot auf die Kontrolle der Tochtergesellschaften beschränkt ist und daher im vorliegenden Zusammenhang nur die Weiterleitung selbst betrifft. Dem Gesamtvorstand ist also über wichtige Vorgänge bei einer besonders kontrollbedürftigen Tochter genauso wie über entsprechende Vorgänge im eigenen Unternehmen Bericht zu erstatten. Er muß aber nicht in gleicher Weise eine eigene Entscheidung über die ihm vorgelegten Vorfälle treffen. Denn die Leitung der Tochtergesellschaften erfolgt eben anders als die eigener Geschäftsbereiche.

2. Abschnitt. Aufsichtsrat

Beim Aufsichtsrat ist schon grundsätzlich fraglich, ob und in welchem Umfang er sich überhaupt genauer mit den Tochtergesellschaften befassen muß. Dies ist zum einen Folge daraus, daß allein dem zur Vertretung berufenen Vorstand weitgehende Rechte gegenüber den Tochtergesellschaften zustehen. Zum anderen ist die Aufsichtsratsfunktion grundsätzlich auf den Vorstand ausgerichtet. Dieser ist sowohl primäres Überwachungsobjekt des Aufsichtsrats als auch dessen eigentlicher Informationsversorger (§ 90). Schon wegen dieser grundlegenden Zweifel muß der auf die Tochterkontrolle des Aufsichtsrats bezogene Untersuchungsrahmen sehr genau gewählt werden. Deshalb wird im folgenden zunächst nur geprüft, inwiefern Tochtergesellschaften gegenständlich in den Bereich der Aufsichtsratsüberwachung fallen. Erst später wird dann im einzelnen ermittelt, ob der Aufsichtsrat genügende Kontrollmöglichkeiten hat, um die entwickelte Überwachungspflicht umzusetzen. Zwar kann auch eine gegenständliche Kontrollpflicht im Ergebnis natürlich nur so weit gehen, wie der Aufsichtsrat sie überhaupt erfüllen kann. Dies nötigt aber nicht dazu, die Kontrollmittel bereits bei der grundsätzlichen Bestimmung des Überwachungsumfangs zu berücksichtigen. Denn zum einen erhält der Aufsichtsrat seine Informationen überwiegend durch den Vorstand (§ 90), was eine umfangreiche Informationsversorgung auch über Tochtergesellschaften zumindest möglich macht. Die Kontrollmittel können also auch mit Blick auf den Kontrollumfang ausgestaltet und erweitert werden. Zum anderen sind genauere Ergebnisse zur Tochterkontrollpflicht des Aufsichtsrats zu erzielen, wenn man die Existenz von ausreichenden

Kontrollmitteln erst im Einzelfall zur Voraussetzung der Kontrollpflicht macht. Man vermeidet damit nämlich eine pauschale Reduzierung der gegenständlichen Kontrollpflicht wegen eines abstrakt angenommenen Mangels an Kontrollmitteln, der im Einzelfall gar nicht vorliegen muß.

I. Gegenstand und Umfang der verbundsweiten Überwachungspflicht des Aufsichtsrats

Ausdrücklich geregelt ist eine verbundsweite Überwachungspflicht des Aufsichtsrats allein in § 171 I S. 1. Danach hat der Aufsichtsrat bei Mutterunternehmen iSd § 290 HGB[98] auch den Konzernabschluß und den Konzernlagebericht zu prüfen[99]. Dies verpflichtet den Aufsichtsrat aber nur, sich einmal im Jahr grob mit den Tochtergesellschaften auseinanderzusetzen. Eine laufende Überwachungspflicht gegenüber Tochtergesellschaften wird damit nicht statuiert. Gerade diese ist aber erforderlich, um wirtschaftliche Fehlentwicklungen von Tochtergesellschaften so rechtzeitig zu erkennen, daß ihre negativen Rückwirkungen auf das herrschende Unternehmen vermieden werden können. Entscheidende Bedeutung hat also die Frage, in welchem Umfang Tochtergesellschaften grundsätzlich im Überwachungsfeld des Aufsichtsrats liegen.
Die laufende Aufsichtsratskontrolle ist auf den Vorstand ausgerichtet. Zwar spricht § 111 I nur von der Überwachung der „Geschäftsführung", ohne dies in persönlicher Hinsicht ausdrücklich zu konkretisieren. Da die Geschäftsführung aber nach §§ 76, 77 dem Vorstand obliegt, und außerdem der Aufsichtsrat personelle Kompetenzen nur diesem gegenüber hat (vgl. §§ 77 II, 82 II, 84, 90, 111 IV S. 2, 112), besteht die Aufgabe des Aufsichtsrats - zumindest ganz überwiegend - in der Kontrolle der Geschäftsführung gerade des Vorstands[100]. Auf der Linie dieser Funktionsbestimmung liegt auch die Pflicht des Aufsichtsrats zur Überwachung der konzern- bzw. gruppenleitenden Tätigkeit des Vorstands (vgl. 1.). Die Annahme einer Pflicht zur unmittelbaren Überwachung der Tochtergesellschaften weicht dagegen davon ab und bedarf schon deshalb einer umfassenden Begründung (vgl. 2.).

---

[98] Zu diesen siehe oben 1. Teil, I. 2. d), S. 15.

[99] Zur Annahme einer solchen Pflicht bereits vor der Normierung in § 171 I S. 1 vgl. Scheffler, DB 1994, S. 799.

[100] Vgl. Lutter, ZHR 159 (1995), S. 290; Kraft/Kreutz, GesellschaftsR, S. 337.

1. Pflicht zur Überwachung der verbundsdimensionalen Tätigkeit des Vorstands

Die Pflicht des Aufsichtsrats zur Überwachung der verbundsdimensionalen Tätigkeit des Vorstands, die unabhängig von der Existenz eines Konzerns besteht[101], resultiert aus deren Einordnung als Geschäftsführung i.S.d. § 111 I[102]. Deshalb gelten für diese Kontrollfunktion die gleichen Grundsätze wie für die sonstige Überwachung des Vorstands. Danach hat der Aufsichtsrat nur die Schwerpunkte der Leitungstätigkeit des Vorstands zu überwachen, nicht aber dessen gesamte Geschäftsführung[103]. Die zu kontrollierende Geschäftsführung des Vorstands ist aber in ihrer vollen Bandbreite zu würdigen, also auf ihre Rechtmäßigkeit, Ordnungsmäßigkeit, Wirtschaftlichkeit und Zweckmäßigkeit hin zu überprüfen[104]. Auch darf der Aufsichtsrat sich nicht allein auf eine vergangenheitsorientierte Kontrolle beschränken, sondern muß die Tätigkeit des Vorstands simultan begleiten. Ihm kommt also auch eine Beratungsfunktion gegenüber dem Vorstand zu, die präventiv auf die zukünftige Geschäftspolitik Einfluß nimmt[105]. Wegen des Geschäftsführungsverbots des § 111 IV S. 1 hat der Aufsichtsrat dabei allerdings eine Gratwanderung zu vollziehen[106]. Schließlich hat sich der Aufsichtsrat auch bei seiner verbundsdimensionalen Überwachungspflicht am Unternehmensinteresse der herrschenden Gesellschaft und nicht an einem anders gelagerten Konzerninteresse zu orientieren[107]. Das ergibt sich aus dem Begründungsansatz der vorliegenden Untersuchung. Danach sind verbundsdimensionale Zuständigkeitserweiterungen vorzunehmen, um die von Tochtergesellschaften ausgehenden Rückwirkungen auf das herrschende Unternehmen in den Griff zu bekommen. Das macht es aber gerade nicht erforderlich, dem Aufsichtsrat der Obergesellschaft auch die Funktion eines Konzernaufsichtsrats zuzuweisen und ihm die Wahrnehmung der Interessen des gedanklich verselbständigten Konzerns aufzuerlegen.

Inhaltlich hat sich der Aufsichtsrat einer Muttergesellschaft zunächst mit der grundsätzlichen Frage zu beschäftigen, welche Leitungsverantwortung deren Vorstand in der konkreten Unternehmensgruppe trifft. Der Aufsichtsrat muß un-

---

[101] So auch Götz, ZGR 1998, S. 539 f.

[102] Dazu vgl. bereits oben 1. Teil, II. 4. a) bb), S. 30 f.

[103] Krieger, in Holding-Handbuch, Rn. E 6.

[104] Semler, Leitung und Überwachung, Rn. 426; Krieger, in Holding-Handbuch, Rn. E 24 ff.; Lutter/Krieger, Aufsichtsrat, § 2, Rn. 47 ff.

[105] Theisen, AG 1995, S. 199; Hüffer, AktG, § 111, Rn. 5; Schlömer, Überwachungssystem, S. 84 f., 93 f.; Mertens, in KölnKomm-AktG, § 111, Rn. 11, 34; Lutter, ZHR 159 (1995), S. 289 f.

[106] Vgl. Hoffmann/Preu, Aufsichtsrat, Rn. 102, 104 f.

[107] So besonders deutlich auch Hoffmann-Becking, ZHR 159 (1995), S. 329 ff.; andere Ansicht: Lutter/Krieger, Aufsichtsrat, § 2, Rn. 46; Semler, Leitung und Überwachung, Rn. 426, 355 ff.

tersuchen, ob der Vorstand die unternehmerischen Möglichkeiten, die eine Tochtergesellschaft für das Mutterunternehmen bietet, ausreichend und mit dem richtigen Zentralisationsgrad nutzt[108]. Desweiteren hat er die Zweckmäßigkeit und die Rechtmäßigkeit wichtiger gruppenleitender Maßnahmen des Vorstands zu beurteilen. Hier gilt zwar grundsätzlich nichts anderes als bei der Überwachung der sonstigen Leitungsmaßnahmen des Vorstands. Inhaltliche Unterschiede ergeben sich aber zwingend daraus, daß die Leitungsverantwortung des Vorstands in der Unternehmensgruppe anders gestaltet ist als im eigenen Unternehmen[109]. Jedenfalls muß der Aufsichtsrat aber die konsolidierte Wirtschaftslage der gesamten Unternehmensgruppe im Auge behalten.
Für den vorliegend untersuchten Zusammenhang der Tochterkontrolle besonders wichtig ist die Pflicht des Aufsichtsrats, die Aufstellung eines sachgemäßen Risikostrukturplans sowie die Einrichtung eines ausreichenden Überwachungsinstrumentariums durch den Vorstand zu überprüfen[110]. Hier schlösse sich eigentlich die Frage an, in welchem Umfang diese „Kontrolle der Kontrolle" verlangt, daß sich der Aufsichtsrat mit den Tochtergesellschaften selbst befaßt. Eine Beschäftigung mit diesem Problem ist an dieser Stelle aber entbehrlich, da die unmittelbare Überwachung der Tochtergesellschaften durch den Aufsichtsrat sogleich gesondert untersucht wird.

2. Die unmittelbare Überwachung der Tochtergesellschaften

Tochtergesellschaften sind gesellschaftsrechtlich mit dem herrschenden Unternehmen verbunden und mehr oder weniger stark in dessen unternehmerische Sphäre eingegliedert. Deshalb können von ihnen strukturelle Gefahren für die Wirtschaftslage des herrschenden Unternehmens ausgehen, die daher von dessen Organen kontrolliert werden müssen. Definiert man den Aufsichtsrat untechnisch als „Überwachungsorgan", so müßte man ihm die Aufgabe zuweisen können, sich unmittelbar mit der wirtschaftlichen Entwicklung und Tätigkeit von einzelnen Tochtergesellschaften zu befassen, die ein erhebliches Gefährdungspotential für das herrschende Unternehmen aufweisen[111]. Dies dürfte auch dem Selbstverständnis der wirtschaftlichen Praxis entsprechen. Zumindest ist im Zusammenhang mit den wirtschaftlichen Schwierigkeiten der Frankfurter *Metall-*

---

[108] Vgl. Martens, ZHR 159 (1995), S. 577; Hoffmann-Becking, ZHR 159 (1995), S. 332 f.; Koppensteiner, in KölnKomm-AktG, Vorb. § 291, Rn. 31.
[109] Dazu vgl. oben 1. Teil, II. 4. b) bb) bbb), S. 39 ff.
[110] Zur Kontrolle des Überwachungsinstrumentariums vgl. Krieger, in Holding-Handbuch, Rn. E 26.
[111] So Götz, ZGR 1998, S. 540; weitergehend Schneider, BB 1981, S. 252; ausdrücklich ablehnend Hommelhoff, ZGR 1996, S. 156, 159, wegen einer Entlastung durch den Aufsichtsrat der Tochtergesellschaft; zur differenzierten herrschenden Literatur vgl. unten Fn. 18.

gesellschaft nicht nur ihr Vorstand, sondern auch deren Aufsichtsrat in die Kritik geraten. Ihm wurde dabei u.a. vorgeworfen, daß er die riskanten Ölterminge-schäfte der amerikanischen Tochtergesellschaft nicht zur Kenntnis genommen habe[112]. Die Frage, ob der Aufsichtsrat zur Kenntnisnahme dieser Geschäfte überhaupt verpflichtet war, hat man sich dabei anscheinend nicht gestellt.

Ob eine solche, gegenständlich unmittelbar auf das Geschehen in den Tochtergesellschaften gerichtete Kontrollpflicht des Aufsichtsrats aber wirklich dem geltenden Recht entspricht, ist sowohl aus binnenorganisatorischen als auch aus konzernrechtlichen Gründen fraglich. Insoweit bedarf es also einer sorgfältigen Untersuchung. Zu diesem Zweck wird im folgenden zunächst ein unmittelbares Überwachungskonzept grob fixiert (a.) und dann dessen Vereinbarkeit mit den binnenorganisatorischen Prinzipien der Obergesellschaft (b.) sowie den konzernrechtlichen Besonderheiten der Unternehmensgruppe (c.) überprüft. Den Feinschliff enthält die Lösung durch die Auseinandersetzung mit einigen speziellen Fragen, wie z.B. den Grenzen, die sich aus den Funktionsbedingungen des Aufsichtsrats ergeben (d.).

Da bereits bei der eben vorgenommenen Skizze der unmittelbaren Überwachungspflicht entscheidendes Gewicht auf das strukturelle Gefährdungspotential der Tochtergesellschaften gelegt wurde, ist die Untersuchung auf *besonders kontrollbedürftige Tochtergesellschaften* beschränkt. Dies sind beherrschungsvertraglich konzernierte und eingegliederte Gesellschaften sowie bestimmte faktisch abhängige Unternehmen[113].

a) Grobe Definition eines Überwachungskonzepts als Ausgangspunkt für die weitere Untersuchung

Als Ausgangspunkt für die folgenden Untersuchungen soll zunächst recht allgemein ein Konzept zur unmittelbaren Überwachung der Tochtergesellschaften durch den Aufsichtsrat definiert werden. Sein genauer Inhalt wird dann nach der weiteren Auseinandersetzung mit der geltenden Rechtslage bestimmt.

Die grundsätzliche Besonderheit der hier zu untersuchenden unmittelbaren Überwachung liegt in der gegenständlichen Trennung vom konkreten Verhalten des Muttervorstands. Während die Überwachung der Gruppenleitungs- und Gruppenkontrolltätigkeit des Vorstands durch den Aufsichtsrat an bestimmten Maßnahmen ansetzt, die der Vorstand getroffen hat, treffen will oder treffen müßte, ist dies für die gegenständliche Bestimmung der unmittelbaren Überwachungspflicht unerheblich. Sie ist allein am Gefährdungspotential der Tochter-

[112] Vgl. vor allem die Kritik von Prof. Ekkehard Wenger auf der außerordentlichen Hauptversammlung der Metallgesellschaft im Februar 1994 (zitiert in F.A.Z., vom 25.02.1994, Nr. 47, S. 16).

[113] Vgl. oben 2. Teil, 1. Abschnitt, II., S. 55 ff. und 2. Teil, 2. Abschnitt, III., S. 113 ff.

gesellschaften zu orientieren, das eben nicht davon abhängt, inwieweit die Geschäftstätigkeit der zu kontrollierenden Tochtergesellschaft vom Vorstand des herrschenden Unternehmens beeinflußt wird. Denn auch für die Rückwirkungen auf das herrschende Unternehmen, etwa aus einer Haftung gemäß §§ 302 I, 322 I oder aus Patronatserklärungen, kommt es auf eine vorherige Veranlassung durch dessen Vorstand nicht an. Die am Gefährdungspotential anknüpfende Kontrollpflicht des Aufsichtsrats bestünde in einer laufenden Überwachung der wirtschaftlichen Entwicklung der Tochtergesellschaft selbst. Der Aufsichtsrat müßte also zunächst die allgemeine wirtschaftliche Situation einer besonders kontrollbedürftigen Tochtergesellschaft im Auge behalten. Vor allem bei dortigen Fehlentwicklungen müßte er sich aber auch genauer mit der Geschäftsführung der Tochtergesellschaft befassen. Jedenfalls nicht ausreichend wäre eine Kontrolle einzelner, als solche für die Mutter bedeutsamer Angelegenheiten[114].
Daß es für den Inhalt der unmittelbaren Kontrollpflicht des Aufsichtsrats auf eine verbundsdimensionale Aktivität des Vorstands nicht ankäme, bedeutet nicht, daß sich die unmittelbare Tochterkontrolle durch den Aufsichtsrat unabhängig vom Vorstand vollzöge. Auch wenn sich der Aufsichtsrat inhaltlich unmittelbar mit dem Geschehen in den Tochtergesellschaften beschäftigen müßte, würde die Umsetzung dieser Überwachung durch eine Kooperation mit dem Vorstand erfolgen. Von ihm aufgespürte Fehlentwicklungen oder in Betracht gezogene Gefahren müßte der Aufsichtsrat immer mit dem Vorstand erörtern, diesem Vorschläge für Korrekturmaßnahmen unterbreiten und mitunter ein Eingreifen des Vorstands anregen. Die Unmittelbarkeit des hier entworfenen Kontrollkonzepts ist allein gegenständlich gemeint.
Bedeutende Teile der Literatur sehen eine Befassung des Mutteraufsichtsrats mit den Tochtergesellschaften nicht nur bei wesentlichen Vorgängen für das Mutterunternehmen, sondern auch deshalb als erforderlich an, um die verbundsdimensionale Tätigkeit des Vorstands überwachen zu können[115]. Es stellt sich daher die Frage, in welchem Verhältnis diese Überwachungspflicht zur hier untersuchten unmittelbaren Kontrolle steht. Da letztere gerade ohne Bezugnahme auf die verbundsweite Tätigkeit des Vorstands begrifflich fixiert wurde, bestehen zwar bereits im Ansatz Unterschiede. Daß daraus auch abweichende Ergebnisse resultieren, ist aber keineswegs zwingend. Dies wird besonders deutlich, wenn die Literatur vom Aufsichtsrat auch die Überwachung verlangt, ob der Muttervorstand eine erforderliche Einflußnahme auf die Tochtergesellschaft unterlas-

[114] Zu einer solchen Überwachungspflicht vgl. Martens, ZHR 159 (1995), S. 581 f.; Krieger, in Holding-Handbuch, Rn. E 8a; ablehnend Hommelhoff, ZGR 1996, S. 156.
[115] Hoffmann-Becking, ZHR 159 (1995), S. 332, 333; Scheffler, DB 1994, S. 796; Mertens, in KölnKomm-AktG, § 111, Rn. 23; Krieger, in Holding-Handbuch, Rn. E 6; Witte, Prüfungsbericht, S. 111 f.

sen hat[116]. Denn die Unterlassung eigentlich notwendiger Maßnahmen kann dem Aufsichtsrat nur auffallen, wenn er zuvor schon allgemein die Tochtergesellschaften überwacht hat. Umgekehrt betrachtet führt auch das hier entwickelte Konzept der unmittelbaren Überwachung zumindest reflexartig immer zur Kontrolle der verbundsdimensionalen Tätigkeit des Vorstands. Das ergibt sich daraus, daß der Vorstand in gewissem Umfang seiner Gesellschaft gegenüber für das Geschehen in der gesamten Unternehmensgruppe verantwortlich ist. Dies führt nämlich dazu, daß bei jeder erheblichen wirtschaftlichen Fehlentwicklung einer Tochtergesellschaft zugleich ein Unterlassungsverschulden des Muttervorstands im Raum steht. Egal an welcher Stelle man die Überwachungspflicht des Aufsichtsrats also ansetzt, ob bei der Tochter oder bei der Gruppenleitung des Vorstands, ist zumindest abstrakt zugleich immer der andere Ausgangspunkt betroffen. Inwieweit das unmittelbare Überwachungskonzept mit den genannten Literaturansichten übereinstimmt, hängt deshalb letztlich davon ab, welche genaue Bedeutung diese ihrer gegenständlichen Verknüpfung der Aufsichtsratskontrolle mit der Tätigkeit des Muttervorstands einräumen[117]. Entsprechendes gilt für den konkreten Abgrenzungsgehalt ihrer weiteren Einschränkung, daß die Überwachungspflicht des Mutteraufsichtsrats jedenfalls nicht auf die Geschäftsleitung der Tochtergesellschaften bezogen sei[118].
Hier wird das unmittelbare Überwachungskonzept vor allem deshalb verfolgt, weil es die sich stellenden Fragen präziser anspricht[119]. Unter seiner Prämisse muß ausdrücklich untersucht werden, inwieweit eine unmittelbare inhaltliche Beschäftigung mit der Geschäftstätigkeit der Tochtergesellschaften dem geltenden Recht entspricht. Dogmatische Genauigkeit ist an dieser Stelle wichtig, um den Umfang und die Maßstäbe der Beschäftigung mit den Tochtergesellschaften spezifizieren zu können. Im Ergebnis würde eine unmittelbare Kontrollpflicht jedenfalls mißverständliche Abgrenzungsschwierigkeiten vermeiden. Es wären im Ausgangspunkt sowohl die Gruppenleitung durch den Vorstand als auch die Tochtergesellschaften unmittelbar zu überwachen; wo sich beide Überwachungsfunktionen zu überschneiden begännen, wäre unerheblich.

---

[116] Hoffmann-Becking, ZHR 159 (1995), S. 332; Scheffler, DB 1994, S. 796 („der Aufsichtsrat der Konzernobergesellschaft hat sich für alles zu interessieren, (...) was Managementmaßnahmen der Geschäftsführung der Konzernobergesellschaft (...) auslösen *sollte*“).

[117] Nach Hoffmann-Becking, ZHR 159 (1995), S. 341, beaufsichtigt der Aufsichtsrat der Konzernobergesellschaft „nicht die Organe der Konzerntöchter, sondern nur die von dem Vorstand der Konzernobergesellschaft in Richtung auf die Konzerntöchter entfaltete Tätigkeit“.

[118] Scheffler, DB 1994, S. 797; Hoffmann-Becking, ZHR 159 (1995), S. 331, 333, 341; Krieger, in Holding-Handbuch, Rn. E 6; Witte, Prüfungsbericht, S. 111; besonders deutlich Semler, Leitung und Überwachung, Rn. 401.

[119] Dazu, daß die Überwachungspflicht des Aufsichtsrats gegenüber Tochtergesellschaften im Detail noch ungeklärt ist, vgl. Theisen, Der Konzern, S. 280.

b) Die Vereinbarkeit einer Tochterüberwachung durch den Aufsichtsrat mit der binnenorganisatorischen Zuständigkeitsverteilung in der Obergesellschaft

Wegen der ausdrücklichen Trennung von der unmittelbaren Tätigkeit des Vorstands wirft das zu untersuchende Überwachungskonzept schon allgemeine binnenorganisatorische und nicht nur rein konzernrechtliche Probleme auf. Da nämlich die Aufsichtsratsüberwachung grundsätzlich auf den Vorstand bezogen ist, könnte auch in der Unternehmensgruppe die Überwachungspflicht des Aufsichtsrats gegenständlich auf konkrete Maßnahmen des Vorstands ausgerichtet sein. Es bedarf also einer näheren Untersuchung, ob man die Überwachungsfunktion des Aufsichtsrats auch an den materiellen Geschäftsvorfällen in der Unternehmensgruppe ausrichten kann oder ob schon im Ansatz ein inhaltlicher Bezug zur Vorstandstätigkeit herzustellen ist.

aa) Die Überwachung leitender Angestellter durch den Aufsichtsrat

Ob die Überwachungsfunktion des Aufsichtsrats unmittelbar an die materielle Geschäftstätigkeit angeknüpft werden kann, oder ob sie überwiegend die konkreten Maßnahmen des Vorstands zum Gegenstand hat, soll zunächst grundlegend anhand der genauer entwickelten Rechtslage im eigenen Unternehmen bestimmt werden. Dort hat der Vorstand zwar entscheidenden Einfluß auf die Geschäftstätigkeit, die in ihrer Gesamtheit aber von den Angestellten abgewickelt wird. Vor allem im Falle einer sog. Spartenorganisation[120] treffen die leitenden Angestellten sogar Führungsentscheidungen oder bereiten sie zumindest im wesentlichen vor. In diesen Fällen stellt sich mit besonderer Deutlichkeit die Frage, ob der Aufsichtsrat unmittelbar das Führungsverhalten der Angestellten überwachen muß oder nur deren Interaktion mit dem Vorstand.
Zunächst ist zu bemerken, daß eine Kontrollpflicht gegenüber (leitenden) Angestellten jedenfalls mit dem Wortlaut des § 111 I vereinbar ist[121]. Dieser spricht nämlich lediglich von der Überwachung der „Geschäftsführung" und beschränkt dies nicht explizit auf den Vorstand[122]. Dagegen läßt sich auch nicht einwenden, daß es bei der Aktiengesellschaft institutionell keine Geschäftsführung gebe, damit also nur der zur Geschäftsführung berufene Vorstand gemeint sein könne[123]. Denn ob § 111 I allein institutionell und nicht zumindest teilweise auch

[120] Dazu vgl. Schwark, ZHR 142 (1978), S. 203 ff.; Geßler, in G/H/E/K-AktG, § 111, Rn. 15 f.
[121] Semler, Leitung und Überwachung, Rn. 100, 102; Steinbeck, Überwachungspflicht, S. 35, 40.
[122] Zur historischen Entwicklung der einzelnen Fassungen der die Zuständigkeit des Aufsichtsrats begründenden Normen vgl. Geßler, in G/H/E/K-AktG, § 111, Rn 11.
[123] So aber Henn, Aktienrecht, Rn. 610.

funktionsbezogen auszulegen ist, steht eben nicht ohne weiteres fest. Es spricht gerade gegen eine allein institutionelle Auslegung, daß § 111 I nicht den Begriff des Vorstands, sondern den der Geschäftsführung verwendet. Schließlich ergibt sich auch auf funktionalem Wege keine zwingende Verknüpfung des § 111 I mit den in §§ 76 I, 77 I S. 1, 93 I S. 1 getroffenen Aufgabenzuweisungen an den Vorstand. § 111 I („Geschäftsführung") und § 76 I („Leitung") unterscheiden sich nämlich schon im Wortlaut. Zwar gilt dies nicht für §§ 77 I S. 1, 93 I S. 1, da diese genauso wie § 111 I von der „Geschäftsführung" der Vorstandsmitglieder sprechen. Inhaltlich können aber auch diese Begriffe nicht identisch sein, weil der Aufsichtsrat ansonsten jede vom Vorstand ergriffene Maßnahme überwachen müßte[124]. Dies ist aber jedenfalls nicht Sinn des § 111 I, da ein entsprechender Überwachungsauftrag den Aufsichtsrat überfordern und zudem die Zuständigkeitsgrenzen zwischen Vorstand und Aufsichtsrat vollständig verwischen würde[125]. Es bleibt also dabei, daß der Wortlaut des § 111 I offen für eine Überwachung auch von leitenden Angestellten ist. Andererseits läßt sich die eigenständige Begriffsbildung in § 111 I nicht als zwingendes Argument dafür verwenden, daß auch gegenüber leitenden Angestellten eine Kontrollpflicht bestehen muß. Die autonome Wortwahl in § 111 I könnte nämlich lediglich den Sinn haben, die alleinige Überwachung des Vorstands durch den Aufsichtsrat gegenständlich auf einen Bereich der Vorstandstätigkeit zu erstrecken, der zwischen Leitung und Geschäftsführung i.w.S. liegt.

Der vom Wortlaut des § 111 I gesteckte Rahmen der Überwachungspflicht des Aufsichtsrats muß also anhand anderer Maßstäbe ausgefüllt werden. Solche Maßstäbe sind zunächst in § 90 zu suchen, da der Aufsichtsrat das, was ihm nach gesetzlichen Vorschriften zu berichten ist, auch zur Kenntnis nehmen muß[126]. Hier zeigt sich, daß vor allem § 90 I S. 1 Nr. 3 und Nr. 4 eindeutig materiellen Gehalt haben. Zwar ist der Vorstand für die in § 90 I S. 1 Nr. 3 genannten Umstände immer in gewisser Weise verantwortlich. Die Vorschrift selbst knüpft aber unmittelbar an den Gang der Geschäfte als solchen, die Liquidität der Gesellschaft selbst etc. und gerade nicht an die diesbezügliche Verantwortlichkeit des Vorstands an. Auch für die Anwendbarkeit des § 90 I S. 1 Nr. 4 ist nicht erforderlich, daß die dort angesprochenen Geschäfte vom Vorstand vorgenommen oder veranlaßt wurden. Als ein Beispiel für die Anwendung des § 90 I S. 1 Nr. 4 nennt die Regierungsbegründung etwa die Übernahme eines größeren Auftrags[127], der durchaus auch von Generalbevollmächtigten oder Prokuristen ausgehandelt und abgeschlossen werden kann. Ist dem Aufsichtsrat aber über

---

[124] Hüffer, AktG, § 111, Rn. 3.

[125] Vgl. etwa Krieger, in Holding-Handbuch, Rn. E 6.

[126] Baums, ZIP 1995, S. 16; Lutter/Krieger, Aufsichtsrat, § 2, Rn. 18; Semler, Leitung und Überwachung, Rn. 103; Hüffer, AktG, § 111, Rn. 3; Mielke, Leitung, S. 100; Kanavelis, Aufsichtsrat, S. 138.

[127] BegrRegE, in Kropff, AktG, S. 117.

diese materiellen Umstände zu berichten, so muß er sie auch als solche zur Kenntnis nehmen. Er ist daher verpflichtet, sich allgemein mit der wirtschaftlichen Situation der Gesellschaft sowie deren wesentlichen Unternehmensentscheidungen und Geschäftsvorhaben zu befassen, unabhängig davon, ob sie vom Vorstand oder (leitenden) Angestellten getroffen werden[128].
Schon durch die Wesentlichkeitsschwelle wird im praktischen Ergebnis zumeist – aber eben nicht rechtlich notwendig - die Tätigkeit des Vorstands von der Überwachung betroffen sein. Aber auch grundsätzlich steht das entwickelte Konzept mit der von §§ 77 II, 82 II, 84, 90, 111 IV S. 2, 112 vorgegebenen personellen Ausrichtung der Aufsichtsratstätigkeit auf den Vorstand in Einklang. Denn auch wenn der Aufsichtsrat das Geschehen im Unternehmen überwachen muß, so bleibt es doch dabei, daß er eigene Korrekturvorschläge nur über den Vorstand entfalten kann. Die erkannten Probleme diskutiert der Aufsichtsrat nicht mit den Angestellten, sondern mit dem Vorstand. Daß schließt es aber eben nicht aus, daß sich der Aufsichtsrat auf der Grundlage der ihm zugänglichen Informationen inhaltlich mit der allgemeinen Tätigkeit der Angestellten beschäftigt[129]. Die kooperative Verbindung der Aufsichtsratstätigkeit mit dem Vorstand verlangt nicht nach einer weiteren begrifflichen Berücksichtigung bei der gegenständlichen Bestimmung der Überwachungspflicht. Dies auch deshalb nicht, weil die Vorstandstätigkeit bei einer unmittelbaren Überwachung der nachgeordneten Stellen ohnehin immer automatisch betroffen ist. Da der Vorstand nämlich für alle materiellen Umstände des Unternehmens verantwortlich ist, beinhaltet deren Überwachung zumindest die Untersuchung, ob der Vorstand es möglicherweise unterlassen hat, seiner diesbezüglichen Verantwortung nachzukommen[130].
Daß in der eben entwickelten Überwachungspflicht keine den Aufsichtsrat überfordernde Überwachung der gesamten Geschäftstätigkeit liegt, ergibt sich aus

---

[128] So auch Hüffer, AktG, § 111, Rn. 3; Mertens, in KölnKomm-AktG, § 111, Rn. 21; Geßler, in G/H/E/K-AktG, § 111, Rn. 15 f.; Steinbeck, Überwachungspflicht, S. 42 f.; Schneider, in Scholz-GmbHG, § 52, Rn. 61; ders., BB 1981, S. 252; Kanavelis, Aufsichtsrat, S. 156 ff.; Dreist, Überwachungsfunktion, S. 87; Hanau/Ulmer, MitbestG, § 25, Rn. 50; Th. Raiser, MitbestG, § 25, Rn. 69; Biener, BfuP 1977, S. 491 f.; Martens, ZfA 1980, S. 633 f.; Saage, DB 1973, S. 117; Baumbach/Hueck-AktG, § 111, Rn. 5; Fitting/Wlotzke/Wißmann, MitbestG, § 25, Rn. 53; *andere Ansicht:* Lutter/Krieger, Aufsichtsrat, § 2, Rn. 20; Hoffmann-Becking, in MünchHdB-AG, § 29, Rn. 24; Henn, Aktienrecht, Rn. 610; Hoffmann/Preu, Aufsichtsrat, Rn. 103; Scheffler, DB 1994, S. 793; Mielke, Leitung, S. 101; Lippert, Überwachungspflicht, S. 83; Semler, Leitung und Überwachung, Rn. 116.
[129] Anders anscheinend Semler, FS Döllerer, S. 589.
[130] Vor diesem Hintergrund ist wieder fraglich, ob im Ergebnis überhaupt bedeutende Unterschiede zu solchen Ansichten bestehen müssen, die eine eigentliche Überwachungspflicht gegenüber nachgeordneten Stellen ablehnen (zu diesen Ansichten vgl. bereits in Fn. 31 aE). Hier gilt das bereits zum Verhältnis von unmittelbarer Tochterkontrolle und Überwachung der Gruppenleitung Gesagte entsprechend (vgl. 2. a.).

der Beschränkung auf wesentliche Vorgänge in Leitungsstellen. Aus dem gleichen Grund werden auch die Zuständigkeiten von Vorstand und Aufsichtsrat nicht in unzulässiger Weise (§ 111 IV S. 1) verwischt[131]. Gegen eine Pflicht zur unmittelbaren Überwachung der leitenden Angestellten läßt sich schließlich auch nicht einwenden, daß dem Vorstand eine Delegation von Führungsaufgaben an diese Stellen gar nicht erlaubt sei, und der Aufsichtsrat dieser unzulässigen Organisationsmaßnahme deshalb nicht folgen dürfe[132]. Denn der Überwachungsauftrag des Aufsichtsrats ist schon nach dem Wortlaut des § 111 I eben nicht ausnahmslos auf undelegierbare Leitungsentscheidungen iSd § 76 I beschränkt. Außerdem ist nicht ersichtlich, wieso der Vorstand durch die unzulässige Delegation von Führungsentscheidungen diese aus dem Blickfeld des Aufsichtsrats nehmen können soll. Der Aufsichtsrat kann dem Vorstand seine Bedenken bezüglich der Delegation mitteilen und ihn zur Rückgängigmachung auffordern und bis dahin trotzdem die nachgeordneten Leitungsstellen überwachen.

bb) Die unmittelbare Tochterkontrolle in dem durch § 111 I bestimmten Funktionsbereich des Aufsichtsrats

Aus der eben entwickelten Rechtslage zur Kontrolle eigener Angestellter ergibt sich, daß eine unmittelbare Tochterkontrolle durch den Aufsichtsrat mit den allgemeinen Verfassungsgrundsätzen der Obergesellschaft im Einklang stünde. Ob sie mit der rechtlichen Selbständigkeit der Tochtergesellschaften vereinbar ist, ist eine andere Frage, die hier zunächst einmal ausgeblendet werden soll. Jedenfalls entspricht auch eine unmittelbare Tochterkontrolle, die nicht an eine konkrete Einflußnahme des Vorstands anknüpft, der grundsätzlichen binnenorganisatorischen Funktion des Aufsichtsrats. Das ergibt sich daraus, daß auch unmittelbar die materielle Tätigkeit nachgeordneter Stellen unter den Überwachungsauftrag des Aufsichtsrats fallen kann, was sich auf das Geschehen in Tochtergesellschaften übertragen läßt. Insbesondere gilt auch hier die Überlegung, daß die personelle Bindung des Aufsichtsrats an den Vorstand (§§ 77 II, 82 II, 84, 90, 111 IV S. 2, 112) nicht in die gegenständliche Bestimmung seiner Überwachungspflicht einbezogen werden muß.

Die Annahme einer solchen unmittelbaren Überwachungspflicht gegenüber Tochtergesellschaften wäre auch mit dem Wortlaut des § 111 I vereinbar. Zwar legt dieser eine Kontrolle auch der Geschäftsführung der Tochtergesellschaften nicht nahe. Dies ist aber schon deshalb selbstverständlich, weil §§ 76 ff. eben konzernrechtlich neutral sind und dementsprechend noch verbundsdimensional

[131] Zu entsprechenden Bedenken vgl. Lutter/Krieger, Aufsichtsrat, § 2, Rn. 20; Semler, Leitung und Überwachung, Rn. 119; Scheffler, DB 1994, S. 793; Baums, ZIP 1995, S. 16.
[132] So aber Semler, FS Döllerer, S. 589; ders., Leitung und Überwachung, Rn. 116.

ausgelegt werden müssen. Durch eine tochterbezogene Auslegung wird aber der mögliche Wortsinn des Begriffes „Geschäftsführung" jedenfalls nicht überschritten. Schließlich haben Tochtergesellschaften für das Mutterunternehmen und damit auch deren Geschäftstätigkeit erhebliche Bedeutung. Wegen der konzernrechtlichen Neutralität der §§ 76 ff. spricht es außerdem nicht gegen eine unmittelbare Kontrollpflicht, daß § 90, dem ansonsten entscheidende Bedeutung für die Bestimmung der Überwachungspflicht zukommt, die Tochterkontrolle nur peripher in § 90 I S. 2 HS. 2, III S. 1 erwähnt.

c) Die Unbeachtlichkeit der rechtlichen Selbständigkeit einer Tochtergesellschaft bei Bestehen eines besonderen Tochterkontrollbedürfnisses

Auch wenn die unmittelbare Überwachung von Tochtergesellschaften durch den Aufsichtsrat jedenfalls im Einklang mit der binnenorganisatorischen Zuständigkeitsverteilung in der herrschenden Aktiengesellschaft steht, ist damit noch keine diesbezügliche Pflicht des Aufsichtsrats positiv begründet. Schließlich normiert § 111 I eine solche Pflicht nicht ausdrücklich. Vor allem aber sind die Tochtergesellschaften rechtlich selbständige Einheiten, die mit dem Aufsichtsrat des herrschenden Unternehmens auch nicht in der gleichen Weise verknüpft sind wie mit dessen Vorstand, dem die Beteiligungsverwaltung obliegt. Es bedarf also noch der konzernrechtlichen Begründung, daß und vor allem in welchem Umfang die Tochtergesellschaften trotz ihrer Eigenständigkeit in den Überwachungsbereich des Mutteraufsichtsrats fallen.
Da hier ohnehin nur die besonders kontrollbedürftigen Tochtergesellschaften untersucht werden, kann eine diesbezügliche Argumentation vollständig durch die Bezugnahme auf die bereits erarbeiteten normativen Prinzipien erfolgen[133]. Danach soll die rechtliche Selbständigkeit der besonders gefährlichen Tochtergesellschaften für die Zuständigkeitsbestimmung in der Obergesellschaft gerade keine Rolle spielen, soweit es um die gefahrenerkennende Kontrolle geht[134]. Maßgeblich ist allein das materielle Geschehen in diesen Tochtergesellschaften, das von den Organen der Obergesellschaft genauso zu überwachen ist wie die materiellen Aktivitäten ihrer eigenen Geschäftsbereiche. Auf den Aufsichtsrat gewendet bedeutet dies, daß er das Geschehen in den besonders kontrollbedürftigen Tochtergesellschaften im gleichen Umfang überwachen muß wie die ent-

[133] Vgl. oben 2. Teil, 1. Abschnitt, II. 3. c), S. 63 f. und 2. Abschnitt, III. 3., S. 121.
[134] Deshalb läßt sich einer Pflicht zur unmittelbaren Überwachung der Tochtergesellschaften nicht entgegenhalten, daß die Unternehmensgruppe keine rechtliche Einheit sei (so aber anscheinend Hoffmann-Becking, ZHR 159 (1995), S. 331 f.; kritisch dazu Hommelhoff, ZGR 1996, S. 150, Fn. 26).

sprechende Tätigkeit der eigenen Unternehmenssparten[135]. Dies gilt zu diesem Zeitpunkt der Untersuchung jedenfalls insoweit, als ihm dies mit seinen verbundsdimensionalen Mitteln möglich ist. Damit steht bereits hier fest, daß der Aufsichtsrat eine Berichterstattung des Vorstands über besonders kontrollbedürftige Tochtergesellschaften anzufordern hat, die in ihrem Umfang der Berichterstattung über eigene Geschäftsbereiche entspricht[136].

Aus dem entwickelten Gebot zur vergleichbaren Überwachung lassen sich zwar nicht ohne weiteres genauere Vorgaben für die Tochterkontrolle ableiten, da eine unmittelbare Überwachung der eigenen Geschäftsbereiche durch den Aufsichtsrat gesetzlich nicht gesondert fixiert ist. Die materielle Überwachungspflicht in der eigenen Gesellschaft ist primär auf deren Unternehmen insgesamt und nicht auf einzelne Sparten bezogen (vgl. § 90 I S. 1). Dies ist aber unerheblich, weil der Untersuchungsgegenstand der vorliegenden Abhandlung mit dem Begriff der gefahrenerkennenden Tochterkontrolle[137] ausreichend eng gesteckt ist. Es muß nämlich nur nachgewiesen werden, daß der Aufsichtsrat im Rahmen seiner unternehmensbezogenen Überwachungspflicht implizit auch eine entsprechende gefahrenerkennende Kontrolle speziell der eigenen Geschäftsbereiche vollziehen muß. Ist das der Fall, besteht auch eine vergleichbare Pflicht zur Kontrolle der Tochtergesellschaften.

Zwar wird die wirtschaftliche Lage einzelner Geschäftsbereiche des eigenen Unternehmens bei der Aufsichtsratsüberwachung nicht gesondert ausgewiesen (vgl. § 90 I S. 1 Nr. 2, Nr. 3). Da der Aufsichtsrat wirtschaftlichen Fehlentwicklungen des gesamten Unternehmens aber detailliert nachgehen muß, hat er diese auch in einzelnen Geschäftsbereichen zu lokalisieren[138]. Dies schließt eine Beobachtung der wirtschaftlichen Entwicklung dieser Sparten selbst ein. Noch deutlicher impliziert die inhaltliche Überwachung der materiellen Geschäftstätigkeit des gesamten Unternehmens eine Überwachung der Aktivitäten der einzelnen Unternehmensbereiche. Denn die im Unternehmen zu überwachende Tätigkeit muß sich immer in irgendeiner Geschäftssparte abspielen. Auch die wirtschaftliche Entwicklung und die unternehmerische Tätigkeit einzelner Geschäftsbereiche sind daher von der auf das gesamte Unternehmen bezogenen Überwachungspflicht des Aufsichtsrats erfaßt. Deshalb ergibt sich aus dem Gleichbehandlungsgebot, daß der Aufsichtsrat auch die wirtschaftliche Entwicklung von be-

---

[135] Zur Vergleichbarkeit von beherrschungsvertraglich konzernierten, eingegliederten und 100%-igen Tochtergesellschaften mit eigenen Geschäftsbereichen bezüglich der Leitungskontrolle durch den Aufsichtsrat vgl. Lutter/Krieger, Aufsichtsrat, § 2, Rn. 45; Lutter, Information, S. 43 ff.

[136] Ausführlich zur verbundsdimensionalen Berichterstattungspflicht des Vorstands vgl. unten II. 1., S. 170 ff.

[137] Zum Begriff vgl. oben 1. Teil, I. 1., S. 7 f.

[138] Vgl. Mertens, in KölnKomm-AktG, § 111, Rn. 12 (Ziff. 6), 18.

sonders gefährlichen Tochtergesellschaften kontrollieren muß[139]. Das bedeutet, daß er die wirtschaftlichen Rahmendaten[140] und vor allem bei deren negativer Entwicklung auch die konkrete Geschäftstätigkeit dieser Gesellschaften zu überwachen hat. Eine weitere Verdeutlichung dieser Überwachungspflicht erfolgt abschließend an anderer Stelle (vgl. e.).
Eine praktische Folge der grob entwickelten Tochterkontrollpflicht ist, daß besonders gefährliche Tochtergesellschaften in der Regel in größerem Umfang einer unmittelbaren Überwachung durch den Aufsichtsrat unterworfen sein werden als leitende Angestellte des eigenen Unternehmens. Das ergibt sich daraus, daß die Aktivitäten der rechtlich selbständigen Tochtergesellschaften typischerweise weniger durch den Muttervorstand bestimmt sind als die eigener Geschäftsbereiche[141]. Eine materiell ausgerichtete Überwachung trifft im eigenen Unternehmen also häufiger auf Maßnahmen, die der Vorstand selbst ergriffen oder zumindest konkret veranlaßt hat, als in der Unternehmensgruppe. Dies ist aber unschädlich, da der Unterschied eben allein die praktische Häufigkeit betrifft, aber nicht rechtlich ist. Außerdem resultiert aus der häufigeren unmittelbaren Beobachtung kein größerer Kontrollaufwand für Tochtergesellschaften, da die Überwachung des eigenen Unternehmens eben zu einem größeren Teil in der Überwachung des Vorstands selbst aufgeht und damit diese Überwachung entsprechend ausweitet. Die vermehrte unmittelbare Überwachung ist letztlich sachgemäße Folge des oben prinzipiell gefundenen Ausgleichs zwischen den Überwachungsbedürfnissen des herrschenden Unternehmens und der rechtlichen Selbständigkeit der Tochtergesellschaften. Sie wird der Erkenntnis gerecht, daß es der besonderen Struktur der Unternehmensgruppe entspricht, daß zwar die Leitung der abhängigen Unternehmen reduziert erfolgen muß, deshalb aber die Kontrolle nicht vernachlässigt werden darf[142].

d) Bedeutung der Funktionsbedingungen des Aufsichtsrats sowie der Existenz von Tochteraufsichtsräten für die Überwachungspflicht des Mutteraufsichtsrats

Bevor abschließend der Umfang der unmittelbaren Tochterkontrollpflicht des Aufsichtsrats festgelegt werden kann, sind sowohl dessen Funktionsbedingungen als auch der Aspekt zu untersuchen, daß auch die Tochtergesellschaften eigene Aufsichtsräte haben[143]. Dies sind Umstände, die die Tochterkontrollpflicht

[139] Für die Überwachung mehrstufig abhängiger Gesellschaften gilt das unter 2. Teil, 2. Abschnitt, III. 4., S. 122 Gesagte.
[140] Zu einer solchen Überwachungspflicht vgl. Witte, Prüfungsbericht, S. 111 f.
[141] Vgl. oben 1. Teil, II. 4. b) bb) bbb), S. 39 ff.
[142] Vgl. oben 2. Teil, 2. Abschnitt, III. 3., S. 121.
[143] Die gesamte Abhandlung ist auf abhängige Aktiengesellschaften beschränkt.

jedenfalls im Einzelfall reduzieren können, die sie möglicherweise aber auch grundsätzlich in einem bestimmten Umfang ausschließen.

aa) Die Funktionsfähigkeit des Aufsichtsrats als allgemeine Grenze seiner Überwachungspflicht, aber nicht als Ausschluß speziell der Tochterkontrollpflicht

Es ist selbstverständlich, daß auch die Intensität der Tochterkontrolle durch den Aufsichtsrat mit dessen Funktionsbedingungen im Einklang stehen muß[144]. Wesentliche Momente sind insoweit die zeitlichen Vorgaben der §§ 110 III, 90 II sowie der nebenamtliche Charakter der Aufsichtsratstätigkeit (vgl. § 100 II). Diese Vorgaben sind jedenfalls bei der späteren Konkretisierung der Überwachungspflicht zu berücksichtigen.
Eine andere Frage ist jedoch, ob diese gesetzliche Begrenzung der Überwachungsintensität die hier entwickelte Tochterkontrollpflicht grundsätzlich ausschließt oder einschränkt[145]. Dafür könnte sprechen, daß wegen der konzernrechtlichen Neutralität der §§ 76 ff. auch die Funktionsbedingungen des Aufsichtsrats ohne Berücksichtigung seiner verbundsdimensionalen Aufgabenstellung ausgestaltet wurden. Besonders deutlich kommt das in der Regelung des § 95 I zum Ausdruck, wonach sich die Zahl der Aufsichtsratsmitglieder allein nach der Höhe des Grundkapitals der eigenen Gesellschaft richtet. Unberücksichtigt bleibt dagegen, ob es sich um die Obergesellschaft einer Unternehmensgruppe handelt oder nicht[146]. Wenn aber schon die Funktionsbedingungen des Aufsichtsrats ohne Berücksichtigung der Tochterkontrollpflicht ausgestaltet wurden, so könnte man argumentieren, daß diese Pflicht jedenfalls nur insoweit bestehen könne, als die übrige Tätigkeit des Aufsichtsrats dafür Zeit lasse. Dabei wäre dann zu berücksichtigen, daß eine umfassende Übernahme der noch komplexeren[147] Tochterkontrollpflicht den Funktionsrahmen des Aufsichtsrats alsbald überschreiten würde.
Letztlich ist eine derart verminderte Bedeutung der Tochterkontrollpflicht gegenüber der sonstigen Überwachungsaufgabe des Aufsichtsrats aus einem einfachen rechtlichen Grund nicht haltbar. Dieser besteht darin, daß die Tochterkon-

[144] Krieger, in Holding-Handbuch, Rn. E 28; grundsätzlich zur Beschränkung der Kontrollintensität durch die Funktionsbedingungen des Aufsichtsrats vgl. Mertens, AG 1992, S. 208.
[145] Besonders deutlich befürchtet Hommelhoff, ZGR 1996, S. 150 ff., eine Überforderung des Aufsichtsrats durch eine Kontrolle der Tochtergesellschaften; vgl. außerdem Drygala, Diskussionsbericht, ZGR 1998, S. 547.
[146] Allerdings ist zu bemerken, daß die Nichtberücksichtigung der Stellung als herrschendes Unternehmen bei der Festlegung der Anzahl der Aufsichtsratsmitglieder letztlich unschädlich ist. Denn eine Erhöhung der Anzahl von Aufsichtsratsmitgliedern kann für die Effizienz ihrer Tätigkeit gerade kontraproduktiv sein; vgl. etwa Lutter, ZHR 159 (1995), S. 297.
[147] Hommmelhoff, ZGR 1996, S. 152.

trolle – wie sich in den vorherigen Ausführungen ergeben hat - eben grundsätzlich die gleiche Relevanz hat wie die Überwachung des eigenen Unternehmens. Zum Ausgleich konzernrechtlicher Defizite der §§ 76 ff. besteht ein rechtliches Gebot. Die Notwendigkeit zur Aufrechterhaltung der Funktionsfähigkeit des Aufsichtsrats kann nicht begründen, warum der Aufsichtsrat in deren Rahmen seine Aufgaben nicht optimal gewichten muß. Optimal ist eine Gewichtung des Kontrollbedarfs aber nur, wenn sie am tatsächlichen Gefährdungspotential der zu überwachenden Tätigkeit ausgerichtet ist. Und diesbezüglich spielt die rechtliche Selbständigkeit bei den hier diskutierten Tochtergesellschaften gerade keine Rolle. Es wäre nicht sachgemäß, wenn der Aufsichtsrat die Überwachung einer gefährlichen Tochtergesellschaft zurückstellen könnte, die wirtschaftlich angeschlagen ist, während das übrige Unternehmen keine Schwierigkeiten hat. Aus praktischer Sicht ist schließlich zu beachten, daß die hier diskutierte Überwachungspflicht nur gegenüber besonders kontrollbedürftigen Tochtergesellschaften besteht und in ihrem Vorkommen schon deshalb begrenzt ist[148].

bb) Keine vollständige Entlastung des Aufsichtsrats durch Aufsichtsräte von Tochtergesellschaften

Die tochterbezogene Überwachungspflicht des Aufsichtsrats der Obergesellschaft wird nicht dadurch aufgehoben, daß die abhängigen Gesellschaften eigene Aufsichtsräte haben, die auch zur Überwachung des Tochtergeschehens verpflichtet sind[149]. Dagegen spricht schon ein grundsätzlicher Aspekt. Dieser wird besonders deutlich, wenn man die verbundsdimensionale Überwachung des Aufsichtsrats als Pflicht seiner Gesellschaft gegenüber und nicht als Konzernfunktion begreift. Da der Aufsichtsrat des Tochterunternehmens einer anderen rechtlich selbständigen Gesellschaft angehört, kann er nicht absolut als Funktionsgehilfe des Aufsichtsrats der Obergesellschaft angesehen werden. Es kommt daher zwar in Betracht, daß sich der Aufsichtsrat im Einzelfall bei seiner Überwachung zurücknehmen darf, wenn ein zuverlässiger und weitgehend autonom entscheidender Aufsichtsrat bei der Tochtergesellschaft besteht. Dies ist aber allein eine Frage der Erfüllung der Überwachungspflicht des Aufsichtsrats in der konkreten Situation. Die Umstände sind insoweit zu komplex, als daß man die genannten Eigenschaften des Aufsichtsrats der Tochtergesellschaft fingieren könnte.

---

[148] Zur Überwachung mehrstufig abhängiger Gesellschaften vgl. bereits oben 2. Teil, 2. Abschnitt, III. 4., S. 122.

[149] Für eine weitgehende Entlastung des Aufsichtsrats durch Tochteraufsichtsräte aber Hommelhoff, ZGR 1996, S. 153 ff., 157, 159; kritisch Krieger, in Holding-Handbuch, Rn. E 8a.

Es genügt auch nicht, wenn sich der Mutteraufsichtsrat einmal von der effizienten Tätigkeit des Tochteraufsichtsrats überzeugt und dann nur noch bei Anzeichen dafür eingreift, daß dieser nicht ordnungsgemäß funktioniert[150]. Ebensowenig wie der Aufsichtsrat von der Überwachung des eigenen Vorstands entlastet wird, weil er diesen gemäß § 84 bestellt hat, wird er von der Überwachung der Tochtergesellschaften frei, weil er sich mit der Bestellung von deren Aufsichtsratsmitgliedern beschäftigt hat. Die Zuverlässigkeit der Tätigkeit von Aufsichtsratsmitgliedern läßt sich nicht allein durch ihre sorgfältige Auswahl gewährleisten. Vor allem aber ist zu beachten, daß der Mutteraufsichtsrat die Effizienz und Funktionsfähigkeit des Tochteraufsichtsrats gar nicht anders beurteilen kann, als durch eine Kontrolle der Tochtergesellschaft selbst. Daß der Tochteraufsichtsrat eine Fehlentwicklung verkannt hat und deshalb nicht mehr effizient arbeitet, kann dem Aufsichtsrat der Muttergesellschaft nur auffallen, wenn er selbst von dieser Fehlentwicklung weiß. Grundsätzlich wird der Aufsichtsrat der Obergesellschaft also nicht durch Aufsichtsräte von Tochtergesellschaften entlastet.
Inwiefern sich der Aufsichtsrat bei der Erfüllung seiner Überwachungspflicht auf Aufsichtsräte von Tochtergesellschaften verlassen darf[151], hängt vom Einzelfall ab. Auch insoweit ist aber aus den eben genannten Gründen Zurückhaltung geboten. Hinzu kommt, daß in der Unternehmensgruppe schon grundsätzlich von einer verminderten Effizienz des Tochteraufsichtsrats ausgegangen werden muß, da seine Mitglieder häufig in einem besonderen Vertrauensverhältnis zum Muttervorstand stehen[152]. Zwar richtet dies den Aufsichtsrat der Tochter insgesamt auf die Interessen der Mutter aus. Es widerspräche aber seiner strikten Trennung vom Vorstand, wenn sich der Mutteraufsichtsrat deshalb auf die Effizienz und Zuverlässigkeit des Tochteraufsichtsrats verlassen wollte.

e) Abschließende Konkretisierung der Pflicht des Aufsichtsrats zur unmittelbaren Überwachung besonders kontrollbedürftiger Tochtergesellschaften

Es wurde bereits grundsätzlich hergeleitet, daß der Mutteraufsichtsrat sowohl die allgemeine Wirtschaftslage als auch – in noch unbestimmtem Umfang – die Geschäftstätigkeit besonders kontrollbedürftiger Tochtergesellschaften überwachen muß. Dies ist ein *Teil* der (verbundsdimensionalen) Überwachungsaufgabe, die dem Aufsichtsrat seiner Gesellschaft gegenüber obliegt. Schon daraus ergibt sich, daß die Überwachung der abhängigen Geschäftsführung nach anderen Maßstäben erfolgt als die Kontrolle der eigenen Geschäftsleitung insgesamt.

---

[150] So aber Hommelhoff, ZGR 1996, S. 156.
[151] Nach Krieger, in Holding-Handbuch, Rn. E 8a, bedarf die Aufsichtsratskontrolle zumindest einer geringeren Intensität; ebenso Martens, ZHR 159 (1995), S. 568.
[152] Martens, ZHR 159 (1995), S. 577; Lutter/Krieger, Aufsichtsrat, § 3, Rn. 91.

Auch das Gleichbehandlungsgebot bezieht sich nur auf einen implizierten Teilbereich der unternehmensbezogenen Aufsichtsratskontrolle, nämlich die als Untersuchungsgegenstand dieser Abhandlung definierte gefahrenerkennende Überwachung von nachgeordneten Stellen. Aus diesen Gründen ist der Aufsichtsrat nicht verpflichtet, die Geschäftsführung der Tochterunternehmen laufend unternehmerisch mitzudenken und beratend zu begleiten[153]. Ebensowenig muß der Aufsichtsrat die Rechtmäßigkeit des Handelns der Tochtergesellschaften kontrollieren, solange nicht ausnahmsweise ein rechtswidriges Verhalten Grund für erhebliche wirtschaftliche Schwierigkeiten der Tochter ist. Die unmittelbare Tochterkontrollpflicht des Aufsichtsrats ist allein durch den Zweck der Gefahrenerkennung bestimmt.
In ruhigen Zeiten muß der Aufsichtsrat die Tochtergeschäftsführung grob nachvollziehen, da ihm auch schleichende Fehlentwicklungen nicht entgehen dürfen. Daneben hat die Beurteilung der personellen Besetzung der Tochterorgane eine grundsätzliche Bedeutung[154]. Desweiteren hat sich der Aufsichtsrat ein eigenes Bild darüber zu machen, ob leichte wirtschaftliche Fehlentwicklungen in einer Tochtergesellschaft als bedenklich anzusehen sind. Schließlich muß er nach dem Eintritt einer erheblichen Schieflage der Tochtergesellschaft solche Umstände und Maßnahmen genauer überprüfen, die die Fehlentwicklung herbeigeführt haben oder die sie wieder in Ordnung bringen können. Auch in Krisensituation besteht aber keine Pflicht, die Zweckmäßigkeit der Tochtergeschäftsführung in allen erdenklichen Bereichen nachzuvollziehen.
Für das Verfahren und die Intensität der unmittelbaren Tochterkontrolle gelten die allgemeinen Grundsätze der Aufsichtsratstätigkeit. Die Fixierung einer gegenständlich unmittelbaren Kontrollpflicht ändert nämlich nichts daran, daß sich auch die verbundsdimensionale Aufsichtsratstätigkeit hauptsächlich über den Muttervorstand vollzieht. Insbesondere hat der Aufsichtsrat seine wirtschaftliche Bewertung der Tochtergesellschaften mit dem Muttervorstand zu diskutieren[155]. Entsprechendes gilt für die vom Aufsichtsrat für notwendig befundenen Korrekturmaßnahmen in der Tochtergesellschaft. Daß auch die unmittelbare Kontrolle der Tochtergesellschaften nur so intensiv erfolgen kann, wie die Funktionsbedingungen des Aufsichtsrats es zulassen, ist selbstverständlich. Die inhaltliche Befassung mit den Tochtergesellschaften muß und kann also grundsätzlich so knapp durchgeführt werden, wie es im Rahmen einer vierteljährlichen Sitzung möglich ist. Die sachgemäße Gewichtung seiner Arbeit obliegt insoweit dem Aufsichtsrat, der dabei allerdings zu beachten hat, daß die unmittelbare Kontrol-

---

[153] Zur entsprechenden Pflichtenlage bei der Überwachung der eigenen Geschäftsleitung insgesamt vgl. oben 1. sowie Mertens, in KölnKomm-AktG, § 111, Rn. 11, 26 ff., 29, 34; Hüffer, AktG, § 111, Rn. 5 ff.
[154] Vgl. Krieger, in Holding-Handbuch, Rn. E 39.
[155] Allgemein zu den Gesprächsstrukturen zwischen Vorstand und Aufsichtsrat vgl. Hoffmann-Becking, in MünchHdB-AG, § 29, Rn. 30 ff.

le der Tochtergesellschaften nicht per se eine geringere Bedeutung hat als seine übrige Tätigkeit[156]. Wenn wirtschaftliche Fehlentwicklungen in einer Tochtergesellschaft eine genauere Untersuchung erforderlich machen, hat der Aufsichtsrat sein Arbeitspensum zu erhöhen[157]. Unabhängig davon trifft den Aufsichtsratsvorsitzenden die besondere Pflicht, sowohl mit dem Muttervorstand laufend Kontakt zu halten, als auch mit den Geschäftsführungsorganen der abhängigen Gesellschaft regelmäßig zusammenzutreffen[158].
Die eben skizzierte Pflichtenlage wurde ausdrücklich nur für besonders kontrollbedürftige Tochtergesellschaften entwickelt. Dies sind eingegliederte und beherrschungsvertraglich konzernierte sowie bestimmte faktisch abhängige Gesellschaften[159]. Wenn kein besonderes Tochterkontrollbedürfnis besteht, braucht sich der Aufsichtsrat um die wirtschaftliche Situation und die Geschäfte der abhängigen Gesellschaft grundsätzlich nicht zu kümmern. Auf diese bezogen muß er vom Vorstand nur Rechenschaft darüber verlangen, ob nach wie vor kein besonderes Kontrollbedürfnis besteht, oder ob mittlerweile z.B. harte Patronatserklärungen für diese Unternehmen abgegeben wurden. Außerdem besteht immer die von § 90 I S. 2 initiierte Überwachungspflicht. Schließlich geraten die nicht kontrollbedürftigen Tochtergesellschaften zumindest implizit über § 171 I S. 1 in das Überwachungsfeld des Aufsichtsrats.

3. Zusammenfassender Überblick über die verbundsweite Kontrollpflicht des Aufsichtsrats

Mit der Pflicht zur Kontrolle der Gruppenleitung sowie der Pflicht zur unmittelbaren Kontrolle der besonders gefährlichen Tochtergesellschaften wurden die rechtlichen Ausgangspunkte der laufenden verbundsdimensionalen Überwachungsfunktion des Aufsichtsrats festgelegt. Dabei wurde bereits an anderer Stelle beschrieben, daß diese Ausgangspunkte zumindest im Ergebnis immer aufeinander bezogen sind[160]. Gleichgültig, wo man die Aufsichtsratskontrolle ansetzt, ob bei der Gruppenleitung des Vorstands oder unmittelbar am Geschehen im abhängigen Unternehmen, ist im Ergebnis zugleich immer der andere Ausgangspunkt betroffen. Gerade in Grenzbereichen ist eine genaue Abgrenzung zwischen diesen verbundsdimensionalen Kontrollfunktionen des Aufsichtsrats daher weder möglich, noch erforderlich.

---

[156] Genauer dazu vgl. oben 2. d) aa).
[157] Allgemein zur Pflicht, bei Fehlentwicklungen die Kontrolldichte zu erhöhen, vgl. Krieger, in Holding-Handbuch, Rn. E 31.
[158] Krieger, in Holding-Handbuch, Rn. E 32.
[159] Vgl. oben 2. Teil, 1. Abschnitt, II. 3. c), S. 63 f. sowie 2. Teil, 2. Abschnitt, III., S. 113 ff.
[160] Vgl. oben 2. a).

Allerdings läßt sich durchaus konkretisieren, welche Überwachungspflicht den Aufsichtsrat bei einer Kumulation dieser beiden Funktionen im praktischen Ergebnis trifft. Hier gilt nämlich, daß der Aufsichtsrat durch die unmittelbare Überwachung der Tochtergesellschaften in großem Umfang auch seine Pflicht zur Überwachung der gruppenleitenden Tätigkeit des Vorstands erfüllt. Denn weil der Vorstand in der Unternehmensgruppe die alltägliche Leitung der Tochtergesellschaften weitgehend deren Geschäftsführungsorganen überlassen darf, erfüllt er seine diesbezügliche Verantwortlichkeit, wenn die Wirtschaftslage der Tochtergesellschaften stabil bleibt. Daneben ist eine weitergehende Überwachungspflicht des Aufsichtrats nur noch an wesentliche verbundsdimensionale Maßnahmen anzuknüpfen, die der Vorstand positiv ergriffen hat oder ganz konkret ergreifen will. Dagegen wird die Frage, welche Maßnahmen der Vorstand möglicherweise in einer Tochtergesellschaft ergreifen müßte, also die Frage nach einem Unterlassungsverschulden des Vorstands, vollständig von der unmittelbaren Kontrolle der Tochtergesellschaften erfaßt.
Außerdem ergibt sich aus diesem Zusammenhang eine umgekehrte Schlußfolgerung für nicht besonders kontrollbedürftige Tochtergesellschaften[161]. Da diese nicht unmittelbar zu überwachen sind, muß der Aufsichtsrat sie auch nicht laufend hinsichtlich der Frage im Auge behalten, ob der Vorstand dort eine ausreichende Einflußnahme unterlassen hat. In Bezug auf solche Tochtergesellschaften hat der Aufsichtsrat daher allenfalls positiv vom Vorstand vorgenommene oder konkret beabsichtigte Leitungsmaßnahmen zu überwachen. Ansonsten gelangen solche Tochtergesellschaften nur über § 90 I S. 2 oder über die Prüfung der Konzernrechnungslegung in das Blickfeld des Mutteraufsichtsrats.

II. Die Kontrollmittel des Aufsichtsrats gegenüber Tochtergesellschaften

Die gegenständliche Bestimmung der Überwachungspflicht des Aufsichtsrats wurde so weit wie möglich von dessen Kontrollmitteln gegenüber Tochtergesellschaften getrennt. Selbstverständlich kann eine Verletzung der gegenständlichen Überwachungspflicht aber nur vorliegen, wenn der Aufsichtsrat die kontrollrelevanten Informationen hatte oder hätte haben können. Die dem Aufsichtsrat bei der Informationsbeschaffung zur Verfügung stehenden Möglichkeiten sollen nun im einzelnen dargestellt und entwickelt werden[162].

---

[161] Dies sind faktisch abhängige (bzw. konzernierte) Tochtergesellschaften, denen gegenüber kein besonderes Tochterkontrollbedürfnis besteht.

[162] Wegen ihres arbeitsrechtlichen Bezugs bleiben allerdings die Vorschriften der §§ 32 MitbestG, 15 MitbestErgG außer Betracht, die dem Aufsichtsrat gewisse Einflußnahmemöglichkeiten vor allem auf die Personalia der abhängigen Gesellschaft einräumen. Ihr Ansatz ist aber mit dem hier vertretenen uneingeschränkt kompatibel.

1. Die verbundsweite Berichterstattungspflicht des Vorstands an den Aufsichtsrat

Der Vorstand ist nicht nur wesentliches Überwachungsobjekt des Aufsichtsrats, sondern auch dessen maßgeblicher Erfüllungsgehilfe bei der Kontrolltätigkeit. Das ergibt sich vor allem aus § 90, der als zentrales Mittel zur Informationsversorgung des Aufsichtsrats die Berichterstattung durch den Vorstand normiert. Ausdrückliche Ansätze einer verbundsdimensionalen Berichterstattung enthalten dabei § 90 I S. 2 HS. 2 und § 90 III S. 1. Diese Vorschriften statuieren aber keine Pflicht zur *unaufgeforderten Regelberichterstattung* über Tochtergesellschaften. Als Mittel zur Erfüllung der entwickelten verbundsweiten Überwachungspflichten des Aufsichtsrats genügen sie daher nicht. Auch die Regelberichterstattungspflicht des § 90 I S. 1 ist daher nach Maßgabe des normativen Tochterkontrollbedürfnisses zu erweitern[163]. Dies soll, nachdem ein kurzer Blick auf die Vorschrift des § 90 I S. 2 HS. 2 geworfen wurde, im folgenden verdeutlicht werden.

a) Die Berichterstattung nach § 90 I S. 2 HS. 2

Nach § 90 I S. 2 HS. 2 muß der Vorstand dem Aufsichtsratsvorsitzenden ihm bekanntgewordene geschäftliche Vorgänge bei einem verbundenen Unternehmen mitteilen, die auf die Lage der Gesellschaft von erheblichem Einfluß sein können. Die übrigen Aufsichtsratsmitglieder sind vom Vorsitzenden dann gemäß § 90 V S. 3 spätestens in der nächsten Aufsichtsratssitzung zu informieren. § 90 I S. 2 ist eine wichtige Vorschrift für die verbundsweite Berichterstattung des Vorstands an den Aufsichtsrat in der Obergesellschaft. Insbesondere bei Bestehen eines qualifizierten Tochterkontrollbedürfnisses kommt einer zügigen Berichterstattung an den Aufsichtsrat über die von § 90 I S. 2 erfaßten Vorgänge erhebliche Bedeutung zu. Dort ist grundsätzlich jeder Umstand, der für die abhängige Gesellschaft ein wichtiger Anlaß iSd § 90 I S. 2 ist, zugleich ein wichtiger Anlaß für das herrschende Unternehmen. Dennoch ist eine unaufgeforderte Berichterstattung allein nach Maßgabe des § 90 I S. 2 für die sachgemäße Erfüllung der verbundsweiten Kontrollpflicht des Aufsichtsrats nicht ausreichend[164].

---

[163] Daß die Regelberichterstattungspflicht verbundsdimensional auszugestalten ist, ist heute im Grundsatz weitgehend anerkannt: vgl. Lutter, Information, S. 40 ff.; Lutter/Krieger, Aufsichtsrat, § 3, Rn. 78 ff.; Krieger, in Holding-Handbuch, Rn. E 9 ff.; Semler, Leitung und Überwachung, Rn. 297, 386 ff., 391 ff., 402 ff.; Schneider, FS Kropff, S. 279 f.; Scheffler, DB 1994, S. 797 f.; Mertens, in KölnKomm-AktG, § 90, Rn. 18 f.; Witte, Prüfungsbericht, S. 132 ff.

[164] Mertens, in KölnKomm-AktG, § 90, Rn. 18; Lutter/Krieger, Aufsichtsrat, § 3, Rn. 78; Krieger, in Holding-Handbuch, Rn. E 10.

Sie ist nämlich nur auf wichtige Anlässe beschränkt und umfaßt daher keine allgemeine Beurteilung der wirtschaftlichen Situation der untergeordneten Unternehmen. Für eine sachgemäße Umsetzung des Tochterkontrollbedürfnisses ist aber erforderlich, daß der Aufsichtsrat auch schleichende Fehlentwicklungen untersucht und mitunter die Geschäftstätigkeit der Tochtergesellschaft als solche überprüft.

b) Inhalt der verbundsdimensionalen Berichterstattungspflicht des Vorstands

Im wesentlichen ist der Inhalt der unaufgeforderten Regelberichterstattungspflicht des Vorstands bereits durch die detaillierten Überlegungen zum Umfang der Überwachungspflicht des Aufsichtsrats bestimmt. Denn als Grundsatz kann festgelegt werden, daß der Vorstand dem Aufsichtsrat in einer Weise zu berichten hat, die diesem die Wahrnehmung seiner gegenständlichen Überwachungspflicht ermöglicht[165]. Der Aufsichtsrat ist dem Vorstand „informationsrechtlich gleichgestellt“, eine Geheimhaltung zwischen diesen Organen gibt es nicht[166]. Konkret hat der Vorstand etwa über die von ihm getroffenen Leitungsmaßnahmen, wie z.B. die Aufstellung des Risikostrukturplans und die Einrichtung eines Beteiligungs-Controllings zu berichten. Um dem Aufsichtsrat eine Überwachung der gruppenleitenden Tätigkeit zu ermöglichen, ist außerdem eine konsolidierte Berichterstattung über die wirtschaftliche Situation der gesamten Unternehmensgruppe erforderlich[167]. Desweiteren ist eine an der unmittelbaren Überwachungspflicht des Aufsichtsrats orientierte Berichterstattung über einzelne Tochtergesellschaften vorzunehmen, denen gegenüber ein besonderes Kontrollbedürfnis besteht. Unerheblich ist insoweit, ob die nachgeordneten Unternehmen einheitlich geleitet werden oder nicht[168]. Über nicht besonders kontrollbedürftige Tochtergesellschaften ist dagegen keine Regelberichterstattung erforderlich. Allerdings muß der Vorstand dem Aufsichtsrat unaufgefordert alle Umstände mitteilen, die auch im faktischen Bereich das besondere Tochterkontrollbedürfnis begründen können (z.B. die Abgabe von harten Patronatserklärungen).

c) Gestaltung der Regelberichte des Vorstands

In der Literatur wird problematisiert, ob die verbundsweite Regelberichterstat-

[165] Vgl. Semler, Leitung und Überwachung, Rn. 397.
[166] Martens, ZHR 159 (1995), S. 586; Krieger, in Holding-Handbuch, Rn. E 19.
[167] Vgl. Lutter, Information, S. 48; Krieger, in Holding-Handbuch, Rn. E 11; Semler, Leitung und Überwachung, Rn. 410; Götz, ZGR 1998, S. 541, Fn. 46; Mertens, in KölnKomm-AktG, § 90, Rn. 18; Witte, Prüfungsbericht, S. 137 f.
[168] So auch Götz, ZGR 1998, S. 541, Fn. 46.

tung überwiegend konsolidiert für alle Tochtergesellschaften oder getrennt für jede einzeln erfolgen soll[169]. Man wird diese Umstände zumindest insoweit in das Ermessen von Vorstand und Aufsichtsrat stellen können, als die gewählte Berichterstattungsform nur dem Aufsichtsrat die Erfüllung seiner Überwachungspflicht sachgemäß ermöglicht[170]. Jedenfalls müssen die Vorstandsberichte die wirtschaftliche Situation der besonders kontrollbedürftigen Tochtergesellschaften so genau erkennen lassen, daß Fehlentwicklungen dort ohne weiteres lokalisiert werden können[171]. Ob dies durch detaillierte Erläuterungen an den entscheidenden Stellen einer ansonsten konsolidierten Berichterstattung oder durch separierte Tochterberichte erfolgt, mögen Vorstand und Aufsichtsrat in der konkreten Situation entscheiden. Ebenso wie sich die Überwachung der Gruppenleitung mit der unmittelbaren Kontrolle der Tochtergesellschaft überschneidet, vermischen sich eben auch die zu berichtenden Umstände. Eine sachgemäße Berichterstattungsform kann daher nur im Einzelfall festgelegt werden.

2. Die Einsicht in Unterlagen der Tochtergesellschaft unter Mitwirkung des eigenen Vorstands

Die Berichterstattung durch den Vorstand entsprechend § 90 ist zwar die bedeutendste, aber nicht die einzige wesentliche Informationsquelle des Aufsichtsrats über Tochtergesellschaften. Auch anderen Dokumenten, die über die wirtschaftliche Situation der abhängigen Gesellschaft Aufschluß geben, kommt erhebliche Bedeutung für die Kontrolltätigkeit des Aufsichtsrats zu. Dabei kann es sich um die Controlling-Berichte von Tochtergesellschaften handeln, vor allem aber um den Jahresabschluß und den Prüfungsbericht eines abhängigen Unternehmens. Die Behandlung auch solcher Unterlagen entspricht den speziellen Arbeitsverfahren des Aufsichtsrats. Denn gerade die Kenntnisnahme von Dokumenten läßt sich in den wenigen jährlichen Sitzungen (§ 110 III) gut vollziehen.

a) Rechtliche Grundlage für die Einsicht in Unterlagen über Tochtergesellschaften

Nach § 111 II hat der Aufsichtsrat die Möglichkeit, die Bücher und Schriften der eigenen Gesellschaft einzusehen. Eine entsprechende Regelung für verbundene Unternehmen enthält das Aktiengesetz zwar nicht. Anerkannt ist aber zunächst,

[169] Lutter, Information, S. 48 f.; Semler, Leitung und Überwachung, Rn. 403.
[170] Für eine Orientierung der konkreten Ausgestaltung der verbundsweiten Berichterstattung an den unternehmerischen Bedürfnissen besonders deutlich Hoffmann-Becking, ZHR 159 (1995), S. 334 ff.
[171] Vgl. Götz, ZGR 1998, S. 541.

daß der Aufsichtsrat die Einsicht solcher Unterlagen über Tochtergesellschaften verlangen kann, die sich bereits bei der Obergesellschaft befinden und für die Muttergesellschaft von Bedeutung sind (§ 111 II)[172]. Auch diese Unterlagen sind nämlich, obwohl sie inhaltlich ein Tochterunternehmen betreffen, als Schriften der Gesellschaft iSd § 111 II einzuordnen. Vor diesem Hintergrund kann es dann schließlich auch keinen Unterschied machen, ob die fraglichen Unterlagen bereits bei der Muttergesellschaft vorhanden sind, oder ob sie sich der Vorstand von den Tochtergesellschaften beschaffen kann. Da der Vorstand den Aufsichtsrat nämlich bei der Erfüllung seiner Überwachungspflicht unterstützen muß, ist er im Rahmen seiner Möglichkeiten auch verpflichtet, ihm den Zugriff auf Unterlagen zu verschaffen, die sich noch bei einer abhängigen Gesellschaft befinden[173]. Berechtigte Interessen des Vorstands, die dem entgegenstehen könnten, greifen nicht durch.

b) Der Prüfungsbericht der Tochtergesellschaft als Informationsquelle des Mutter-Aufsichtsrats

Verbundsweite Informationsquellen des Aufsichtsrats sind der Konzernabschluß, der Konzernlagebericht sowie der korrespondierende Prüfungsbericht des Abschlußprüfers (§ 316 II HGB). Für die konkreten Zwecke der vorliegend untersuchten Tochterkontrolle spielen diese Unterlagen allerdings nur eine untergeordnete Rolle. Das ergibt sich daraus, daß der Konzernabschluß aufgrund der erfolgten Konsolidierung (vgl. §§ 300 ff. HGB) die Verhältnisse in den einzelnen Tochtergesellschaften nicht klar genug erkennen läßt[174]. Hier liefern die Jahresabschlüsse (§§ 264 I, 242 III HGB) und Lageberichte (§ 289 HGB) der Tochtergesellschaften ein genaueres Bild. Auch diese werden in ihrem Informationsgehalt aber noch durch den entsprechenden Prüfungsbericht des Abschlußprüfers (§ 321 HGB) übertroffen[175].
Eine Pflicht zur Abschlußprüfung besteht gemäß § 316 I S. 1 HGB bei mittelgroßen und großen Kapitalgesellschaften (§ 267 II, III HGB) und trifft grundsätzlich auch Tochtergesellschaften[176]. Ein Vorteil des Prüfungsberichts ist, daß

[172] Vgl. Mertens, in KölnKomm-AktG, § 111, Rn. 44; Krieger, in Holding-Handbuch, Rn. E 21, E 32; Semler, Leitung und Überwachung, Rn. 419; Hoffmann-Becking, ZHR 159 (1995), S. 338 f.; Witte, Prüfungsbericht, S. 143 ff. (speziell zum Prüfungsbericht der Tochtergesellschaft).
[173] Krieger, in Holding-Handbuch, Rn. E 21; Semler, Leitung und Überwachung, Rn. 422 ff.; Götz, ZGR 1998, S. 542; *andere Ansicht*: Mertens, in KölnKomm-AktG, § 111, Rn. 44.
[174] Vgl. Witte, Prüfungsbericht, S. 107 f.; Theisen, AG 1991, S. 263.
[175] Dazu vgl. Hommelhoff, ZGR 1996, S. 162; Witte, Prüfungsbericht, S. 10 ff., 118 ff. mit ausführlicher Analyse.
[176] Zwar kann eine Tochtergesellschaft nach § 264 III HGB auch auf die Prüfung verzichten. Da die in § 264 III HGB normierten Voraussetzungen aber kumulativ vorliegen müssen (Bea-

er anders als der Jahresabschluß (vgl. §§ 325 ff. HGB) nicht publiziert werden muß. Er kann daher auch vertrauliche Informationen enthalten[177]. Außerdem gewährleisten §§ 319 II, III, 318 III S. 1 HGB die Unabhängigkeit, Unparteilichkeit und Unbefangenheit der Abschlußprüfer[178], was eine besondere Verläßlichkeit des Prüfungsberichts sicherstellt. Gegenüber einer Berichterstattung durch die Geschäftsleitung der Tochtergesellschaften selbst besteht der Vorteil, daß die Abschlußprüfer nicht in gleichem Umfang mit persönlichen Konsequenzen rechnen müssen, wenn sie wirtschaftliche Fehlentwicklungen offenbaren[179]. Schließlich ist der Prüfungsbericht mit sachkundigen Erläuterungen der betriebswirtschaftlich versierten Abschlußprüfer versehen (§ 321 II S. 3), die etwa auch eine analysierende Darstellung der wirtschaftlichen Lage beinhalten können[180]. Zudem findet die hier besonders interessierende Frage nach der Existenzgefährdung der Tochtergesellschaft in § 321 I S. 2 Alt. 2 HGB ausdrücklich Berücksichtigung.
Die Vorlage des Prüfungsberichts an den Aufsichtsrat der abhängigen Gesellschaft erfolgt mittlerweile gemäß § 321 V S. 2 HGB durch den Abschlußprüfer; daneben haben die Aufsichtsratsmitglieder ein Kenntnisnahme- und Aushändigungsrecht gemäß § 170 III. Das Mutterunternehmen hat gemäß § 294 III S. 1 HGB einen Anspruch darauf, den Jahresabschluß und den Prüfungsbericht der abhängigen Gesellschaft vorgelegt zu bekommen. Als Vertretungsorgan des Mutterunternehmens gelangt damit zunächst der Vorstand in den Besitz der genannten Unterlagen. Der Aufsichtsrat der Obergesellschaft kann sie dann gemäß § 111 II vom Vorstand herausverlangen.

3. Vom Muttervorstand unabhängige Berichterstattung von Tochtergesellschaften an den Aufsichtsrat des herrschenden Unternehmens

Die bisher behandelten Informationsquellen des Aufsichtsrats waren diesem nur über den eigenen Vorstand zugänglich. Dies ist für eine regelmäßige Überwachung schon deshalb sinnvoll, weil dem Vorstand in viel größerem Umfang als dem Aufsichtsrat eine Informationsbeschaffung und –aufbereitung möglich ist. Es ist daher sachgemäß, daß der Aufsichtsrat grundsätzlich auf die Vollständigkeit und Richtigkeit der Vorstandsberichte vertrauen und sich mit deren Bearbei-

---

ter, in MüKo-HGB, § 264, Rn. 38), hat die Norm nur einen engen Anwendungsbereich (vgl. vor allem § 264 III Nr. 2 HGB).
[177] Witte, Prüfungsbericht, S. 10.
[178] Ebke, in MüKo-HGB, § 319, Rn. 12.
[179] Vgl. Witte, Prüfungsbericht, S. 118.
[180] Ebke, in MüKo-HGB, § 321, Rn. 47.

tung begnügen darf[181]. Allerdings ist eine solche Überwachung dann nicht mehr ausreichend, wenn Zweifel an einer sachgemäßen Berichterstattung des Vorstands bestehen[182] oder wegen einer wirtschaftlichen Fehlentwicklung der Gesellschaft erhöhte Wachsamkeit erforderlich ist[183]. In der eigenen Gesellschaft hilft dem Aufsichtsrat insoweit vor allem das Einsichtsrecht aus § 111 II weiter. Dagegen findet sich keine Vorschrift, die dem Aufsichtsrat explizit die persönliche und vom eigenen Vorstand unabhängige Kontaktaufnahme mit der Geschäftsleitung abhängiger Gesellschaften ermöglichen will.

Das Fehlen von Kontrollmöglichkeiten des Aufsichtsrats gegenüber den Tochtergesellschaften, die vom eigenen Vorstand unabhängig sind, würde die Effizienz seiner Kontrolle erheblich beeinträchtigen. Denn es kann das gesamte Überwachungssystem in Frage stellen, wenn der Informationsversorger hinsichtlich bestimmter Bereiche keiner eigenen Kontrolle unterliegt. Das Fehlen von unmittelbaren Kontrollmöglichkeiten gegenüber Tochtergesellschaften wäre zudem umso bedenklicher, als gerade die Unternehmensgruppe für ein *„manipulatives Versteckspiel"* des Vorstands geeignet ist[184]. Auch hier ist wieder das Beispiel der *Metallgesellschaft* instruktiv. Dort hat der Vorstand den Aufsichtsrat nämlich nicht ausreichend über die riskanten Öltermingeschäfte der amerikanischen Tochtergesellschaft informiert, die letztlich zu deren Zusammenbruch und damit den wirtschaftlichen Schwierigkeiten der Metallgesellschaft selbst geführt haben[185]. Aus diesen Gründen ist eine genaue Untersuchung erforderlich, welche Möglichkeiten der Aufsichtsrat hat, um sich eigenständig über das Geschehen in einer Tochtergesellschaft zu informieren.

Zunächst sei auch in diesem Zusammenhang noch einmal auf die Prüfungsberichte der Tochtergesellschaften verwiesen. Da diese von unabhängigen Sachverständigen erstellt und vom Vorstand lediglich weitergeleitet werden, sind sie zur autonomen Urteilsbildung des Aufsichtsrats über Tochtergesellschaften gut geeignet. Die Weiterleitung gibt dem Vorstand nämlich nicht die Möglichkeit, die weiterzuleitenden Informationen zu manipulieren. Entsprechendes gilt letztlich in allen Fällen, in denen der Aufsichtsrat Gegenstände der abhängigen Gesellschaft in Augenschein nehmen möchte, die durch den Vorstand nicht verändert werden können (z.B. Fabrikanlagen; Bauprojekte). Auch hier kann es den

---

181 Krieger, in Holding-Handbuch, Rn. E 30; Hoffmann-Becking, in MünchHdB-AG, § 29, Rn. 29; Semler, Leitung und Überwachung, Rn. 158.

182 Ein im Jahre 1998 publizierter Erfahrungsbericht eines Aufsichtsratsvorsitzenden (v. Brauchitsch, Überwachung in der Praxis, S. 303 f.) beschreibt die mangelhafte Information des Aufsichtsrats durch den Vorstand als ein ganz zentrales Problem der Aufsichtsratstätigkeit.

183 Krieger, in Holding-Handbuch, Rn. E 31; Semler, Leitung und Überwachung, Rn. 158.

184 Martens, ZHR 159 (1995), S. 567 f., 585.

185 Vgl. F.A.Z., vom 17.12.1993, S. 15; F.A.Z., vom 18.12.1993, S. 15; F.A.Z., vom 25.02.1994, S. 16.

Informationsgehalt einer Besichtigung nicht beeinträchtigen, wenn sie durch den Vorstand ermöglicht wird.
Trotzdem kann für den Aufsichtsrat vor allem im Interesse einer zeitnahen Kontrolle das Bedürfnis verbleiben, eigenständig mit den Geschäftsleitern einer abhängigen Gesellschaft in Kontakt zu treten. Die Literatur steht entsprechenden Möglichkeiten des Aufsichtsrats allerdings schon mangels einer gesetzlichen Normierung ausreichender Durchgriffsbefugnisse skeptisch gegenüber[186]. Außerdem wird geltend gemacht, daß es mit der Zuständigkeitsordnung in der Obergesellschaft unvereinbar sei, wenn der Aufsichtsrat ohne Einschaltung des Vorstands gegenüber einer Tochtergesellschaft tätig werde[187]. Diese rechtlichen Probleme einer Kontaktaufnahme mit den Tochtergesellschaften machen eine genaue Untersuchung der bestehenden Möglichkeiten des Aufsichtsrats erforderlich.

a) Kein „dingliches" Durchgriffsrecht auf Unterlagen, die sich bei Tochtergesellschaften befinden

Weder der Vorstand noch der Aufsichtsrat des Mutterunternehmens können unmittelbar, also an deren Organen vorbei, auf Unterlagen einer Tochtergesellschaft zugreifen. Das ergibt sich ohne weiteres daraus, daß selbst §§ 308 I, 323 I nur eine äußere Einflußnahme auf den Vorstand des abhängigen Unternehmens zulassen. Interne oder „dingliche" Zuständigkeiten in der Tochtergesellschaft sind damit ausgeschlossen[188]. Da sie grundsätzlich im Widerspruch zu dem von §§ 291 ff. normierten Verhältnis von Mutter- und Tochtergesellschaft stehen, sollten solche Eingriffsbefugnisse auch de lege ferenda nicht verwirklicht werden[189].
Der Vollständigkeit halber sei an dieser Stelle noch einmal darauf hingewiesen, daß speziell die Begutachtung von Unterlagen und Gegenständen der Tochtergesellschaft dem Aufsichtsrat häufig auch dann ein unverfälschtes Bild liefert, wenn sie ihm vom eigenen Vorstand ermöglicht wird.

---

[186] Hoffmann-Becking, ZHR 159 (1995), S. 338 f.; Hommelhoff, ZGR 1996, S. 160 f.; Lutter/Krieger, Aufsichtsrat, § 3, Rn. 91; Martens, ZHR 159 (1995), S. 585 f.; Schneider, FS Kropff, S. 281.
[187] Semler, Leitung und Überwachung, Rn. 430.
[188] Wiedemann, Unternehmensgruppe, S. 71 f.; Rehbinder, FS Coing II, S. 427 f.; Lutter, FS Stimpel, S. 842.
[189] Zu rechtspolitischen Überlegungen bezüglich einer unmittelbaren Einsicht in die Angelegenheiten der Tochtergesellschaften vgl. Krieger, in Holding-Handbuch, Rn. E 21; Martens, ZHR 159 (1995), S. 585 f.

b) Die Befugnis des Aufsichtsrats zur eigenständigen Ladung von Vorstandsmitgliedern und Angestellten der abhängigen Gesellschaft (§§ 109 I S. 2, 111 II analog)

Ein großer Schritt wäre bereits getan, wenn der Aufsichtsrat die Möglichkeit hätte, die Vorstandsmitglieder oder sonstigen Angestellten der abhängigen Gesellschaft nach § 109 I S. 2 eigenständig als Auskunftspersonen zu laden. Allein damit wären diese Personen zwar weder zum Erscheinen noch zu einer Auskunft verpflichtet. Das schließt aber nicht aus, daß sie freiwillig Bericht erstatten, insbesondere weil sie sich dem Aufsichtsrat ihres Mutterunternehmens verantwortlich fühlen oder von diesem ausgehende persönliche Konsequenzen fürchten[190]. Schon die bloße, vom eigenen Vorstand unabhängige Ladungsbefugnis von Beschäftigten der Tochtergesellschaft wäre für den Aufsichtsrat also ein bedeutendes Kontrollmittel.
Ihre Zulässigkeit bestimmt sich, eben weil es auf die rechtlichen Beziehungen zur Tochtergesellschaft nicht ankommt, allein nach den Verfassungsprinzipien der Obergesellschaft. Deshalb kann bei der rechtlichen Beurteilung der Ladungsbefugnis vollständig auf die normativen Prinzipien zur Binnenordnung der Muttergesellschaft zurückgegriffen werden, die für die Tochterkontrolle erarbeitet wurden[191]. Danach ist die Kontrolle bestimmter Tochtergesellschaften genauso auszugestalten wie die Überwachung eigener Geschäftsbereiche. Deshalb muß dem Aufsichtsrat auch die eigenständige Ladung von Vorstandsmitgliedern und sonstigen Mitarbeitern abhängiger Gesellschaften erlaubt sein, wenn ihm die autonome Befragung von eigenen Angestellten gestattet ist.
Zwar muß eine Ladung eigener Angestellter als Auskunftspersonen nach § 109 I S. 2 grundsätzlich über den Vorstand erfolgen, da dieser ihr Vorgesetzter ist und seine Autorität nicht ohne Grund untergraben werden darf[192]. Das gilt aber dann nicht, wenn der Zweck des § 111 II einschlägig ist, dem Aufsichtsrat die Prüfung zu ermöglichen, ob der Vorstand vollständig und richtig Bericht erstattet[193]. Denn auch wenn § 111 II eine Befragung von Angestellten nicht ausdrücklich normiert, so entspricht sie doch seiner grundsätzlichen Regelungsfunktion. Deshalb darf der Aufsichtsrat ohne Einschaltung des Vorstands auch eigene Angestellte zu seinen Sitzungen laden und sie dort befragen, wenn dies als ultima ra-

---

[190] Genauer zu den faktischen Druckmitteln des Aufsichtsrats vgl. unten c) bb).
[191] Vgl. oben 2. Teil, 1. Abschnitt, II. 3. c), S. 63 f. und 2. Abschnitt, III., S. 113 ff.
[192] Steinbeck, Überwachungspflicht, S. 134 ff.; Lutter, Information, S. 98 ff., 101; Semler, Leitung und Überwachung, Rn. 172.
[193] Zu diesem Zweck des § 111 II vgl. Lutter/Krieger, Aufsichtsrat, § 3, Rn. 88; Mertens, in KölnKomm-AktG, § 111, Rn. 42; Meyer-Landrut, in Großkomm-AktG, § 111, Anm. 11; Semler, Leitung und Überwachung, Rn. 165; Witte, Prüfungsbericht, S. 145.

tio geschieht, um Zweifel an der Richtigkeit und Vollständigkeit der Vorstandsberichte auszuräumen[194].
Dieser Grundsatz ist nach den erarbeiteten Gleichbehandlungsprinzipien auf die Ladung von Vorstandsmitgliedern und sonstigen Mitarbeitern einer abhängigen Gesellschaft zu übertragen. Daraus folgt zunächst, daß der Aufsichtsrat die entsprechenden Personen von besonders kontrollbedürftigen Tochtergesellschaften eigenständig befragen darf, wenn er Zweifel an der tochterbezogenen Berichterstattung des Vorstands hat. Darüberhinaus kann ihm dieses Recht aber auch bezüglich abhängiger Unternehmen zustehen, die keine besondere Gefährlichkeit für das herrschende Unternehmen aufweisen. Zwar wurden die hier in Bezug genommenen Gleichbehandlungsprinzipien für diese Gesellschaften nicht entwickelt. Es liegt aber auf der Linie dieser Prinzipien, daß der Aufsichtsrat jedenfalls die Möglichkeit hat, die Existenz einer besonderen Gefährdungslage zu überprüfen. Konkret muß ihm vor allem die Frage an abhängige Geschäftsleitungsorgane erlaubt sein, ob und welche Haftungspflichten der Vorstand des Mutterunternehmens gegenüber der Tochtergesellschaft übernommen hat.

c) Die Möglichkeiten des Aufsichtsrats zur Durchsetzung seines Informationsverlangens gegenüber den Tochtergesellschaften

Bislang ist die Frage ausgeklammert geblieben, welche Möglichkeiten dem Aufsichtsrat zustehen, um seinem Auskunftsbegehren gegenüber den Tochtergesellschaften Nachdruck zu verleihen. Ihre Beantwortung fällt unterschiedlich aus, je nachdem, ob die Tochtergesellschaft eingegliedert bzw. beherrschungsvertraglich konzerniert ist, oder ob sie bloß faktisch untergeordnet ist.

aa) Vertrags- und Eingliederungskonzern

Im Vertrags- und Eingliederungskonzern läßt sich eine gesetzliche Berichtspflicht der Tochtergesellschaften an den Aufsichtsrat des Mutterunternehmens begründen. Sie ergibt sich aus §§ 308 I, 323 I i.V.m. § 111 II S. 1, S. 2 analog. Die diesbezügliche Argumentation muß zwar an mehreren Stellen Modifikationen der ausdrücklichen gesetzlichen Regelung vornehmen. Diese Modifizierungen sind aber allesamt rechtlich vertretbar.

---

[194] Mertens, in KölnKomm-AktG, § 111, Rn. 21, 45; Saage, DB 1973, S. 117; Martens, ZfA 1980, S. 634 f.; Lutter, Information, S. 99; Lippert, Überwachungspflicht, S. 83; Geßler, in G/H/E/K-AktG, § 111, Rn. 22; Semler, Leitung und Überwachung, Rn. 172, 174; Hanau/Ulmer, MitbestG, § 25, Rn. 53; Steinbeck, Überwachungspflicht, S. 135 f.; *ablehnend noch*: Meyer-Landrut, in Großkomm-AktG, § 111, Anm. 11, § 90, Anm. 7.

Vorab ist zu bemerken, daß das Weisungsrecht aus §§ 308 I, 323 I der herrschenden Gesellschaft als solcher zugewiesen ist, seine Wahrnehmung also nicht explizit auf den Vorstand beschränkt wird. Dessen grundsätzliche Weisungsberechtigung ergibt sich allein aus § 78 I. Deshalb stehen einer Ausübung des Weisungsrechts durch Dritte keine konzernrechtlichen Gesichtspunkte entgegen. Der Vorstand kann die Wahrnehmung des Weisungsrechts daher gemäß § 185 I BGB bzw. §§ 164 ff. BGB delegieren[195]. Ebenfalls zulässig, im einzelnen allerdings komplizierter, ist eine vollständige Übertragung der Rechtszuständigkeit aus §§ 308 I, 323 I an einen Dritten[196]. Zwar greifen diese dogmatischen Delegations- bzw. Übertragungswege nicht, wenn man dem Aufsichtsrat die (partielle) Wahrnehmung des Weisungsrechts aus §§ 308 I, 323 I ermöglichen will. Denn die Organe einer Gesellschaft sind keine Rechtssubjekte, die sich gegenseitig bevollmächtigen oder sich Rechte übertragen können. Für die Wahrnehmung von Rechten, die der Gesellschaft zustehen, ist allein die gesetzliche Zuständigkeitsverteilung zwischen den Organen maßgeblich. Die Ausführungen machen aber deutlich, daß einer Ausübung des Weisungsrechts durch den Aufsichtsrat kein diesbezügliches Monopol des Vorstands entgegensteht[197]. Außerdem wäre eine Wahrnehmung des Weisungsrechts durch den Aufsichtsrat nach organschaftlichen Grundsätzen der eigenen Gesellschaft zuzurechnen. Sie läge damit zumindest im Ergebnis im Bereich der ohne weiteres zulässigen Bevollmächtigung Dritter.

Entscheidend ist also, daß eine gesellschaftsinterne Zuständigkeitszuweisung an den Aufsichtsrat bezüglich der Wahrnehmung des Weisungsrechts aus §§ 308 I, 323 I besteht. Dies läßt sich analog § 111 II S. 1, S. 2 für den sachlich eng begrenzten Bereich der Tochterkontrolle begründen. Aus § 111 II S. 2 ergibt sich zunächst, daß in ganz speziellen Konstellationen ausnahmsweise auch der Aufsichtsrat gegenüber Dritten für die eigene Gesellschaft tätig werden darf[198]. Denn bei der Beauftragung der in § 111 II S. 2 angesprochenen Sachverständigen vertritt der Aufsichtsrat die Gesellschaft selbst[199]. Diese Befugnis zur

---

195 Hüffer, AktG, § 308, Rn. 5 mwN; Emmerich, in Emmerich/Habersack, AktienkonzernR, § 308, Rn. 13 ff.

196 Hüffer, AktG, § 308, Rn. 6; Emmerich, in Emmerich/Habersack, AktienkonzernR, § 308, Rn. 16.

197 Martens, ZHR 159 (1995), S. 586 sieht zumindest eine Überlassung der Informations- und Einsichtsrechte vor allem an den Aufsichtsratsvorsitzenden im Einzelfall als zulässig an, wobei er diese Möglichkeit jedoch auf einen 100%igen Beteiligungsbesitz oder einen Vertragskonzern beschränkt.

198 Zwar begründet auch § 112 eine – praktisch viel bedeutendere – Vertretungsbefugnis des Aufsichtsrats. Sie paßt im vorliegenden Zusammenhang aber deshalb nicht, weil sie gegenüber Organmitgliedern der eigenen Gesellschaft und nicht gegenüber einem außenstehenden Dritten besteht.

199 Hoffmann-Becking, in MünchHdB-AG, § 29, Rn. 35; Hüffer, AktG, § 111, Rn. 12, 12a, 12c; Mertens, in KölnKomm-AktG, § 111, Rn. 57.

rechtsgeschäftlichen Kontaktaufnahme ist analog § 111 II S. 1 auf die Ausübung des Kontrollrechts aus §§ 308 I, 323 I zu übertragen. Solch eigene Kontrollrechte des Aufsichtsrats, die unabhängig vom Vorstand bestehen, genügen nämlich gerade dem Zweck des § 111 II S. 1, Manipulationen durch den Vorstand zu verhindern. Daß sie der Zuständigkeitsverteilung in der Obergesellschaft entsprechen, ergibt sich deshalb bereits daraus, daß dem Aufsichtsrat eine Befragung der abhängigen Geschäftsleiter erlaubt ist[200].

Eine Berichterstattungspflicht der Tochterunternehmen an den Aufsichtsrat der Muttergesellschaft ist auch mit dem durch §§ 291 ff., 319 ff. bestimmten rechtlichen Verhältnis zwischen diesen Gesellschaften vereinbar. Hier ist zunächst wieder zu beachten, daß §§ 308 I, 323 I gerade keine Beschränkung der Weisungsbefugnis auf den Vorstand normieren, die Probleme also überwiegend bei der bereits behandelten gesellschaftsinternen Zuständigkeitsverteilung liegen. Außerdem ist zu berücksichtigen, daß eine Auskunftspflicht an den Aufsichtsrat des Mutterunternehmens einer optimalen Umsetzung des Tochterkontrollbedürfnisses dient, das durch §§ 291 ff., 319 ff. rechtlich anerkannt ist[201]. Dagegen beeinträchtigt eine Berichtspflicht an den Aufsichtsrat der Mutter die Belange der Tochtergesellschaft nicht erheblich. Denn es macht für die durch §§ 291 ff., 319 ff. geschützten Interessen der Tochterunternehmen keinen entscheidenden Unterschied, ob ihre Geschäftsleitung an den Vorstand oder ausnahmsweise an den Aufsichtsrat der herrschenden Aktiengesellschaft zu berichten hat. Das ergibt sich daraus, daß die Folgepflicht eben nur bezüglich der Weitergabe von Informationen besteht. Dagegen wird dem Aufsichtsrat hier nicht die Befugnis eingeräumt, inhaltlich auf die Geschäftsführung der Tochtergesellschaft Einfluß zu nehmen. Die sachliche Einflußnahme auf die Tochtergesellschaft wird also nicht aufgespalten und damit in unzulässiger Weise verwischt.

Als Ergebnis ist damit festzuhalten, daß der Vorstand von beherrschungsvertraglich konzernierten und eingegliederten Gesellschaften nach §§ 308 I, 323 I verpflichtet ist, dem Aufsichtsrat des Mutterunternehmens auf dessen Verlangen hin Bericht zu erstatten[202]. Sachlich weitergehende Folgepflichten als die bloße Weitergabe von Informationen hat die Tochtergesellschaft bei Weisungen des Mutter-Aufsichtsrats aber nicht. Dagegen ist die Berichterstattungspflicht als solche nicht darauf beschränkt, daß das Informationsverlangen des Aufsichtsrats ultima ratio ist, um die Zuverlässigkeit der Vorstandsberichte zu überprüfen.

---

[200] Dazu vgl. so eben unter b).

[201] Vgl. oben 2. Teil, 1. Abschnitt, I. 1., S. 47 ff.

[202] Diese konzernrechtlichen Überlegungen sind auf die Rechtslage im eigenen Unternehmen übertragbar. Deshalb sind auch Angestellte der eigenen Gesellschaft zur Auskunft an den Aufsichtsrat verpflichtet, der insoweit die diesbezüglichen Rechte der Gesellschaft aus den Arbeitsverträgen wahrnimmt (so im Ergebnis auch Martens, ZfA 1980, S. 634 f.; *andere Ansicht*: Semler, Leitung und Überwachung, Rn. 118; wohl auch Mertens, in KölnKomm-AktG, § 111, Rn. 21).

Diese Einschränkung betrifft allein die Binnenordnung der Obergesellschaft und damit die Frage, wann der Aufsichtsrat seiner Gesellschaft gegenüber befugt ist, von seinen Kontrollrechten gegenüber der Tochtergesellschaft Gebrauch zu machen.

bb) Faktische Abhängigkeit

Im Bereich faktischer Abhängigkeit sind die Tochtergesellschaften gesetzlich noch nicht einmal zur Berichterstattung an den Vorstand des Mutterunternehmens verpflichtet. Deshalb scheidet auch eine Informationspflicht gegenüber dem Mutteraufsichtsrat aus. Allerdings bestehen auch für den Aufsichtsrat des Mutterunternehmens bedeutende faktische Möglichkeiten, um auf die Organwalter der Tochtergesellschaft Einfluß zu nehmen. Mit diesen faktischen Mitteln kann der Aufsichtsrat auch seinem Informationsverlangen gegenüber der Tochtergesellschaft entscheidenden Nachdruck verleihen. Außerdem läßt sich auch im faktischen Bereich in gewissem Umfang die Möglichkeit des Aufsichtsrats konstruieren, zu Kontrollzwecken mit den Tochtergesellschaften in rechtsgeschäftlichen Kontakt zu treten.
Faktischen Druck kann der Aufsichtsrat gegenüber den Geschäftsleitern der abhängigen Gesellschaften schon deshalb erzeugen, weil ihm gerade für die personelle Besetzung der Tochterorgane entscheidende Bedeutung zukommt. Es ist ihm nämlich möglich, die Einflußnahme des Muttervorstands auf die Bestellung der Organmitglieder in der Tochtergesellschaft gemäß § 111 IV S. 2 an einen Zustimmungsvorbehalt zu binden[203]. Dieser Zustimmungsvorbehalt, der eigentlich nur ein Vetorecht darstellt, zeitigt zudem solche Vorwirkungen, daß er praktisch einem Mitbestellungsrecht gleichkommt[204]. Dies liefert dem Aufsichtsrat der Muttergesellschaft ein personelles Drohpotential, das dem des Muttervorstands entspricht[205]. Mittels dieser faktischen Macht wird dem Aufsichtsrat die Durchsetzung seines Auskunftsverlangens gegenüber den Tochtergesellschaften in der Regel ohne weiteres gelingen.
Entsprechend zu den Überlegungen zum Vertrags- und Eingliederungskonzern hat der Aufsichtsrat außerdem analog §§ 111 II S. 1, S. 2 die Möglichkeit, zu Kontrollzwecken in bestimmtem Umfang finanzielle Zuweisungen an die Tochtergesellschaft vorzunehmen[206]. Damit kann er der abhängigen Gesellschaft vor allem die Kosten abnehmen, die ihr für die konkrete Berichterstattung anfallen.

---

[203] Vgl. unten 4.
[204] Vgl. Martens, ZHR 159 (1995), S. 579 f.
[205] Zum Drohpotential des Vorstands vgl. oben 2. Teil, 2. Abschnitt, III. 1., S. 113 ff.
[206] Nach § 112 darf der Aufsichtsrat auch über die Höhe des Vorstandsgehalts entscheiden und nach § 111 II S. 2 bei der Beauftragung von Sachverständigen deren Vergütung festlegen (Hüffer, AktG, § 111, Rn. 12c).

Sachliche Hilfsmaßnahmen kann der Aufsichtsrat allerdings schon deshalb nicht versprechen, weil darin ein Verstoß gegen § 111 IV S. 1 liegt. Außerdem ist eine Aufspaltung der inhaltlichen Einflußnahme auf die Tochtergesellschaft mit deren Interessen nicht vereinbar. Der Aufsichtsrat hat aber durchaus die Möglichkeit, der Geschäftsleitung der abhängigen Gesellschaft tatsächlich in Aussicht zu stellen, auf den Vorstand der Muttergesellschaft Einfluß zu nehmen. Damit kann der Aufsichtsrat den Vorstandsmitgliedern der abhängigen Gesellschaft vor allem die Befürchtung nehmen, sich durch eine Berichterstattung an den Aufsichtsrat der Mißgunst des Muttervorstands auszusetzen.

4. Verbundsdimensionale Zustimmungsvorbehalte gemäß § 111 IV S. 2

Ein auch für die gefahrenerkennende Tochterkontrolle bedeutendes Mittel wird dem Aufsichtsrat durch § 111 IV S. 2 an die Hand gegeben. Da nämlich die Beteiligungsverwaltung durch den Vorstand zu dessen Geschäftsführung gehört, kann der Aufsichtsrat diesbezügliche Maßnahmen des Vorstands an seine Zustimmung binden[207]. Der Vorstand ist bei der Ausübung der Beteiligungsrechte dann verpflichtet, den Zustimmungsvorbehalt des Aufsichtsrats zu beachten. Davon betroffen sein können neben jeglichen faktischen Einflußnahmen insbesondere die Wahrnehmung der Weisungsrechte aus §§ 308 I, 323 I, die Ausübung des Stimmrechts in der Hauptversammlung[208], aber auch die Stimmabgabe eines in ein Tochterorgan entsandten Vorstandsmitglieds[209]. Die Doppelorganwalter haben in bloß faktisch abhängigen Gesellschaften allerdings die Grenzen zu beachten, die sich aus ihrer Verpflichtung auf die Interessen der abhängigen Gesellschaft ergeben[210].
Damit nicht die Leitungsautonomie des Muttervorstands aus § 76 I ausgehöhlt wird, die auch bei der Beteiligungsverwaltung besteht, muß die vom Zustimmungsvorbehalt betroffene Maßnahme der Tochtergesellschaft für die Muttergesellschaft erhebliche Bedeutung haben[211]. Dazu zählt jedenfalls die Bestellung und Abberufung der Organmitglieder in einer Tochtergesellschaft[212]. Nach *Mar-*

---

[207] Lenz, AG 1997, S. 451 ff.; Götz, ZGR 1990, S. 646 ff.; ders., ZGR 1998, S. 542 ff.; Mertens, in KölnKomm-AktG, § 111, Rn. 73 ff.; Koppensteiner, in KölnKomm-AktG, Vorb. § 291, Rn. 31; Lutter/Krieger, Aufsichtsrat, § 2, Rn. 53; Martens, ZHR 159 (1995), S. 577 ff., 580 ff.; Hoffmann-Becking, ZHR 159 (1995), S. 339 ff.; Kropff, in MüKo-AktG, § 311, Rn. 295 ff.

[208] Lenz, AG 1997, S. 453; Mertens, in KölnKomm-AktG, § 111, Rn. 74.

[209] Götz, ZGR 1990, S. 650 ff.; Mertens, in KölnKomm-AktG, § 111, Rn. 75 f.; Hoffmann-Becking, ZHR 159 (1995), S. 341; Kropff, in MüKo-AktG, § 311, Rn. 295.

[210] Genauer dazu vgl. oben 1. Abschnitt, I. 3. b), S. 139 ff.

[211] Mertens, in KölnKomm-AktG, § 111, Rn. 73, 66; Lutter/Krieger, Aufsichtsrat, § 2, Rn. 53; Martens, ZHR 159 (1995), S. 580; Scheffler, DB 1994, S. 798.

[212] Lutter/Krieger, Aufsichtsrat, § 2, Rn. 53.

tens soll der Aufsichtsrat der Muttergesellschaft bei wichtigen Personalmaßnahmen sogar verpflichtet sein, einen Zustimmungsvorbehalt zu statuieren[213]. Im Zusammenhang mit der gefahrenerkennenden Kontrolle sind solche personellen Einflußnahmemöglichkeiten schon deshalb von Bedeutung, weil von der Besetzung der Tochterorgane das wirtschaftliche Schicksal dieser Gesellschaft entscheidend abhängt[214]. Eine weitere wichtige Funktion hat die Statuierung eines Zustimmungsvorbehalts bezüglich der Abgabe von weitgehenden Patronatserklärungen oder sonstigen Haftungszusagen.

---

[213] Martens, ZHR 159 (1995), S. 578.
[214] Dazu vgl. bereits oben 1. Teil, I. 3. b), S. 18 f.

4. Teil. Zusammenfassung

Die genaue Analyse der aktiengesetzlichen Regelung hat ergeben, daß Vorstand und Aufsichtsrat der Muttergesellschaft in sachgemäßem Umfang zur Kontrolle der Tochtergesellschaften berechtigt und ihrer Gesellschaft gegenüber verpflichtet sind. Die wesentlichen Gesichtspunkte dieser Rechtslage seien im folgenden noch einmal zusammenfassend skizziert.

1. Das erarbeitete dogmatische Fundament der Überwachung von Tochtergesellschaften

- Wegen §§ 302 I, 322 I ist selbstverständlich, daß das Geschehen in beherrschungsvertraglich konzernierten und eingegliederten Gesellschaften erhebliche Rückwirkungen auf die Wirtschaftslage des Mutterunternehmens haben kann.
- Aber auch faktisch abhängige Gesellschaften können die wirtschaftliche Situation des herrschenden Unternehmens bedeutend gefährden. Ein existentieller Risikodurchschlag von einer Tochtergesellschaft auf das Mutterunternehmen kommt vor allem in Betracht, wenn die Beteiligung an der Tochter einen erheblichen Teil des Vermögens des Mutterunternehmens ausmacht, wenn die Muttergesellschaft rechtsgeschäftlich für die Schulden der abhängigen Gesellschaft einzustehen hat (insbesondere nach der Abgabe von harten Patronatserklärungen), oder wenn die wirtschaftliche Verflechtung zwischen den verbundenen Unternehmen auch ihr wirtschaftliches Schicksal untrennbar verknüpft.
- Um eine Realisation des geschilderten Durchschlagsrisikos zu verhindern, muß das herrschende Unternehmen das Geschehen in den Tochtergesellschaften laufend überwachen. Das herrschende Unternehmen hat ein bedeutendes Tochterkontrollbedürfnis.
- Die Tochterüberwachung erfolgt durch eine Beobachtung der wirtschaftlichen Situation und der geschäftlichen Tätigkeit der Tochtergesellschaft. Ihr Zweck sind das Aufdecken von dortigen Fehlentwicklungen und die Vorbereitung einer korrigierenden Reaktion.

- Das Tochterkontrollbedürfnis des herrschenden Unternehmens wird durch §§ 291 ff., 311 ff., 319 ff. für alle Formen der Unternehmensgruppe rechtlich anerkannt. Es ist damit nicht lediglich ein rechtspolitisches, sondern ein gesetzliches Interesse.

- Die Notwendigkeit, das Tochterkontrollbedürfnis umzusetzen, ist deshalb ein normatives Prinzip, das bei der Auslegung der von einer Tochterkontrolle betroffenen Vorschriften zu beachten ist.
- §§ 291 ff., 311 ff., 319 ff. regeln nur das Verhältnis zwischen der Muttergesellschaft und ihren Tochterunternehmen. Dementsprechend betreffen auch die rechtliche Anerkennung des Tochterkontrollbedürfnisses und die daraus folgende normative Wirkung zunächst nur das verbundsinterne Verhältnis zwischen den Unternehmen.
- Es läßt sich aber auch eine normative Wirkung des Tochterkontrollbedürfnisses in der Binnenordnung der herrschenden Aktiengesellschaft begründen. Denn wenn §§ 291 ff., 311 ff., 319 ff. das Tochterkontrollbedürfnis der herrschenden Aktiengesellschaft rechtlich anerkennen, dann wollen sie auch, daß es binnenorganisatorisch optimal verwirklicht wird. Deshalb sind die Zuständigkeiten von Vorstand und Aufsichtsrat der Muttergesellschaft so zu modifizieren, daß eine sachgemäße Überwachung der untergeordneten Unternehmen erfolgt.
- Mitunter hat die Überwachung der Tochtergesellschaften für die verwaltenden Organe des Mutterunternehmens die gleiche Bedeutung wie die entsprechende (gefahrenerkennende) Kontrolle von eigenen Geschäftsbereichen. In solchen Konstellationen besteht ein besonderes (qualifiziertes) Tochterkontrollbedürfnis. Es verlangt prinzipiell, daß die Überwachung der Tochtergesellschaften durch Vorstand und Aufsichtsrat nach den gleichen Maßstäben erfolgt wie die Überwachung der eigenen Unternehmenssparten. Es besteht ein normatives Prinzip zur gleichen Kontrolle von eigenen Geschäftsbereichen und besonders kontrollbedürftigen Tochtergesellschaften.
- Im Vertrags- und Eingliederungskonzern besteht das qualifizierte Tochterkontrollbedürfnis wegen §§ 302 I, 322 I immer, gegenüber faktisch abhängigen Gesellschaften besteht es ausnahmsweise, und zwar dann, wenn ein Zusammenbruch der Tochtergesellschaft auch die Existenz des Mutterunternehmens gefährden würde.

2. Knappe Skizze der einzelnen Ergebnisse zur Überwachung der Tochtergesellschaften durch die Verwaltung des Mutterunternehmens

- Eine detaillierte Untersuchung der §§ 311 ff. hat ergeben, daß sich nach Maßgabe dieser Vorschriften ein inhaltlich unbeschränkter Informationsfluß von einer Tochtergesellschaft an das Mutterunternehmen herstellen läßt, der den Anforderungen einer laufenden Kontrolle voll gerecht wird. Auch eine Korrektur der bei einer abhängigen Gesellschaft erkannten Fehlentwicklungen ist bei Anwendung der §§ 311 ff. ohne weiteres möglich.

- Wegen der rechtlichen Anerkennung des Tochterkontrollbedürfnisses verdrängen §§ 291 ff., 311 ff., 319 ff. im Recht der abhängigen Gesellschaft die Vorschriften der §§ 93 I S. 2, 116. Auch die Organe von faktisch abhängigen Gesellschaften sind also gegenüber dem Mutterunternehmen nicht zur Verschwiegenheit über Geheimnisse verpflichtet. Sie müssen sich bei der Erteilung der Auskunft lediglich in den Grenzen der §§ 311 ff. halten. Insoweit gelten für Vorstand und Aufsichtsrat etwas unterschiedliche Maßstäbe.
- Auch § 131 IV S. 1 wird durch die konzernrechtlichen Vorschriften verdrängt, so daß nach einer Auskunftserteilung an das herrschende Unternehmen selbst für den Vorstand einer schlicht abhängigen Gesellschaft keine Nachfolgeauskunftspflicht in der Hauptversammlung besteht.
- Die Weitergabe von Insidertatsachen einer börsennotierten abhängigen Gesellschaft an ein herrschendes Unternehmen ist nicht nach § 14 I Nr. 2 WpHG verboten.
- Zwar besteht im faktischen Bereich anders als im Vertrags- und Eingliederungskonzern keine gesetzliche Auskunftspflicht des Vorstands einer abhängigen Gesellschaft. Es können aber Vorstandsmitglieder und Angestellte des Mutterunternehmens in die Organe der Tochtergesellschaften entsandt werden, die dann aus dem Recht der Obergesellschaft zur Berichterstattung an diese verpflichtet sind. Weitere Informationssysteme lassen sich auf Veranlassung des herrschenden Unternehmens vertraglich zwischen den Gesellschaften vereinbaren.

- Die Kontrolle der Tochtergesellschaften fällt in die Gesamtverantwortung des Vorstands, der ihre alltägliche Durchführung aber in großem Umfang an einzelne Vorstandsmitglieder delegieren kann.
- Zur Kontrolle der Tochtergesellschaften durch den Vorstand gehört die Aufstellung eines Risikostrukturplans sowie die Einrichtung eines gefahrenbezogenen Controlling-Systems.
- Wenn ein qualifiziertes Tochterkontrollbedürfnis besteht, hat der Vorstand die gefahrenerkennende Überwachung von abhängigen Unternehmen mit der gleichen Intensität vorzunehmen wie die entsprechende Kontrolle von eigenen Geschäftsbereichen. Dem steht nicht entgegen, daß die auf diese untergeordneten Stellen bezogenen Leitungspflichten des Vorstands unterschiedlich sind.

- Der Aufsichtsrat ist zur Überwachung der gruppenleitenden Maßnahmen verpflichtet, die der Vorstand ergriffen hat oder konkret ergreifen möchte.

- Darüberhinaus muß der Aufsichtsrat auch das Geschehen in besonders kontrollbedürftigen Tochtergesellschaften unmittelbar überwachen. Das bedeutet, daß er die wirtschaftliche Situation dieser Unternehmen im Auge behalten muß und sich vor allem bei dortigen Fehlentwicklungen näher mit ihrer Geschäftstätigkeit zu befassen hat.
- Mit der wirtschaftlichen Entwicklung *nicht* besonders kontrollbedürftiger Tochtergesellschaften muß sich der Aufsichtsrat nicht beschäftigen.
- Auch die Kontrolle der Tochtergesellschaften durch den Aufsichtsrat vollzieht sich im Rahmen seiner organspezifischen Funktionsbedingungen. Dabei hat der Aufsichtsrat dem Geschehen in den besonders kontrollbedürftigen Tochtergesellschaften aber grundsätzlich die gleiche Bedeutung beizumessen wie den Aktivitäten, die in den eigenen Unternehmenssparten entfaltet werden.
- In dem Umfang, in dem der Aufsichtsrat zur unmittelbaren Kontrolle von Tochtergesellschaften verpflichtet ist, muß ihm der Vorstand entsprechend § 90 I unaufgefordert und regelmäßig über diese Bericht erstatten.
- Nach § 111 II hat der Aufsichtsrat Zugriff auf alle Unterlagen über Tochtergesellschaften, die sich bereits bei der herrschenden Gesellschaft befinden. Außerdem ist der Vorstand verpflichtet, dem Aufsichtsrat auf dessen Wunsch hin entsprechende Dokumente von den Tochtergesellschaften zu beschaffen. Besondere Bedeutung hat in diesem Zusammenhang der von unabhängigen Wirtschaftsprüfern erstellte Prüfungsbericht einer abhängigen Gesellschaft.
- Analog §§ 109 I S. 2, 111 II ist der Aufsichtsrat seiner eigenen Gesellschaft gegenüber befugt, ohne Einschaltung des Vorstands Organmitglieder abhängiger Gesellschaften zu laden, wenn dies ultima ratio ist, um die Zuverlässigkeit der Vorstandsberichte zu überprüfen.
- Im Vertrags- und Eingliederungskonzern ist der Vorstand einer Tochtergesellschaft gemäß §§ 308 I, 323 I i.V.m. § 111 II S. 1, S. 2 analog verpflichtet, an den Aufsichtsrat der Muttergesellschaft Bericht zu erstatten.
- Die Organe faktisch abhängiger Gesellschaften sind zwar nicht zur Berichterstattung an den Mutteraufsichtsrat verpflichtet. Diesem steht aber ein tatsächliches Einflußnahmepotential zur Verfügung, mit dem er die Tochterunternehmen zur Auskunftserteilung zwingen kann. Außerdem ist der Aufsichtsrat analog § 111 II S. 1, S. 2 berechtigt, den Tochtergesellschaften die bei ihnen anfallenden Kosten für eine Berichterstattung im Namen der Muttergesellschaft abzunehmen.
- Auch im Rahmen der gefahrenerkennenden Kontrollfunktion des Aufsichtsrats ist die Statuierung eines verbundsdimensionalen Zustimmungsvorbehalts ein bedeutendes Instrument.

Literaturverzeichnis

Assmann, Heinz-Dieter
Schneider, Uwe H.
- Wertpapierhandelsgesetz, 2. Aufl., Köln 1999; zit.: Bearbeiter, in Assmann/Schneider-WpHG

Ballerstedt, Kurt
- Gesellschafts- und unternehmensrechtliche Probleme der Unternehmenskonzentration; in: Arndt, Helmut (Hrsg.), Schriften des Vereins für Socialpolitik (Band 20), Die Konzentration in der Wirtschaft, Erster Band, 2. Aufl., Berlin 1971, S. 603 ff.; zit.: Ballerstedt, Unternehmenskonzentration
- Die Verfassung der Aktiengesellschaft und der Organschaftsvertrag; in: DB 1957, S. 837 ff.

Bälz, Ulrich
- Einheit und Vielheit im Konzern; in: Funktionswandel der Privatrechtsinstitutionen, Festschrift für Ludwig Raiser, Tübingen 1974, S. 287 ff.; zit.: Bälz, FS Raiser
- Verbundene Unternehmen – Konzernrecht als Speerspitze eines fortschrittlichen Gesellschaftsrechts?; in: Nörr, Knut Wolfgang (Hrsg.), 40 Jahre Bundesrepublik Deutschland 40 Jahre Rechtsentwicklung, Tübingen 1989, S. 177 ff.; zit: Bälz, 40 Jahre BRD

Baumbach, Adolf
Hopt, Klaus
- Kurz-Kommentar zum Handelsgesetzbuch, 30. Aufl., München 2000; zit.: Bearbeiter, in Baumbach/Hopt-HGB

Baumbach, Adolf
Hueck, Alfred
Hueck, Götz
- Aktiengesetz, 13. Aufl., München 1968; zit.: Bearbeiter, in Baumbach/Hueck-AktG

Baums, Theodor
- Der Aufsichtsrat – Aufgaben und Reformfragen; in: ZIP 1995, S. 11 ff.

Beuthien, Volker
- Art und Grenzen der aktienrechtlichen Haftung herrschender Unternehmen für Leitungsmachtmißbrauch; in: DB 1969, S. 1781 ff.
- Unternehmenskonzentration und Kleinaktionärsschutz; in: JuS 1970, S. 53 ff.

Biener, Herbert - Die Überwachung der Geschäftsführung durch den Aufsichtsrat; in: BfuP1977, S. 489 ff.

Böhmer, Reinhold Delhaes, Daniel - Endstation Milliardenloch; in: Die Wirtschaftswoche, Nr. 46, vom 9.11.2000, S. 88 ff.; zit.: Böhmer/Delhaes, Wirtschaftswoche Nr. 46/2000

von Brauchitsch, Eberhard - Überwachung der Konzern- und Unternehmensführung durch den Aufsichtsrat – Erfahrungen und aktuelle Praxis aus der Sicht des Aufsichtsratsvorsitzenden; in: Manuel R. Theisen (Hrsg.), Der Konzern im Umbruch, Stuttgart 1998, S. 297 ff.; zit.: v. Brauchitsch, Überwachung in der Praxis

Brüggemeier, Gert - Die Einflußnahme auf die Verwaltung einer Aktiengesellschaft; in: AG 1988, S. 93 ff.

Bühner, Rolf - Betriebswirtschaftliche Organisationslehre, 8. Aufl., München-Wien 1996; zit.: Bühner, Organisationslehre

Bydlinski, Franz - Juristische Methodenlehre und Rechtsbegriff, 2. Aufl., Wien - New York 1991; zit.: Bydlinski, Methodenlehre

Cahn, Andreas - Kapitalerhaltung im Konzern, Köln – Berlin – Bonn – München 1998; zit.: Cahn, Kapitalerhaltung

Canaris, Claus-Wilhelm - Systemdenken und Systembegriff in der Jurisprudenz, 2. Aufl., Berlin 1983; zit.: Canaris, Systemdenken

Claussen, Carsten Peter - Bank- und Börsenrecht, 2. Aufl., München 2000; zit.: Claussen, Bankrecht

Decher, Christian E. - Information im Konzern und Auskunftsrecht der Aktionäre gemäß § 131 IV AktG; in: ZHR 158 (1994), S. 473 ff.

Dettling, Heinz-Uwe - Die Entstehungsgeschichte des Konzernrechts im Aktiengesetz von 1965, Tübingen 1997; zit.: Dettling, Entstehungsgeschichte

Dreger, Karl-Martin - Probleme des Gläubigerschutzes im Konzern, Baden-Baden 1966; zit.: Dreger, Gläubigerschutz

Dreist, Michael - Die Überwachungsfunktion des Aufsichtsrats bei Aktiengesellschaften, Düsseldorf 1980; zit.: Dreist, Überwachungsfunktion

Druey, Jean Nicolas - „Konzernvertrauen"; in: Festschrift für Marcus Lutter, Köln 2000, S. 1069 ff.; zit.: Druey, FS Lutter

Drygala, Tim - Bericht über die Diskussion; in: ZGR 1998, S. 547 ff.; zit.: Drygala, Diskussionsbericht, ZGR 1998

Duden, Konrad - Gleichbehandlung bei Auskünften an Aktionäre; in: Festschrift für Ernst von Caemmerer, Tübingen 1978; zit.: Duden, FS von Caemmerer

Ebenroth, Carsten Thomas
- Konzernbildungs- und Konzernleitungskontrolle, Konstanz 1987; zit.: Ebenroth, Konzernbildungskontrolle
- Das Auskunftsrecht des Aktionärs und seine Durchsetzung im Prozeß, Bielefeld 1970; zit.: Ebenroth, Auskunftsrecht

Ehricke, Ulrich - Gedanken zu einem allgemeinen Konzernorganisationsrecht zwischen Markt und Regulierung; in: ZGR 1996, S. 300 ff.

Eisele, Wolfgang - Technik des betrieblichen Rechnungswesens, 6. Aufl., München 1998; zit.: Eisele, Betriebliches Rechnungswesen

Emmerich, Volker / Habersack, Mathias - Aktien- und GmbH-Konzernrecht, 2. Aufl., München 2001; zit.: Bearbeiter, in Emmerich/Habersack, AktienkonzernR

Emmerich, Volker / Sonnenschein, Jürgen - Konzernrecht, 6. Aufl., München 1997; zit.: Emmerich/Sonnenschein, KonzernR, 6. Aufl.

Emmerich, Volker
Sonnenschein, Jürgen
Habersack, Mathias
- Konzernrecht, 7. Aufl., München 2001; zit.: Emmerich/Sonnenschein/Habersack, KonzernR

Endres, Michael
- Organisation der Unternehmensleitung aus der Sicht der Praxis; in: ZHR 163 (1999), S. 441 ff.

Engisch, Karl
- Einführung in das juristische Denken, 8. Aufl., Stuttgart – Berlin – Köln 1989; zit.: Engisch, Einführung
- Die Einheit der Rechtsordnung, Heidelberg 1935, unveränderter Nachdruck, Darmstadt 1987; zit.: Engisch, Einheit

Erfurter Kommentar
- Kommentar zum Arbeitsrecht, 2. Aufl., München 2001; zit.: Bearbeiter, in ErfurterKomm-ArbeitsR

Feddersen, Dieter
- Nochmals – Die Pflichten des Vorstands zur Unternehmensplanung; in: ZGR 1993, S. 114 ff.

Fischer, Curt Eduard
- Die Reform des Aktiengesetzes; in: AcP 154 (1955), S. 181 ff.

Fitting, Karl
Wlotzke, Otfried
Wißmann, Hellmut
- Mitbestimmungsgesetz, 2. Aufl., München 1978; zit.: Fitting/Wlotzke/Wißmann, MitbestG

Fleischer, Holger
- Konzernrechtliche Vertrauenshaftung; in: ZHR 163 (1999), S. 461 ff.

Flume, Werner
- Allgemeiner Teil des Bürgerlichen Rechts, 1. Band, 2. Teil (Die juristische Person), Berlin – Heidelberg – New York – Tokio 1983; zit.: Flume, AT I/2

Gansweid, Wolfgang
- Gemeinsame Tochtergesellschaften im deutschen Konzern- und Wettbewerbsrecht, Baden-Baden 1976; zit.: Gansweid, Tochtergesellschaften

Geßler, Ernst
- Leitungsmacht und Verantwortlichkeit im faktischen Konzern; in: Festschrift für Harry Westermann, Karlsruhe 1974, S. 145 ff.; zit.: Geßler, FS Westermann

Geßler, Ernst (Fortsetzung)
- Faktische Konzerne?; in: Festgabe für Otto Kunze, Berlin 1969, S. 159 ff.; zit.: Geßler, FS Kunze
- Der Schutz der abhängigen Gesellschaft; in: Festschrift für Walter Schmidt, Berlin 1959, S. 247 ff.; zit.: Geßler, FS W. Schmidt
- Probleme des neuen Konzernrechts (Teil II); in: DB 1965, S. 1729 ff.

Geßler, Ernst
Hefermehl, Wolfgang
Eckardt, Ulrich
Kropff, Bruno
- Aktiengesetz, Band II (§§ 76-147 AktG), München 1973; zit.: Bearbeiter, in G/H/E/K-AktG

Götz, Heinrich
- Leitungssorgfalt und Leitungskontrolle der Aktiengesellschaft hinsichtlich abhängiger Unternehmen; in: ZGR 1998, S. 524 ff.
- Die Überwachung der Aktiengesellschaft im Lichte jüngerer Unternehmenskrisen; in: AG 1995, S. 337 ff.
- Zustimmungsvorbehalte des Aufsichtsrates der Aktiengesellschaft; in: ZGR 1990, S. 633 ff.
- Die Sicherung der Rechte der Aktionäre der Konzernobergesellschaft bei Konzernbildung und Konzernleitung; in: AG 1984, S. 85 ff.

Großkommentar
- Kommentar zum Aktiengesetz
  - 1. Band, 2. Halbband (§§ 76-147 AktG), 3. Aufl., Berlin – New York 1973
  - 4. Band (§§ 291-410 AktG), 3. Aufl., Berlin u.a. 1975
  - §§ 15-22 AktG, 4. Aufl., Berlin u.a. 1999
  - §§ 92-94 AktG, 4. Aufl., Berlin u.a. 1999

zit.: Bearbeiter, in Großkomm-AktG

Habersack, Mathias
- Patronatserklärungen ad incertas personas; in: ZIP 1996, S. 257

Hanau, Peter
Ulmer, Peter
- Mitbestimmungsgesetz, München 1981; zit.: Hanau/Ulmer, MitbestG

Harms, Wolfgang - Konzerne im Recht der Wettbewerbsbeschränkungen, Köln – Berlin – Bonn – München 1968; zit.: Harms, Wettbewerbsbeschränkungen

Henn, Günter - Handbuch des Aktienrechts, 6. Aufl., Heidelberg 1998; zit.: Henn, Aktienrecht

Henze, Hartwig - Entscheidungen und Kompetenzen der Organe in der AG: Vorgaben der höchstrichterlichen Rechtsprechung; in: BB 2001, S. 53

Hirte, Heribert - Bezugsrechtsausschluß und Konzernbildung, Köln – Berlin – Bonn – München 1986; zit.: Hirte, Bezugsrechtsausschluß

Hoffmann, Dietrich
Preu, Peter - Der Aufsichtsrat, 4. Aufl., München 1999; zit.: Hoffmann/Preu, Aufsichtsrat

Hoffmann-Becking, Michael
- Zur rechtlichen Organisation der Zusammenarbeit im Vorstand der AG; in: ZGR 1998, S. 497 ff.
- Der Aufsichtsrat im Konzern; in: ZHR 159 (1995), S. 325 ff.
- Das erweiterte Auskunftsrecht des Aktionärs nach § 131 IV AktG; in: Festschrift für Heinz Rowedder, München 1994, S. 155; zit.: Hoffmann-Becking, FS Rowedder
- Vorstands-Doppelmandate im Konzern; in: ZHR 150 (1986), S. 570 ff.

Hommelhoff, Peter
- Die Konzernleitungspflicht, Köln – Berlin – Bonn – München 1982; zit.: Hommelhoff, Konzernleitungspflicht
- Vernetzte Aufsichtsratsüberwachung im Konzern?; in: ZGR 1996, S. 144 ff.
- Gesellschaftsformen als Organisationselemente im Konzernaufbau; in: Mestmäcker, Ernst-Joachim; Behrens, Peter; Das Gesellschaftsrecht der Konzerne im internationalen Vergleich, Baden-Baden 1991, S. 91 ff.; zit.: Hommelhoff, in Mestmäcker/Behrens

Hommelhoff, Peter (Fortsetzung) - Konzernmodelle und ihre Realisierung im Recht; in: Druey, Jean Nicolas (Hrsg.), Das St. Galler Konzernrechtsgespräch, Konzernrecht aus der Konzernwirklichkeit, Bern und Stuttgart 1988, S. 107 ff.; zit.: Hommelhoff, St. Galler Konzernrechtsgespräch

Hommelhoff, Peter Mattheus, Daniela - Risikomanagement im Konzern – ein Problemaufriß; in: BfuP 2000, S. 217 ff.

Hüffer, Uwe - Aktiengesetz, 4. Aufl., München 1999; zit.: Hüffer, AktG

Janberg, Hans - Das Auskunftsrecht des Aktionärs außerhalb der Hauptversammlung; in: AG 1965, S. 191 ff.

Jung, Hans - Allgemeine Betriebswirtschaftslehre, 4. Aufl., München – Wien 1998; zit.: Jung, Betriebswirtschaftslehre

Kallmeyer, Harald - Pflichten des Vorstands der Aktiengesellschaft zur Unternehmensplanung; in: ZGR 1993, S. 104 ff.

Kanavelis, Thomas - Die Funktion des mitbestimmten Aufsichtsrats in der Aktiengesellschaft, München 1987; zit.: Kanavelis, Aufsichtsrat

Keller, Thomas - Die Führung einer Holding; in: Marcus Lutter (Hrsg.), Holding-Handbuch, 3. Aufl., Köln 1998, S. 101 ff.; zit.: Keller, in Holding-Handbuch

Kellmann, Christof
- Schadensersatz und Ausgleich im Faktischen Konzern; in: BB 1969, S. 1509 ff.
- Zum „faktischen Konzern“; in: ZGR 1974, S. 220 ff.

Kessler, Manfred - Interessen- und Kompetenzkonflikte in einer Aktiengesellschaft aus juristischer und betriebswirtschaftlicher Sicht; in: AG 1993, S. 252 ff.

Kölner Kommentar - Kommentar zum Aktiengesetz
  - Einleitungsband, Köln – Berlin – Bonn – München 1984
  - Band 1 (§§ 1-147 AktG), Köln u.a. 1985

Kölner Kommentar (Fortsetzung)
- Band 2 (§§ 76-117 AktG), 2. Aufl., Köln u.a. 1996
- Band 6 (§§ 291-328 AktG), 2. Aufl., Köln u.a. 1987

zit.: Bearbeiter, in KölnKomm-AktG

Koppensteiner, Hans-Georg - „Faktischer Konzern" und Konzentration; in: ZGR 1973, S. 1 ff.

Kort, Michael - Das Informationsrecht des Gesellschafters der Konzernobergesellschaft; in: ZGR 1987, S. 46 ff.

Kraft, Alfons / Kreutz, Peter - Gesellschaftsrecht, 11. Aufl., Neuwied – Kriftel 2000; zit.: Kraft/ Kreutz, GesellschaftsR

Kramer, Ernst A. - Juristische Methodenlehre, Bern 1998; zit.: Kramer, Methodenlehre

Krieger, Gerd - Die externe Überwachung in einer Holding; in: Marcus Lutter (Hrsg.), Holding-Handbuch, 3. Aufl., Köln 1998, S. 213 ff.; zit.: Krieger, in Holding-Handbuch

Kropff, Bruno
- Der „faktische Konzern" als Rechtsverhältnis; in: DB 1967, S. 2147 ff. und S. 2204 ff.
- Zur Konzernleitungspflicht; in: ZGR 1984, S. 112 ff.
- Aktiengesetz, Düsseldorf 1965; zit.: BegrRegE bzw. AusschußB, in Kropff, AktG

Kübler, Friedrich - Gesellschaftsrecht, 5. Aufl., Heidelberg 1998; zit.: Kübler, GesellschaftsR

Larenz, Karl / Canaris, Claus-Wilh. - Methodenlehre der Rechtswissenschaft, 3. Aufl., Berlin u.a. 1995; zit.: Larenz/Canaris, Methodenlehre

Lenz, Tobias - Zustimmungsvorbehalte im Konzern; in: AG 1997, S. 448 ff.

Lippert, Hans-Dieter - Überwachungspflicht, Informationsrecht und Gesamtschuldnerische Haftung des Aufsichtsrates nach dem Aktiengesetz 1965, Bern – Frankfurt/M. 1976; zit.: Lippert, Überwachungspflicht

Luchterhandt, Hans-Friedrich
- Leitungsmacht und Verantwortlichkeit im faktischen Konzern; in: ZHR 133 (1970), S. 1 ff.

Lutter, Marcus
- Information und Vertraulichkeit im Aufsichtsrat, 2. Aufl., Köln – Berlin – Bonn – München 1984; zit.: Lutter, Information
- Die Holding; in: Marcus Lutter (Hrsg.), Holding-Handbuch, 3. Aufl., Köln 1998, S. 1 ff.; zit.: Lutter, in Holding-Handbuch
- Haftung aus Konzernvertrauen ?; in: Gedächtnisschrift für Brigitte Knobbe-Keuk, Köln 1997, S. 229 ff.; zit.: Lutter, GS Knobbe-Keuk
- Defizite für eine effiziente Aufsichtsratstätigkeit und gesetzliche Möglichkeiten der Verbesserung; in: ZHR 159 (1995), S. 287 ff.
- Anmerkung zu BGH JZ 1993, 575 ff.; in: JZ 1993, S. 580 ff.
- Unternehmensplanung und Aufsichtsrat; in: AG 1991, S. 249 ff.
- Der qualifizierte faktische Konzern; in: AG 1990, S. 179 ff.
- Zur Aufgabe eines Konzernrechts: Schutz vor Missbrauch oder Organisationsrecht?; in: Druey, Jean Nicolas (Hrsg.), Das St. Galler Konzernrechtsgespräch, Konzernrecht aus der Konzernwirklichkeit, Bern und Stuttgart 1988, S. 225 ff.; zit.: Lutter, St. Galler Konzernrechtsgespräch
- Stand und Entwicklung des Konzernrechts in Europa; in: ZGR 1987, S. 324 ff.
- Organzuständigkeiten im Konzern; in: Festschrift für Walter Stimpel, Berlin – New York 1985, S. 825 ff.; zit.: Lutter, FS Stimpel
- Zur Wirkung von Zustimmungsvorbehalten nach § 111 IV S. 2 AktG auf nahestehende Gesellschaften; in: Festschrift für Robert Fischer, 1979, S. 419 ff.; zit.: Lutter, FS Fischer
- Zur Binnenstruktur des Konzerns; Festschrift für Harry Westermann, Karlsruhe 1974, S. 347 ff.; zit.: Lutter, FS Westermann
- Teilfusionen im Gesellschaftsrecht; in: Festschrift für Carl Hans Barz; Berlin – New York 1974, S. 199 ff.; zit.: Lutter, FS Barz

Lutter, Marcus / Krieger, Gerd - Rechte und Pflichten des Aufsichtsrates, 3. Aufl., Freiburg 1993; zit.: Lutter/Krieger, Aufsichtsrat

Martens, Klaus-Peter
- Der Aufsichtsrat im Konzern; in: ZHR 159 (1995), S. 567 ff.
- Die Organisation des Konzernvorstands; in: Festschrift für Theodor Heinsius, Berlin – New York 1991, S. 523 ff.; zit.: Martens, FS Heinsius
- Der Grundsatz gemeinsamer Vorstandsverantwortung; in: Festschrift für Hans-Joachim Fleck, Berlin – New York 1988, S. 191; zit.: Martens, FS Fleck
- Die Entscheidungsautonomie des Vorstands und die „Basisdemokratie“ in der Aktiengesellschaft; in: ZHR 147 (1983), S. 377
- Die Rechtsstellung der leitenden Angestellten im Anwendungsbereich des Mitbestimmungsgesetzes; in: ZfA 1980, S. 611 ff.

Mecke, Thomas - Konzernstruktur und Aktionärsentscheid, Baden-Baden 1992; zit.: Mecke, Konzernstruktur

Mertens, Hans-Joachim - Buchbesprechung von Theisen, Grundsätze einer ordnungsmäßigen Informationsversorgung des Aufsichtsrats; in: AG 1992, S. 208

Mestmäcker, Ernst-Joachim
- Zur Systematik des Rechts der verbundenen Unternehmen im neuen Aktienrecht; in: Das Unternehmen in der Rechtsordnung, Festgabe für Heinrich Kronstein, Karlsruhe 1967, S. 129 ff.; zit.: Mestmäcker, FS Kronstein
- Verwaltung, Konzerngewalt und Rechte der Aktionäre, Karlsruhe 1958; zit.: Mestmäcker, Verwaltung

Mielke, Werner - Die Leitung der unverbundenen Aktiengesellschaft, Frankfurt am Main – Bern – New York – Paris, 1990; zit.: Mielke, Leitung

Möhring, Philipp - Zur Systematik der §§ 311, 317 AktG; in: Festschrift für Wolfgang Schilling, Berlin – New York 1973; zit.: Möhring, FS Schilling

Mülbert, Peter O. - Aktiengesellschaft, Unternehmensgruppe, Kapitalmarkt, 2. Aufl., München 1996; zit.: Mülbert, Aktiengesellschaft
- Unternehmensbegriff und Konzernorganisationsrecht; in: ZHR 163 (1999), S. 1 ff.

Müller, Klaus - Die Haftung der Muttergesellschaft für die Verbindlichkeiten der Tochtergesellschaft im Aktienrecht; in: ZGR 1977, S. 1 ff.

Münchener Handbuch - Handbuch des Gesellschaftsrechts, Band 4: Aktiengesellschaft, 2. Aufl., München 1999; zit.: Bearbeiter, in MünchHdB-AG

Münchener Kommentar - Kommentar zum Aktiengesetz
  - Band 1 (§§ 1-53 AktG), 2. Aufl., München 2000
  - Band 7 (§§ 222-277 AktG), 2. Aufl., München 2001
  - Band 8 (§§ 278-328 AktG), 2. Aufl., München 2000
zit.: Bearbeiter, in MüKo-AktG
- Kommentar zum Handelsgesetzbuch
  - Band 4 (§§ 238-342a HGB), München 2001
zit.: Bearbeiter, in MüKo-HGB
- Kommentar zum Bürgerlichen Gesetzbuch
  - Band 4 (§§ 607-704 BGB), 3. Aufl., München 1997
zit.: Bearbeiter, in MüKo-BGB

Neuhaus, Jürgen - Der Schadensersatzanspruch des außenstehenden Aktionärs gegenüber dem Vorstand seiner faktisch beherrschten Aktiengesellschaft nach § 93 AktG 65 (1.Teil); in: DB 1971, S. 1193 ff.

Obermüller, Manfred - Die Patronatserklärung; in: ZGR 1975, S. 1 ff.

Paehler, Otto Heinrich - Die Zulässigkeit des faktischen Konzerns, Bielefeld 1972; zit.: Paehler, Zulässigkeit

Pickardt, Walter - Die zivilrechtliche Haftung des Vorstands abhängiger Aktiengesellschaften nach dem Aktiengesetz vom 6.9.1965, Hamburg 1973; zit.: Pickardt, Haftung des Vorstands

Pöppl, Franz - Aktienrechtlicher Minderheitenschutz durch den „Abhängigkeitsbericht", Stuttgart 1972; zit.: Pöppl, Minderheitenschutz

Raisch, Peter - Zum Begriff und zur Bedeutung des Unternehmensinteresses als Verhaltensmaxime von Vorstands- und Aufsichtsratsmitgliedern; in: Festschrift für Wolfgang Hefermehl, München 1976, S. 347; zit.: Raisch, FS Hefermehl

Raiser, Ludwig - Die Konzernbildung als Gegenstand rechts- und wirtschaftswissenschaftlicher Untersuchung; in: Raiser, L., Sauermann, Heinz, Schneider, Erich (Hrsg.), Das Verhältnis der Wirtschaftswissenschaften zur Rechtswissenschaft, Soziologie und Statistik, Schriften des Vereins für Socialpolitik, Band 33, Berlin 1964, S. 51 ff.; zit.: L. Raiser, in Raiser/Sauermann/Schneider

Raiser, Thomas - Das Unternehmensinteresse; in: Festschrift für Reimer Schmidt, Karlsruhe 1976, S. 101 ff.; zit.: Th. Raiser, FS R. Schmidt
- Mitbestimmungsgesetz; 3. Aufl., Berlin – New York 1998; zit.: Th. Raiser, MitbestG

Rehbinder, Eckard - Konzernaußenrecht und allgemeines Privatrecht, Bad Homburg v.d.H. – Berlin – Zürich 1969; zit.: Rehbinder, Konzernaußenrecht
- Besprechung von Peter Hommelhoff, Die Konzernleitungspflicht; in: ZHR 147 (1983), S. 464 ff.
- Ausgründung und Erwerb von Tochtergesellschaften und Recht der Aktionäre; in: Europäisches Rechtsdenken in Geschichte und Gegenwart, Festschrift für Helmut Coing, Band II, München 1982, S. 423 ff.; zit.: Rehbinder, FS Coing II

Reinhardt, Rudolf
Schultz, Dietrich - Gesellschaftsrecht, 2. Aufl., Tübingen 1981; zit.: Reinhardt/ Schultz, GesellschaftsR

Reuter, Dieter - Die Personengesellschaft als abhängiges Unternehmen; in: ZHR 146 (1982), S. 1 ff.

Rittner, Fritz - Konzernorganisation und Privatautonomie; in: AcP 183 (1983), S. 295 ff.
- Gesellschaftsrecht und Unternehmenskonzentration; in: ZGR 1990, S. 203 ff.

Rümker, Dietrich - Probleme der Patronatserklärung in der Kreditsicherungspraxis; in: WM 1974, S. 990 ff.

Rüthers, Bernd - Rechtstheorie, München 1999

Saage, Gustav - Die Haftung des Aufsichtsrats für wirtschaftliche Fehlentscheidungen des Vorstands nach dem Aktiengesetz; in: DB 1973, S. 115 ff.

Schaub, Günter - Arbeitsrechts-Handbuch, 8. Aufl., München 1996

Scheffler, Eberhard - Die Rechnungslegung der Holding; in: Marcus Lutter (Hrsg.), Holding-Handbuch, 3. Aufl., Köln 1998, S. 447 ff.; zit.: Scheffler, in Holding-Handbuch
- Die Überwachungsaufgabe des Aufsichtsrats im Konzern; in: DB 1994, S. 793 ff.
- Controlling im Konzern unter Beachtung der rechtlichen Regeln der konzernabhängigen juristischen Person; in: AG 1991, S. 256
- Der qualifiziert faktische Konzern; in: AG 1990, S. 173 ff.

Schlömer, Robert - Das aktienrechtliche Überwachungssystem unter Berücksichtigung der Besonderheiten von Unternehmenskrisen, Bergisch-Gladbach – Köln 1985; zit.: Schlömer, Überwachungssystem

Schmidt, Götz - Einführung in die Organisation; Wiesbaden 2000; zit.: G. Schmidt, Organisation

Schmidt, Karsten - Gesellschaftsrecht, 3. Aufl., Köln – Berlin – Bonn – München 1997; zit.: K. Schmidt, GesellschaftsR
- Konzernunternehmen, Unternehmensgruppe und Konzern-Rechtsverhältnis; in: Festschrift für Marcus Lutter, Köln 2000, S. 1167 ff.; zit.: K. Schmidt, FS Lutter
- Abhängigkeit und faktischer Konzern als Aufgaben der Rechtspolitik; in: JZ 1992, S. 856 ff.

Schmidt-Aßmann, Eberhard Ulmer, Peter - Die Berichterstattung von Aufsichtsratsmitgliedern einer Gebietskörperschaft nach § 394 AktG; in: BB 1988, Beilage 13, S. 1

Schneider, Egon - Logik für Juristen, 4. Aufl., München 1995

Schneider, Uwe H. - Der Auskunftsanspruch des Aktionärs im Konzern; in: Festschrift für Marcus Lutter, Köln 2000, S. 1193 ff.; zit.: Schneider, FS Lutter
- Das Informationsrecht des Aufsichtsratsmitglieds einer Holding AG; in: Festschrift für Bruno Kropff, Düsseldorf 1997, S. 271 ff.; zit.: Schneider, FS Kropff
- Der Konzern als Rechtsform für Unternehmen; in: Mestmäcker, Ernst-Joachim, Behrens, Peter, Das Gesellschaftsrecht der Konzerne im internationalen Vergleich, Baden-Baden 1991, S. 563; zit.: Schneider, in Mestmäcker/Behrens
- Die vertragliche Ausgestaltung der Konzernverfassung; in: BB 1986, S. 1993 ff.
- Konzernleitung als Rechtsproblem; in: BB 1981, S. 249 ff.
- Die Personengesellschaft als herrschendes Unternehmen im Konzern; in: ZHR 143 (1979), S. 485 ff.

Schön, Wolfgang - Deutsches Konzernprivileg und europäischer Kapitalschutz – ein Widerspruch?; in: Festschrift für Bruno Kropff, Düsseldorf 1997, S. 285 ff.; zit.: Schön, FS Kropff

Scholz, Franz - Kommentar zum GmbH-Gesetz
- II. Band (§§ 45-85 GmbHG), 8. Aufl., Köln 1993/95

zit.: Bearbeiter, in Scholz-GmbHG

Schreyögg, Georg - Organisation, 3. Aufl., Wiesbaden 1999

Schulz, Georg-R. - Zur Auskunftserteilung unter Arbeitgebern über Arbeitnehmer; in: NZA 1990, S. 717 ff.

Schwark, Eberhard - Spartenorganisation in Großunternehmen und Unternehmensrecht; in: ZHR 142 (1978), S. 203 ff.

Seifert, Peter - Zum Auskunftsrecht des Aktionärs nach neuem Aktienrecht; in: AG 1967, S. 1 ff.

Semler, Johannes
- Leitung und Überwachung der Aktiengesellschaft, 2. Aufl., Köln – Berlin – Bonn – München 1996; zit.: Semler, Leitung und Überwachung
- Die Überwachungsaufgabe des Aufsichtsrats, Köln – Berlin – Bonn – München 1980; zit.: Semler, Überwachungsaufgabe
- Die interne Überwachung in einer Holding; in: Marcus Lutter (Hrsg.), Holding-Handbuch, 3. Aufl., Köln 1998, S. 160 ff.; zit.: Semler, in Holding-Handbuch
- Rechtsfragen der divisionalen Organisationsstruktur in der unabhängigen Aktiengesellschaft; in: Festschrift für Georg Döllerer, Düsseldorf 1988, S. 571 ff.; zit.: Semler, FS Döllerer
- Die Unternehmensplanung in der Aktiengesellschaft; in: ZGR 1983, S. 1 ff.

Sonnenschein, Jürgen - Der Schutz von Minderheitsgesellschaftern und Gläubigern der abhängigen Gesellschaft im deutschen Recht; in: Mestmäcker, Ernst-Joachim, Behrens, Peter, Das Gesellschaftsrecht der Konzerne im internationalen Vergleich, Baden-Baden 1991, S. 49 ff.; zit.: Sonnenschein, in Mestmäcker/Behrens

von Staudinger, Julius - Kommentar zum Bürgerlichen Gesetzbuch
- §§ 620-630 BGB, 13. Bearb., Berlin 1995
- §§ 741-822 BGB, 12. Aufl., Berlin 1986

zit.: Bearbeiter, in Staudinger-BGB

Steinbeck, Claudia - Überwachungspflicht und Einwirkungsmöglichkeiten des Aufsichtsrats in der Aktiengesellschaft; Berlin 1992; zit.: Steinbeck, Überwachungspflicht

Strohn, Lutz - Die Verfassung der Aktiengesellschaft im faktischen Konzern, Köln – Berlin – Bonn – München 1977; zit.: Strohn, Verfassung

Studienkommission des Deutschen Juristentages - Untersuchungen zur Reform des Konzernrechts, Bericht der Studienkommission des Deutschen Juristentages, Tübingen 1967; zit.: Bericht der StdK-Konzernrecht

Theisen, Manuel René
- Der Konzern, 2. Aufl., Stuttgart 2000
- Die Finanzwirtschaft der Holding; in: Marcus Lutter (Hrsg.), Holding-Handbuch, 3. Aufl., Köln 1998, S. 400 ff.; zit.: Theisen, in Holding-Handbuch
- Grundsätze ordnungsgemäßer Kontrolle und Beratung der Geschäftsführung durch den Aufsichtsrat; in: AG 1995, S. 193 ff.
- Controlling und Konzernrecht; in: AG 1991, S. 262 ff.

Timm, Wolfram
- Die Aktiengesellschaft als Konzernspitze, Köln – Berlin – Bonn – München 1980; zit.: Timm, Konzernspitze
- Minderheitenschutz und unternehmerische Entscheidungsfreiheit im Mutterunternehmen; in: ZHR 153 (1989), S. 60 ff.
- Grundfragen des „qualifizierten" faktischen Konzerns im Aktienrecht; in: NJW 1987, S. 977 ff.

Uelner, Jens - Sanierung im faktischen Aktienkonzern, Aachen 1996; zit.: Uelner, Sanierung

Vossel, Herbert - Auskunftsrechte im Aktienkonzern, Köln – Berlin – Bonn – München 1993; zit.: Vossel, Auskunftsrechte

Werner, Winfried - Der erste Kommentar zum neuen Aktiengesetz; in: AG 1967, S. 122 ff.

Westermann, Harm Peter - Vertragsfreiheit und Typengesetzlichkeit im Recht der Personengesellschaften, Berlin – Heidelberg – New York 1970; zit.: Westermann, Typengesetzlichkeit

Westermann, Harm Peter (Fortsetzung)
- Grundfragen der Rechtsfortbildung im Aktienkonzernrecht; in: Hofmann, Paul, Meyer-Cording, Ulrich, Wiedemann, Herbert (Hrsg.), Festschrift für Klemens Pleyer, Köln – Berlin – Bonn – München 1986, S. 421 ff.; zit.: Westermann, FS Pleyer

Wiedemann, Herbert
- Die Unternehmensgruppe im Privatrecht, Tübingen 1988; zit.: Wiedemann, Unternehmensgruppe
- Gesellschaftsrecht, Band I – Grundlagen, München 1980; zit.: Wiedemann, GesellschaftsR

Wilhelm, Jan
- Rechtsform und Haftung bei der juristischen Person, Köln – Berlin – Bonn – München 1981; zit.: Wilhelm, Rechtsform

Witte, Andreas
- Der Prüfungsbericht als Informationsträger im Konzern, Köln – Berlin – Bonn – München 1996; zit.: Witte, Prüfungsbericht

Wöhe, Günter
- Einführung in die Allgemeine Betriebswirtschaftslehre, 20. Aufl., München 2000; zit.: Wöhe, Betriebswirtschaftslehre

Wolframm, Regina
- Mitteilungspflichten familiär verbundener Aktionäre nach § 20 Aktiengesetz, Berlin 1998; zit.: Wolframm, Mitteilungspflichten

Würdinger, Hans
- Referat zum 42. Deutschen Juristentag; in: Verhandlungen des 42. Deutschen Juristentages, Düsseldorft 1957, Band II, Tübingen 1959, S. F. 5 ff.; zit.: Würdinger, 42. DJT 1957

Zippelius, Reinhold
- Rechtsphilosophie, 3. Aufl., München 1994
- Juristische Methodenlehre, 6. Aufl., München 1994; zit.: Zippelius, Methodenlehre

Zöllner, Wolfgang
- Treupflichtgesteuertes Aktienkonzernrecht; in: ZHR 162 (1998), S. 235 ff.
- Qualifizierte Konzernierung im Aktienrecht; in: Gedächtnisschrift für Brigitte Knobbe-Keuk, Köln 1997; zit.: Zöllner, GS Knobbe-Keuk

Zöllner, Wolfgang - Arbeitsrecht, 5. Aufl., München 1998
Loritz, Karl-Georg

Schriften zum Handels- und Wirtschaftsrecht

Herausgegeben von Herbert Leßmann

Band 1 Thomas Häuser: Die Eigenmittel der Kreditinstitute und mögliche Erweiterungen. 2000.

Band 2 Susanne Koch: Schutz vor kommerzieller Markenverunglimpfung durch das Markengesetz. 2001.

Band 3 Andreas Lachmann: Haftungs- und Vermögensfolgen bei Sitzverlegung ausländischer Kapitalgesellschaften ins Inland. 2000.

Band 4 Markus Fischer: Die freie Benutzung beim Schreiben künstlerischer Literatur. 2001.

Band 5 Frank Zingel: Ausbietungsgarantien. Rechtliche Probleme eines Kreditsicherungsmittels. 2001.

Band 6 Stephan Marienfeld: Konzernproblematiken bei der Publikumspersonengesellschaft. Dargestellt an den Beispielen der Mehrheitsentscheidungen, des Beirates und der Treuhandkonstruktion. 2001.

Band 7 Tobias Menzel: Werbebeschränkungen im Sport. Eine wettbewerbsrechtliche Untersuchung verbandsrechtlicher Werbebeschränkungen am Beispiel des DFB. 2002.

Band 8 Thomas Ullrich: Unternehmensmitbestimmung in der kapitalistischen Kommanditgesellschaft auf Aktien, 2002.

Band 9 Sebastian Jungermann: Der Beweiswert elektronischer Signaturen. Eine Studie zur Verläßlichkeit elektronischer Signaturen und zu den Voraussetzungen und Rechtsfolgen des § 292a ZPO. 2002.

Band 10 Axel Schilder: Schadensersatz bei Durchbrechung der Bindung an obligatorische Vertragsofferten. Eine vergleichende Untersuchung zum BGB und zum UN-Kaufrecht (CISG). 2003.

Band 11 Götz Wied: Gewinnversprechen von Versandfirmen. Rechtfertigung, Auslegung und Anwendungsprobleme des § 661a BGB. 2003.

Band 12 Timo Elsner: Die laufende Kontrolle der Tochtergesellschaften durch die Verwaltung der Muttergesellschaft. Eine Konkretisierung der aktiengesetzlichen Grundlagen. 2004.

FSC
www.fsc.org
MIX
Papier | Fördert gute Waldnutzung
FSC® C083411

Kolibri 360 GmbH
Ferdinand-Jühlke-Straße 7
99095 Erfurt, Deutschland
produktsicherheit@kolibri360.de

Druck:
CPI Druckdienstleistungen GmbH
im Auftrag der
Kolibri 360 GmbH
Ferdinand-Jühlke-Str. 7
99095 Erfurt